SAKRAMENTARSTUDIEN

STUDIA PATRISTICA ET LITURGICA

quae edidit Institutum Liturgicum Ratisbonense

Fasc. 7

KLAUS GAMBER

SAKRAMENTARSTUDIEN

und andere Arbeiten zur frühen Liturgiegeschichte

KOMMISSIONSVERLAG
FRIEDRICH PUSTET REGENSBURG

Mit kirchlicher Druckerlaubnis

Gedruckt mit Unterstützung
des Bischöflichen Stuhles von Regensburg

Vorwort

Die einzelnen Meßliturgien vor allem des Abendlandes und der durch den jeweiligen Ritus bedingte Kirchenbau waren das Thema des vorausgegangenen Bändchen 6 der »Studia patristica et liturgica«. In der neuen Folge 7 werden im Anschluß daran Studien zu den ältesten Liturgiebüchern und zu weiteren Fragen der frühen abendländischen Gottesdienstgeschichte vorgelegt.

Einige dieser Abhandlungen sind bereits als Artikel in Zeitschriften erschienen; sie wurden jedoch überarbeitet und auf den neuesten Stand gebracht, wobei Wert darauf gelegt wurde, die heterogenen Teile miteinander zu verbinden. Einige Überschneidungen und Wiederholungen, auch gegenüber früher erschienenen Bändchen der Serie, ließen sich dabei nicht ganz vermeiden.

Die vorgelegten »Sakramentarstudien« sollen eine Ergänzung zu meinem schon vor 20 Jahren erschienenen Buch »Sakramentartypen« (= Texte und Arbeiten 49/50) darstellen. Es wird dabei deutlich, wie zahlreich die neuen Erkenntnisse sind, zu denen die Liturgiewissenschaft in dieser kurzen Zeit gelangt ist. Allenthalben ist inzwischen das Interesse an der Erforschung der Quellen, vor allem der Sakramentare, gewachsen, wie die vielen Editionen und Untersuchungen zeigen. Doch bleibt immer noch Arbeit genug übrig.

In einer weiteren Folge der vom Liturgiewissenschaftlichen Institut Regensburg, das in diesem Jahr die Feier seines 20-jährigen Bestehens begehen konnte, herausgegebenen Serie sollen unter dem Titel »Lektionarstudien« meine Aufsätze zu den ältesten Perikopenordnungen, vor allem die Leselisten für die Episteln und Evangelien zusammengefaßt werden. Außerdem sind folgende Faszikel vorgesehen: »Die Liturgie Ravennas in der Zeit des byzantinischen Exarchats« sowie »Das altkampanische Sakramentar«.

Klaus Gamber

Inhalt

Zu den ältesten lateinischen
Liturgiebüchern

Aus den ersten fünf Jahrhunderten der abendländischen Kirche sind uns direkt keine liturgischen Bücher und nur wenige Gebetstexte erhalten geblieben[1]. Etwas zahlreicher sind Nachrichten über die Liturgie in den Schriften der Kirchenväter[2]. Ein vollständiges Bild vom Gottesdienst in den einzelnen Gebieten in der frühen Zeit gewinnen wir dadurch freilich nicht. So manches ist immer noch problematisch und wird wahrscheinlich auch weiterhin so bleiben.

Und doch ist gerade die Kenntnis der frühen abendländischen Liturgie für die Forschung von weit größerem Interesse als das Studium der späten, zahlreich und breit fließenden Quellen. Spiegeln diese doch den Gottesdienst einer Zeit wieder, die wir heute als Periode liturgischer Erstarrung bezeichnen. Eine solche beginnt im Abendland schon bald nach Gregor d. Gr. († 604) und dauerte im wesentlichen bis in die jüngste Vergangenheit.

In der spätantiken Literatur finden wir gelegentlich Nachrichten über die Redaktion von Liturgiebüchern durch bestimmte Persönlichkeiten, meist Bischöfe. Wir werden darauf gleich eingehen. Auch Konzilsbeschlüsse setzen das Vorhandensein von Formular-Sammlungen für den

[1] Vgl. G. Morin, Formules liturgiques orientales et occidentales aux IVe–Ve siècles, in: Rev. bénéd. 40 (1928) 134–138; K. Gamber, Die Autorschaft von De sacramentis. Zugleich ein Beitrag zur Liturgiegeschichte der römischen Provinz Dacia mediterranea (= Studia patristica et liturgica 1, Regensburg 1967) Appendix II: Liturgische Texte in den Schriften des Niceta. Eine eingehende Untersuchung über diese »liturgische Urformeln« steht noch aus.
[2] Vgl. F. Probst, Liturgie der drei ersten Jahrhunderte (Tübingen 1870); ders., Liturgie des 4. Jh. und deren Reform (Münster 1893); E. Dekkers, Tertullianus en de geschiedenis der liturgie (= Catholica VI, 2 Brüssel–Amsterdam 1947); W. Roetzer, Des hl. Augustinus Schriften als liturgiegeschichtliche Quelle (München 1930); K. Gamber, Ordo missae africanae. Der nordafrikanische Meßritus zur Zeit des hl. Augustinus, in: Römische Quartalschrift 64 (1969) 139–153; A. Paredi, La liturgia di Sant'Ambrogio, in: Sant'Ambrogio nel XVI centenario della nascita (Milano 1940) 69–157; dazu eine Reihe von Einzeluntersuchungen.

Gottesdienst voraus. So schreibt der Canon 21 der Synode von Hippo v. J. 393 vor:

> Ut nemo in precibus vel patrem pro filio vel filium pro patre nominet, et cum altari adsistitur, semper ad patrem dirigatur oratio. Et quicumque sibi preces aliunde describit, non eis utatur, nisi prius cum instructioribus fratribus contulerit[3].

Von Bedeutung ist auch der Canon 12 der Synode von Mileve v. J. 416, wo es heißt:

> Placuit etiam et illud, ut preces vel orationes seu missae, quae probatae fuerint in concilio ... ab omnibus celebrentur. Nec aliae omnino dicantur in ecclesia, nisi quae a prudentioribus tractatae vel conprobatae in synodo fuerint, ne forte aliquid contra fidem vel per ignorantiam vel per minus studium sit compositum[4].

Hier ist bereits eine Verschärfung der Bestimmung von Hippo zu beobachten, indem in der Folge nur mehr solche Texte im Gottesdienst gebraucht werden dürfen, die von der Synode approbiert worden sind.

Hieronymus und Gennadius erwähnen in ihren Schriften »De viris illustribus« mehrere Verfasser lateinischer Liturgiebücher. So bezeichnet Hieronymus den Bischof Hilarius von Poitiers († 376) als den Autor eines »liber hymnorum et mysteriorum alius« (c. 100), ähnlich Gennadius den Bischof Paulinus von Nola († 431) als den Schöpfer eines »(liber) sacramentorum et hymnorum« (c. 49). Ferner schreibt Gennadius dem nordafrikanischen Bischof Voconius († um 460) die Abfassung eines »sacramentorum egregius libellus« zu (c. 78) und dem Priester Musäus von Marseille († 461) die Abfassung eines »sacramentorum egregium et non parvum volumen« sowie eines Lektionars (c. 79). Auch Papst Gelasius († 496) soll nach diesen Angaben einen »(liber) sacramentorum« verfaßt haben (c. 96).

Früher war man der Ansicht, daß alle diese Liturgiebücher verloren

---

[3] Mansi, Coll. conc. III 922.
[4] Mansi IV 330; auch Augustinus, De baptismo contra Donatistas VI 25, 47 (PL 43, 214) klagt, daß manche Bischöfe Gebete verwenden, die nicht approbiert sind oder gar von häretischen Verfassern stammen: »... multorum enim preces emendantur quotidie, si doctoribus fuerint recitatae, et multa in eis reperiuntur contra catholicam fidem.«

gegangen seien[5]. Eine Ausnahme bilde allein das Sakramentar des Gelasius. Es wird im folgenden der Frage nachgegangen, ob nicht doch das eine oder andere Werk in der späteren Überlieferung weiterlebt. Feststeht auf jeden Fall, daß – von einer einzigen Ausnahme vielleicht abgesehen, wie wir noch sehen werden – keines der von Hieronymus und Gennadius erwähnten Liturgiebücher in ihrer ursprünglichen Gestalt in Abschriften erhalten ist. Dies hängt vor allem mit dem Verlust der großen Masse der spätantiken Handschriften zusammen. Bücher für den Gottesdienst zeigen zudem, im Gegensatz zu den meisten anderen literarischen Werken, keine unveränderliche Gestalt; sie wurden vielmehr immer wieder den pastoralen Bedürfnissen angepaßt und machten deshalb eine Entwicklung durch. Wenn im folgenden ein Forschungsbericht über die handschriftliche Überlieferung dieser Liturgiebücher vorgelegt wird, dann sind damit die jüngeren Redaktionen, vor allem solche aus dem 7. und 8. Jh., gemeint. Aus späterer Zeit sind keine mehr überliefert, da nach 800 das Sakramentar des Papstes Gregor die älteren Meßbuch-Typen verdrängt hat. Lediglich in der Diözese Mailand und in Spanien konnten sich die einheimischen Liturgiebücher auch weiterhin behaupten.

Zwei der oben erwähnten Werke brauchen wir im folgenden nicht zu behandeln, das Sakramentar des Afrikaners Voconius[6] und das des Papstes Gelasius. Vom ersteren ist, soviel wir bis jetzt sehen, keine Spur erhalten geblieben; es ging mit der großen Masse der afrikanischen Liturgiebücher unter[7]. Ein Sakramentar des Papstes Gelasius hat es, soviel wir heute wissen, nie gegeben[8].

Gelasius hat, wie verschiedene Päpste vor und nach ihm, lediglich eine Reihe von Meßformularen (»Orationes et preces«) verfaßt, die z. T. im Cod. LXXXV der Biblioteca Capitolare von Verona aus der Zeit um

---

[5] Über die erhaltenen liturgischen Handschriften (bis etwa 11. Jh.) berichtet K. Gamber, Codices liturgici latini antiquiores (= Spicilegii Friburgensis Subsidia Vol. 1, Freiburg/Schweiz ²1968). Das Werk wird im folgenden »CLLA« abgekürzt.

[6] Vgl. CLLA Nr. 020 S. 47–50, wo auch nähere Angaben über die Sakramentare im allgemeinen zu finden sind.

[7] Erst vor einigen Jahren wurden geringe Reste relativ später afrikanischer Liturgiebücher im Katharinenkloster auf dem Berg Sinai entdeckt; vgl. E. A. Lowe, Two other unknown Latin Liturgical Fragments on Mount Sinai, in: Scriptorium 19 (1965) 3–29; weitere Literatur CLLA Nr. 022–024.

[8] Vgl. S. Bäumer, Über das sog. Sacramentarium Gelasianum, in: Historisches Jahrbuch 14 (1893) 241–301; DACL VI, 1 747–777.

600, einer außerhalb Roms zusammengestellten (privaten) Sammlung verschiedener Meßlibelli der römischen Päpste[9], überliefert sind[10]. Da es sich bei den »Orationes et preces« des Gelasius demnach nicht um ein Liturgiebuch im eigentlichen Sinn, sondern nur um Meßformulare handelt, kann hier dieser Hinweis genügen.

Dagegen ist ein anderes, oben noch nicht erwähntes Werk und zwar ein Lektionar hier zu behandeln, der »Liber comitis« des Hieronymus. Die Autorschaft ist immer noch umstritten. Wir beginnen mit dem ältesten abendländischen Liturgiebuch, dessen Verfasser bekannt ist, dem »Liber mysteriorum« des Hilarius, wobei wir dessen »Liber hymnorum«, da es sich um eine nicht direkt für den Gottesdienst bestimmte Hymnensammlung handelt[11], nur am Rande erwähnen.

1. Der »Liber mysteriorum« des Hilarius von Poitiers

Bis zur Auffindung der umfangreichen Reste – es fehlt mehr als die Hälfte! – eines »Tractatus mysteriorum« in einer Handschrift zu Arezzo durch Gamurrini i. J. 1887 galt der von Hieronymus erwähnte »Liber mysteriorum« als ein liturgisches Buch des Hilarius, das jedoch verloren gegangen sei[12].

Mit der Frage der Autorschaft der von Gamurrini aufgefundenen Schrift hat sich eingehend H. Lindemann befaßt[13]. Er ist aufgrund des Stils, der Theologie und der Bibelzitate zu dem Schluß gekommen, daß Hilarius von Poitiers der Verfasser ist. Für diese Annahme spricht weiterhin, daß im gleichen Codex von Arezzo sich unmittelbar Bruchstücke von Hymnen anreihen, in denen der erste Herausgeber der Handschrift

---

[9] Vgl. CLLA Nr. 601 mit Angabe der Editionen und weiterer Literatur; genannt sei hier nur: A. Stuiber, Libelli Sacramentorum Romani. Untersuchungen zur Entstehung des sog. Leonianum (= Theophaneia 6, Bonn 1950).

[10] Vgl. G. Pomarès, Gélase I. Lettre contre des Lupercales et dix-huit messes du sacramentaire Léonien (= Sources Chrétiennes 65, Paris 1959).

[11] Vgl. CLLA Nr. 040 mit weiterer Literatur.

[12] Vgl. Coustant, Sancti Hilarii Pictavorum episcopi opera (Parisiis 1693) praef. p. VIII und p. CXX.

[13] H. Lindemann, Des hl. Hilarius von Poitiers »liber mysteriorum« (Münster 1905); J. P. Brisson, Hilarius de Poitiers, Traité des Mystères (= Sources Chrétiennes 19, Paris 1947).

Reste des von Hieronymus erwähnten »Liber hymnorum« unseres Bischofs erblickte[14].

Der Hauptbeweis scheint jedoch in der Subscriptio des in Monte Cassino im 11. Jh. geschriebenen Codex von Arezzo zu liegen. Hier heißt es:

> Finit tractatus mysteriorum S. Hilarii episcopi ab Adam usque ad Noe, deinde Abrahae, Isaac, Iacob, Moysi et Osee prophetae et Heliae.

Diese Subscriptio stellt jedoch deutlich eine später hinzugefügte Inhaltsangabe dar. Der Ausdruck »Tractatus mysteriorum« ist nämlich sprachlich nicht korrekt. Es müßte »Tractatus de mysteriis« heißen[15]. Auch spricht die Langatmigkeit nicht gerade für die Authentizität der Subscriptio[16].

Der genaue Titel dieses Werkes des Hilarius – und um ein solches handelt es sich offenbar! – steht nicht fest. Vielleicht hat er gelautet: »De figuris veteris testamenti«, was dem Inhalt des Ganzen und dem Wortlaut der Einleitung der Schrift in Anlehnung an 1 Kor 10,6 und 11 entspräche (praefigurationibus, praefiguratum). Die einzelnen »figurae« werden vom Verfasser überschrieben: »De Adam«, »De Cain et Abel«, »De Lamech« usw.

Wir dürfen deshalb mit Recht die bis zum Ende des 19. Jh. vorherrschende Meinung der Patristiker wieder aufgreifen, daß nämlich Hieronymus unter »Liber mysteriorum« ein von Hilarius verfaßtes liturgisches Buch meint. Dafür lassen sich folgende Gründe anführen:

Ähnlich wie hier Hieronymus, so nennt auch Gennadius bei der Aufzählung der Werke des Paulinus von Nola neben dem »(Liber) hymnorum« unmittelbar ein (weiteres) liturgisches Buch, einen »(Liber) sacramentorum«[17]: »Fecit et sacramentorum et hymnorum« (c. 48). Der Titel

---

[14] Gamurrini, S. Hilarii Tractatus de mysteriis et Hymni et S. Silviae Aquitanae Peregrinatio (Romae 1887).

[15] Diesen Titel finden wir auch in der Ausgabe von Gamurrini (vgl. Fußnote 14).

[16] Die Subscriptio könnte aus den Einleitungsworten gebildet sein. Hier heißt es nämlich: »Tractabo ab Adam, ex quo humani generis scientia permittitur, inchoaturus, ut quod in domino consummatum est, iam ab initio mundi in plurimis praefiguratum esse noscatur.«

[17] Daß »liber« fehlt, ist sehr bezeichnend und spricht dafür, daß Gennadius ein liturgisches Buch meint. In diesem Sinn ist das Wort »sacramentorum« indeklinabel; so lautet z. B. eine Rubrik im Sacramentarium Gelasianum (ed. Mohlberg 430): »... sicut in sacramentorum continetur.« Später wurde daraus »Sacramentorium« bzw. »Sacramentarium« (oder »Sacramentarius«).

»Liber mysteriorum« ist allem Anschein nach älter als »Liber sacramentorum«. So überschreibt Ambrosius († 397) seine Ansprachen an die Neugetauften, worin er die Sakramente erklärt, die sie in der Osternacht empfangen haben, noch mit »De mysteriis«. Dagegen beginnen die pseudo-ambrosianischen sechs Sermonen mit dem gleichen Thema, die nach meinen Untersuchungen von Niceta von Remesiana († um 420) stammen[18], mit den Worten »De sacramentis quae accepistis sermonem adorior«[19]. Dies ist sicher kein Zufall, es liegt vielmehr eine sowohl örtlich als auch zeitlich bedingte Bezeichnung für die christlichen Initiationsriten vor, die auch im Titel der dabei verwendeten Liturgiebücher in Erscheinung tritt.

Bevor wir weitere Überlegungen, die für die Redaktion eines »Liber mysteriorum« durch Hilarius sprechen, anstellen, ist zuerst auf die handschriftliche Überlieferung dieses Werkes einzugehen. Wie bereits eingangs erwähnt, ist kein einziger Codex, der diesen Titel oder gar den Namen des Hilarius trägt, erhalten. Dies hat weiter nichts zu sagen, da kein einziges aus Gallien stammendes Meßbuch mit rein »gallikanischen« Gebetstexten vollständig, also mit der Titelseite, auf uns gekommen ist. Es gibt jedoch eine ganze Reihe von Handschriften bzw. Fragmenten, die, wie die große Zahl der gemeinsamen Formeln beweist, auf den gleichen Archetypus zurückgehen. Dieser könnte der »Liber mysteriorum« des Hilarius sein. Es sind folgende Codices[20]:

1. Das Palimpsest-Sakramentar in der Staatsbibliothek in München (Clm 14429) aus dem 7. Jh. Es ist nach einer gallischen Vorlage in Irland geschrieben und dürfte dem Archetypus am nächsten stehen. Die zehn Lagen der ehemaligen Handschrift sind fast vollständig erhalten. Sie zeigen Formulare von der Vigil von Weihnachten bis zu einer Messe für die Verstorbenen. Die Erstschrift der 79 Palimpsestblätter ist jedoch so stark geschabt und mit engzeiliger Neuschrift überschrieben, daß eine Entzifferung nur teilweise möglich war[21].

---

[18] Vgl. die oben in Fußnote 1 zitierte Arbeit von mir. Der Zuweisung an Niceta ist verschiedentlich widersprochen worden, so von J. Schmitz in: Zeitschrift für kathol. Theologie 91 (1969) 59–69; meine Erwiderung ebd. 587–589, sowie unten das Kapitel »Zur Liturgie des Ambrosius von Mailand«.

[19] Ambrosius beginnt dagegen: »Nunc de mysteriis dicere tempus admonet ...« (I, 2).

[20] Vgl. CLLA Nr. 211, 216, 210, 213, 214, 215, 220.

[21] Diese mühevolle Arbeit liegt vor in der Ausgabe von A. Dold – L. Eizenhöfer, Das irische Palimpsestsakramentar im Clm 14429 der Staatsbibliothek München (= Texte und Arbeiten 53–54, Beuron 1964).

2. Ein kleines Fragment, ebenfalls ein Palimpsest, in der Universitätsbibliothek in Würzburg (M. p. th. f. 61, ff. 21 und 24), ein Doppelblatt,
das ein Martinsformular gleich dem im eben genannten Sakramentar beinhaltet und das aus einer Handschrift stammt, die ebenfalls in Irland
und zwar im 8. Jh. geschrieben ist.

3. Das sog. »Missale Gothicum« in der Bibliotheca Vaticana in Rom
(Cod. Regin. lat. 317) aus dem Anfang des 8. Jh.; die Handschrift ist
in Ostfrankreich entstanden, jetzt am Anfang und Schluß defekt. Den
Beginn des Meßbuches dürften, wie im Münchner Palimpsest-Sakramentar, Orationen für die Vigil von Weihnachten gebildet haben. Es ist
bereits ein starker Einfluß der römischen Liturgie zu beobachten; so finden wir eine »Missa cotidiana rominsis«. Fast die Hälfte der Formeln
dürfte nicht zum ursprünglichen Bestand gehören[22].

4. Ein Fragment, bestehend aus einer vollständigen Lage eines Sakramentars, im sog. Missale Gallicanum Vetus in der Bibliotheca Vaticana
(Cod. Palat. lat. 493, ff. 11–18)[23]. Die Handschrift wurde in der 1.
Hälfte des 8. Jh. in Frankreich geschrieben und stellt einen Vertreter
des reinen, also unvermischten Typus dar. Das Fragment beinhaltet die
2. Hälfte der Palmsonntagsmesse[24] und den Anfang der »Expositio
symboli«. Da es sich nach Ausweis der Lagenziffer II um den 2. Quater-
nio eines Meßbuches handelt, muß dieses mit dem Palmsonntag begonnen haben[25].

5. Umfangreiche Stücke eines gallikanischen Sakramentars, ebenfalls im
sog. Missale Gallicanum Vetus (ff. 19–99). Dieses wurde in der Mitte
des 8. Jh. in Frankreich geschrieben und befand sich zuletzt in Kloster
Lorsch. Die Handschrift zeigt einen starken Einfluß italienischer Formeln. Erhalten sind Partien aus der Advents- und Osterzeit.

[22] Vgl. dazu P. Siffrin, Konkordanztabellen III (= Rerum Ecclesiasticarum
Documenta, Series minor 6, Roma 1961).
[23] Bezüglich der Tatsache, daß es sich bei diesem Codex um eine Sammel-
handschrift handelt, vgl. K. Gamber, in: Benediktinische Monatsschrift 34
(1958) 134–136.
[24] Eine Wiederherstellung des vollen Textes dieser Messe aus weiteren drei
Handschriften im Anhang meines Aufsatzes: Der Liber mysteriorum des Hilarius von Poitiers, in: Studia Patristica V (= Texte und Untersuchungen 80,
Berlin 1962) 40–49.
[25] Damit erhebt sich aber auch die Frage, ob der Archetypus ebenfalls mit
dem Palmsonntag begonnen hat und ob der Beginn mit der Weihnachtsvigil,
wie ihn unsere Codices 1 und 3 zeigen, sekundär ist, eine Frage, die sich im
Augenblick noch nicht lösen läßt.

6. Ein Fragment, bestehend aus zwei Doppelblättern, in London, Wilfred Merton Collection (MS 21)[26]. Die ehemalige Handschrift war vor 750 in Nordostfrankreich entstanden. In unserem Meßbuch ist kein Einfluß fremden Gebetsgutes zu erkennen; es ist jedoch nicht sicher, ob es auf den gleichen Archetypus wie die bisher genannten zurückgeht.

7. Das sog. Bobbio-Missale in der Nationalbibliothek in Paris (ms. lat. 13246), das im 8. Jh. in Oberitalien entstanden ist; zuletzt befand es sich im Kloster Bobbio. Es handelt sich um einen späten Vertreter unseres Typus, der sehr viel fremdes Gebetsgut aufweist[27]. Obwohl die Handschrift vollständig erhalten blieb, hat sie deshalb für die Wiederherstellung des Archetypus nur bedingte Bedeutung.

Der Ritus der gallikanischen Meßfeier, für den die genannten Meßbücher bestimmt waren, unterscheidet sich nicht unwesentlich vom römischen; er ist nahe verwandt mit dem spanischen (mozarabischen) und hat auch Einfluß auf den mailändischen Ritus genommen[28]. Er wurde in Frankreich um 750 durch königlichen Erlaß abgeschafft.

Besonders reich war der Wortgottesdienst gestaltet. Wir finden hier den Gesang des »Aius« in lateinischer und griechischer Sprache wie in den orientalischen Liturgien, sowie seit dem 6. Jh. (unter römischem Einfluß) ein dreimaliges »Kyrie eleison«; ferner die »Prophetia« (das Canticum Zachariae) mit anschließender »Collectio post prophetiam«. Nach dieser erst im Laufe der Zeit ausgebildeten »Vormesse« begannen die Lesungen, die im Gegensatz zum römischen Ritus regelmäßig drei waren: eine aus dem Alten Testament (oder aus der Apostelgeschichte bzw. der Apokalypse), eine aus dem »Apostel« und als letzte das Evangelium. Nach der 1. Lesung wurde der »Psalmus Responsorius« vorgetragen; das Evangelium war ebenfalls von Gesängen umrahmt.

Der Einzug mit den Opfergaben war ähnlich gestaltet wie der »Große Eingang« in der byzantischen Liturgie: Der Diakon brachte die Gaben feierlich zum Altar, das Brot in einem turmartigen Gefäß (»Turris«

---

[26] Das Fragment soll nach Amerika verkauft worden sein. Näheres war nicht zu erfahren.

[27] Jedes Formular schließt bereits mit der Präfation (Contestatio), da der römische Canon vorausgesetzt wird. Dieser steht, verbunden mit einer (römischen) Missa cotidiana, zu Beginn des Meßbuches.

[28] Rekonstruktionsversuche von J. B. Thibaut, L'ancienne liturgie gallicane. Son origine et sa formation en Provence aux Ve et VIe siècles (Paris 1929); K. Gamber, Ordo antiquus gallicanus. Der gallikanische Meßritus des 6. Jh. (= Textus patristici et liturgici 3, Regensburg 1965).

genannt), den Wein im Kelch. Währenddessen wurde vom Chor der
»Sonus« gesungen[29]. Chorgesänge fanden auch während der Brotbrechung und der Kommunionspendung statt.

Die »Missa«, wie in den Liturgiebüchern die Eucharistiefeier bezeichnet
wird, beinhaltet sieben Gebete[30]. Sie tragen in den Sakramentaren die
Bezeichnung: »Praefatio (missae)«, »Collectio (sequitur)«, »(Collectio)
post nomina«, »(Collectio) ad pacem«, »Immolatio (missae)«, »Post
(ter) sanctus«, »Post mysterium« (oder »Post secreta«), mit dem vorraus-
genannten Gebet und dem Einsetzungsbericht (»Mysterium« oder »Secreta genannt) eine Einheit bildend, und als siebtes Gebet schließlich die
»Oratio dominica« mit einer Formel »ante« und »post orationem«.
Die Sakramentare verzeichnen außerdem noch gelegentlich Segens-
gebete über das Volk und zwei Schlußgebete, die »Post eucharistiam«
(bzw. »Post communionem«) und »Consummatio missae« überschrieben
sind.

In unserer kurzen Beschreibung wurde bereits deutlich, wie stark der
Einfluß der orientalischen Liturgien auf den gallikanischen Ritus war,
so vor allem im Gesang des Trishagion (Ajus) und der feierlichen Aus-
gestaltung des Einzugs mit den Opfergaben; aber auch die drei Lesungen
sind alter orientalischer Brauch. Das Trishagion wurde im Orient im
4. Jh. eingeführt. Wenn nicht alles täuscht, war unser Hilarius der Über-
bringer dieses Gesanges nach dem Westen. Bekanntlich mußte Bischof
Hilarius in den arianischen Wirren längere Zeit in Kleinasien in der
Verbannung leben, von wo er den Hymnengesang und, wie meist
angenommen wird, den Hymnus angelicus ins Abendland mitgebracht
hat[31].

Nun finden wir aber auch in dem oben genannten Palimpsest-Sakramentar in München einen Text, der deutlich auf die orientalische, näherhin die frühe syrisch(-kleinasiatische) Liturgie zurückgeht und ebenfalls auf Hilarius als Autor dieses Meßbuchtypus hinweisen könnte. Es
ist dies ein Gebet, das sich am Fest der Circumcisio domini, und zwar
unmittelbar nach dem Einsetzungsbericht, findet (ed. Dold-Eizenhöfer

---

[29] Näheres bei K. Gamber, Churrätische Saalkirchen mit Dreiapsiden-Chor
liturgiegeschichtlich untersucht, in: Römische Quartalschrift 65 (1970) 98–126,
vor allem 113 ff.

[30] Darüber handelt Isidor, De missa et orationibus (De eccl. off. 1, 15).

[31] Vgl. B. Stäblein, Gloria, in: Musik in Geschichte und Gegenwart V (1956)
302–320 (mit weiterer Literatur); CLLA Nr. 041.

Formel 38 S. 43–45)[32]. Es stellt nicht, wie in den meisten anderen Riten, eine Anamnese-Formel dar, sondern ist eine Antwort auf den Einsetzungsbefehl am Schluß des Mahlberichts, der in unserm Sakramentar wie folgt lautet (Formel 15):

> Addens ad suum dictum dicens eis: Quotienscumque de hoc pane edeatis et ex hoc calice bibitis ad m e m o r i a m meam faciatis: passionem meam omnibus indicens, aduentum meum sperabitis d o n e c i t e r u m a d u e n i a m[33].

In der zuerst genannten Formel unseres Palimpsest-Sakramentars wird das obige »adueniam« aufgegriffen und um das Kommen Jesu zur gegenwärtigen Mahlgemeinschaft gebeten (die ersten Zeilen sind nicht mehr zu lesen):

> (...) Ecce audemus accedere ad tuam eucharistiam et nomen tuum inuocare. Veni ergo communica nobiscum (es folgen 8 weitere mit »Veni« beginnende Anrufungen, worauf es nochmals heißt:) Veni communica nobiscum in tua eucharistia. quam facimus in tuo nomine et caritate. qui ad tuam vocem sumus congregati. Tibi est omnis honor et gloria in saecula saeculorum.

Die direkte Quelle für diesen Gebetstext sind die apokryphen Thomas-Akten, eine ursprünglich wohl syrische, namentlich in gnostischen Kreisen verbreitete, vielleicht in der ersten Hälfte des 3. Jh. entstandene Schrift. Es existieren auch alte lateinische Übersetzungen dieser und ähnlicher Apostelgeschichten. In ihnen fehlt jedoch unser Text[34]. Er war also im Abendland kaum bekannt.

Unsere Frage ist daher: Wie kommt dieser Gebetstext, der allem Anschein nach in der frühen syrisch-kleinasiatischen Liturgie beheimatet war, in unser Sakramentar? Man könnte daran denken, daß ein Abendländer, möglicherweise ein Ire (da unsere Handschrift in Irland geschrieben ist), der der griechischen Sprache mächtig war, den Text direkt aus den griechischen Thomas-Akten übernommen hat. Die Sache ist jedoch nicht so einfach, wie sie sich auf den ersten Blick ergibt. Es findet

[32] Vgl. K. Gamber, Die Christus-Epiklese in der altgallischen Liturgie, in: Archiv für Liturgiewissenschaft IX, 2 (1966) 382.
[33] Fast die gleiche Formel findet sich noch heute im Missale Ambrosianum; vgl. auch die Fußnoten in der Ausgabe von Dold–Eizenhöfer S. 16 f.
[34] Ausführlich darüber L. Eizenhöfer in der schon mehrfach zitierten Ausgabe des Münchner Palimpsest-Sakramentars S. 44–46.

sich nämlich in dem bereits erwähnten Missale Gothicum, näherhin im Eucharistiegebet der Palmsonntagsmesse, eine interessante Parallele zu unserm Text. Hier heißt es (Ausgabe Mohlberg, Formel 200):

Adueni ergo rogamus et in medio nostri adsiste.

Daraus kann man aber schließen, daß der Urheber der in Frage kommenden Meßformulare einen Einblick in die frühe syrisch-kleinasiatische Liturgie gehabt haben muß, daß ihm also von der dortigen Eucharistiefeier her Christus-Anrufungen dieser Art innerhalb des Eucharistiegebets bekannt gewesen sein müssen. Jedenfalls ist in den abendländischen Liturgien sonst eine derartige Christus-Epiklese nicht bekannt.

Zu einer letzten Sicherheit, daß nun gerade Hilarius der Autor dieser Gebete ist, kommen wir durch diese Überlegung freilich nicht. Doch suchen wir nach weiteren Hinweisen! So spricht für die Redaktion unseres Meßbuchtypus schon im 4. Jh., also in der Zeit des Hilarius, die Tatsache, daß bereits Gaudentius von Brescia († um 410) in einem Sermo an die Neugetauften deutlich auf ein in späteren gallikanischen Meßbüchern überliefertes Gebet anspielt[35]. Es handelt sich um den oben zitierten erweiterten Einsetzungsbefehl, genauer gesagt um dessen Wortlaut im ambrosianischen Meßbuch (»Mandans quoque ...«), und das »Post secreta«-Gebet im Formular für die Osternacht[36]. Dieses lautet:

H a b e n t e s i g i t u r a n t e o c u l u s omnipotens pater tantae passionis triumphos supplices exoramus, ut pascha hoc quod nobis dominus Iesus Christus filius tuus hostiam uiuam c o n s t i t u i t atque compleuit, fiat nobis in p r o t e c t i o n e m salutis et uitae. Sanctificatus in sollemnitatibus populus altaribus tuis oblationis suae munera placitura consignet. Fiat nobis eucharistia pura atque legitima in nomine unigeniti tui, ut cum nostris fuerit recepta p e c t o - r i b u s, fidem nutriat, mentem sanctificet atque confirmet.

Zum Vergleich nun der Text der Ansprache des Gaudentius[37]. Die gleichen Ausdrücke werden im Druck hervorgehoben:

[35] Vgl. K. Gamber, Ist der Canon-Text von »De sacramentis« in Mailand gebraucht worden?, in: Ephem. liturgicae 79 (1965) 109–116.

[36] Hinsichtlich der Überlieferung dieses Gebetes vgl. K. Gamber, Älteste Eucharistiegebete der lateinischen Osterliturgie, in: Fischer-Wagner, Paschatis Sollemnia (Freiburg 1959) 171. Der Text der »Mandans quoque« – Formel unten S. 142.

[37] Gaudentius, Tract. 2, 34 (CSEL 68, 30).

Voluit enim (Christus) beneficia sua permanere apud nos, voluit animas pretioso sanguine suo redemptas semper sanctificari per imaginem propriae passionis et ideo discipulis suis mandat, quos primos et ecclesiae suae c o n s t i t u i t sacerdotes, ut indesinenter ista vitae aeternae mysteria exercerent. quae necesse est a cunctis sacerdotibus per singulas totius orbis ecclesias celebrari, usque quo i t e r u m Christus d e c a e l i s a d v e n i a t, quo et ipsi sacerdotes et omnes pariter fidelium populi, exemplar p a s s i o n i s Christi a n t e o c u l o s h a b e n t e s cotidie et gerentes in manibus ore etiam sumentes et p e c t o r e, redemptionis nostrae indelebilem m e m o r i a m teneamus et contra venena diaboli dulcem medicinam sempiterni t u t a m i n i s consequamur, sicut spiritus sanctus hortatur: Gustate et videte quoniam suavis dominus.

Daß unser Meßbuch-Typus in Oberitalien, vor allem in der Diözese Mailand gebraucht worden ist, zeigen aber auch verschiedene Formeln im späteren sog. ambrosianischen Sakramentar, die mit denen im gallikanischen Missale Gothicum, von dem oben die Rede war, übereinstimmen[38]. So ist der Gedanke gar nicht so abwegig, daß Bischof Ambrosius von Mailand bei seiner Meßfeier den »Liber mysteriorum« des Hilarius benützt hat, nachdem dies allem Anschein nach sein Nachbarbischof Gaudentius ebenfalls tat. Auch Bischof Paulinus von Nola hat, wie wir noch sehen werden, bei der Redaktion seines »sacramentorum« unsern Meßbuch-Typus benützt.

Für die Autorschaft des Hilarius spricht jedoch nicht zuletzt auch eine kleine Beobachtung hinsichtlich der Überschrift »Immolatio missae« für das Eucharistiegebiet, die sich sowohl im Münchner Palimpsest-Sakramentar als auch im Missale Gothicum findet. Wie ich andernorts zeigen konnte, hat »missa« im gallikanischen Liturgiebereich von Anfang an den Sinn von »oblatio«[39]; sodaß also »Immolatio missae« mit »Darbringung des Opfers« zu übersetzen ist. Eine solche Bezeichnung für das Eucharistiegebet ist aber für die Frühzeit nur bei Theodor von Mopsuestia († 428) bezeugt[40]. Aus seiner Verbannung im Osten könnte

---

[38] Ein derartiges Beispiel wird eingehend besprochen von K. Gamber, Missa Romensis. Beiträge zur frühen römischen Liturgie und zu den Anfängen des Missale Romanum (= Studia patristica et liturgica 3, Regensburg 1970) 84–85.

[39] Vgl. Gamber, Missa Romensis 176–183.

[40] In seinen nur syrisch erhaltenen, aber in griechischer Sprache ursprünglich verfaßten mystagogischen Katechesen, die er als Presbyter in Antiochien

also Hilarius diesen Ausdruck nach Gallien mitgebracht und in seinem
»Liber mysteriorum« verwendet haben.

Was das Eucharistiegebet selbst betrifft, so scheint der Urtypus unserer
Sakramentare noch keine Unterbrechung durch den Gesang des Dreimal-
heilig gekannt zu haben[41]. Bekanntlich wurde das Sanctus erst zu Beginn des 5. Jh. im Abendland eingeführt[42]. So würde auch diese Beobachtung für das 4. Jh. als Zeitpunkt der Redaktion des Urtypus sprechen, womit wir abermals in der Zeit des Hilarius wären.

Die obigen Untersuchungen dürften gezeigt haben, daß es aufgrund
des gegenwärtigen Standes der Wissenschaften unmöglich ist, etwas
Sicheres hinsichtlich der Redaktion eines »Liber mysteriorum« durch
den Bischof Hilarius von Poitiers auszusagen. Es lassen sich jedoch mehrere Gründe anführen, die für diese Annahme sprechen, vor allem die
engen Bindungen zur syrisch-kleinasiatischen Liturgie, die durch den
längeren Aufenthalt des Hilarius im Orient bedingt sein könnten. Weiter dürfte deutlich geworden sein, daß das erhaltene handschriftliche
Material nicht ausreicht, um den Urtypus vollständig wiederherzustellen, wenn er uns auch in den überlieferten späten Zeugen in seinen Um-
rissen und in vielen Texten erkennbar wird.

2. Der »Liber comitis« des Hieronymus

In der Verfasserfrage dieses Liturgiebuchs liegen die Dinge ähnlich wie
beim eben besprochenen »Liber mysteriorum«. Die ältere Forschung
hielt an der Tradition fest, daß Hieronymus der Redaktor eines »Liber

in den Jahren 388–392 gehalten hat. Der syrische Ausdruck lautet hier: kuraba
kurbana (= Anaphora der Oblation); vgl. A. Adam, Liturgische Texte I, Zur
Geschichte der orientalischen Taufe und Messe im II. und IV. Jh. (= Kleine
Texte 5, Berlin 1960) 31. In späterer Zeit findet er sich (wohl unter syrischem
Einfluß) auch in Äthiopien; der äthiopische Ausdruck lautet: akuateta quer-
ban; vgl. E. Hammerschmidt, Studies in the Ethiopic Anaphoras (Berlin 1961)
37 ff. Eine ähnliche Überschrift εὐχὴ προσφόρου in der ägyptischen Serapion-
Anaphora (ed. Funk II, 172).
[41] Vgl. Gamber, Älteste Eucharistiegebete (Fußnote 36) 163 f.; G. Kretschmar, Neue Arbeiten zur Geschichte des Ostergottesdienstes II. Die Einführung
des Sanctus in die lateinische Meßliturgie, in: Jahrbuch für Liturgik und Hym-
nologie 7 (1962) 79–85, vor allem 82 f.
[42] Vgl. Gamber, Missa Romensis 63–66 (mit weiterer Literatur); Kretschmar,
Neue Arbeiten (Fußnote 41).

comitis« sei, während die neuere Forschung eine solche Autorschaft leugnen möchte. Bevor wir dieser Frage nachgehen, sei zuerst untersucht, was unter einem »Liber comitis« zu verstehen ist.

Ein »Liber comitis«, fälschlich »Comes« genannt, ist ein Epistelbuch, in dem alle Perikopen aus dem Alten und Neuen Testament, die als Epistel in der römischen Meßfeier vorgetragen werden, ihrem vollen Wortlaut nach enthalten sind. Das Wort »comitis« hat mit »comes« (der Begleiter) nichts zu tun. Es handelt sich nämlich bei diesem Ausdruck nicht um ein Substantiv, sondern um ein Adjektiv. Im Gebiet des mozarabischen Ritus finden wir die Form »commicus«, wodurch die Herkunft von »comma« = Einschnitt, Abschnitt, Perikope deutlich wird[43]. »Liber comitis« bedeutet dasselbe wie »Liber commicus« und ist mit Perikopenbuch zu übersetzen.

Bevor es ausgeschriebene Perikopenbücher gab, waren in der frühen Zeit in der Kirche Leselisten in Gebrauch, die in der Regel den paulinischen Briefen bzw. den Evangelien beigefügt waren. Man fand darin die im Verlauf des Kirchenjahres zu verlesenden Perikopen ihrem Anfang und Schluß nach verzeichnet. Derartige Leselisten sind aus dem Gebiet von Kampanien (Epistel- und Evangelienliste), Ravenna (Epistelliste), Mailand (Evangelienliste) und Aquileja (Evangelienliste) erhalten geblieben[44]. Am bekanntesten ist das römische »Capitulare evangeliorum«[45]. Das älteste Liturgiebuch mit voll ausgeschriebenen Lesungen stammt aus Ägypten. Es beinhaltet Evangelien-Perikopen und ist im 5. Jh. geschrieben. Es sind nur einige Blätter auf uns gekommen[46].

Die älteste Nachricht von einem »Liber comitis« findet sich in der Stiftungsurkunde einer kleinen Landkirche bei Tivoli v. J. 471. Es heißt darin, die betreffende Kirche habe folgende Codices in Besitz: »Evangelia quattuor, Psalterium et Comitem«[47]. Gemeint sind hiermit allem

---

[43] Vgl. F. J. Rivera, in: Estudios biblicos 7 (1948) 339; T. Ayuso, ebd. 10 (1951) 299–300; Gamber, Missa Romensis 99 ff. Hier wurde bereits über den »Liber comitis« gehandelt. Im folgenden neue Gesichtspunkte!

[44] Vgl. CLLA Nr. 401, 405–407; Nr. 242 (dazu auch Nr. 240); Nr. 541; Nr. 245–247.

[45] Vgl. Th. Klauser, Das römische Capitulare Evangeliorum. Texte und Untersuchungen zu seiner ältesten Geschichte. I. Typen (= Liturgiegeschichtliche Quellen und Forschungen 28, Münster 1935); CLLA Nr. 1001 ff.

[46] Herausgegeben von K. Gamber, Fragmente eines griechischen Perikopenbuchs des 5. Jh. in Ägypten, in: Oriens Christianus 44 (1960) 75–87.

[47] Vgl. Bruzza, Regesto della chiesa di Tivoli (= Studi e Documenti di storia e diritto I, Roma 1880) 15 f.

Anschein nach Bücher für den liturgischen Gebrauch: ein Evangeliar zum Vorlesen des Evangeliums in der Messe, ein Psalterium für das Chorgebet und zum Vortrag des responsorialen Psalmes nach der Epistel und dann unser »(Liber) comitis«.

Die handschriftliche Überlieferung setzt wesentlich später ein. Das älteste Zeugnis, ein kleines Fragment, stammt aus der Zeit um 700 und befindet sich im Cod. Vat. lat. 4329 (f. 87). Die ehemalige Handschrift war in Mittelitalien geschrieben[48]. Die älteste Vollhandschrift ist 100 Jahre jünger und wird jetzt in Leningrad, Öffentliche Bibliothek, Cod. Q. v. l Nr. 16 (früher Sangermann. 842) aufbewahrt. Sie wurde im Kloster Corbie unter dem Abt Maurdramnus (772–781) geschrieben[49].

Diese wie auch eine Reihe jüngerer Handschriften, so der Cod. 4 Aa 7 der Landesbibliothek in Fulda aus dem Anfang des 10. Jh., und MS Maclean 30 in Cambridge, Fritz William Museum, aus der Zeit um 970, tragen an ihrer Spitze eine Vorrede (Prologus), die sich als einen Brief des Hieronymus auszugeben scheint[50]:

Incipit Prologus Libri comitis sci Hieronimi presbiteri missus ad Constantium

Die Echtheit des Briefes sowie die Verfasserschaft des Liturgiebuches durch Hieronymus wird seit den Untersuchungen von G. Morin durchweg bestritten[51]. Morin hielt den Brief für das Werk eines Unbekannten im 6. Jh., da das Latein schlecht und die Sprache dunkel sei. Dazu komme noch die Schwierigkeit, wer mit Constantius, dem Empfänger des Werkes, gemeint sei. In manchen Codices findet sich nämlich zu diesem Namen der Zusatz »Constantinopolitanum episcopum«[52]. Daß der Prolog nicht von Hieronymus stammt, daran ist heute nicht

---

[48] Herausgegeben von K. Gamber, Das älteste Fragment des Comes des hl. Hieronymus, in: Ephem. liturgicae 75 (1961) 214–222; CLLA Nr. 1006.

[49] Noch nicht vollständig ediert; vgl. CLLA Nr. 1005.

[50] Vgl. CLLA Nr. 1018 und Nr. 1022.

[51] Vgl. G. Morin, L'auteur de la lettre à Constantius, in: Rev. bénéd. 7 (1890) 416; ders., Constantius, èvèque de Constantinople et les origines du Comes romain, ebd. 15 (1898) 241–246; ders., La lettre-préface du Comes, se rapporterait au lectionnaire de Claudien Mamert?, ebd. 30 (1913) 228–231; vgl. DACL VIII, 2 2275 f. Dagegen hat noch E. Ranke, Das kirchliche Perikopensystem (Berlin 1847) 263 an der Echtheit festgehalten.

[52] Text des Prologs in: PL 30, 487–488; Ranke, Das kirchl. Perikopensystem Appendix I; W. H. Frere, Studies in Early Roman Liturgy III (Oxford–London 1935) 75–76.

mehr zu zweifeln. Bei genauer Prüfung des Titels wird eine solche Autorschaft auch gar nicht behauptet. Wenn es heißt: »Es beginnt der Prolog zum Liber comitis des heiligen Priesters Hieronymus, übersandt an Constantius«, dann wird hier, genau genommen, lediglich ausgesagt, daß der Kirchenvater den »Liber comitis« verfaßt hat, nicht jedoch, daß auch der Prolog von ihm stammt. Deshalb ist es auch nicht sehr wichtig, wer den Prolog geschrieben hat und wer dieser Constantius ist[53].

Eine andere Beobachtung scheint jedoch bedeutungsvoll zu sein. Im genannten Prolog werden sowohl Epistel- als auch Evangeliumlesungen erwähnt (... quid apostoli doceant vel ad eundem titulum quid evangelii adnuntiet auctoritas). Das heißt aber: der Prolog ist zu einem Lectionarum plenarium verfaßt worden – es werden gleich einige derartige Handschriften genannt werden – und nicht für ein reines Epistelbuch. Nur ein solches aber dürfte auf Hieronymus zurückgehen.

Der Prolog zum »Liber comitis« stammt also ganz offensichtlich vom Redaktor des Lectionarium plenarium, das eine Erweiterung des Epistelbuchs des Hieronymus darstellt. Erst später wurde der Prolog auch von Handschriften, die nur den »Liber comitis« enthalten, übernommen[54].

Ich wüßte nicht, was uns hindern könnte der Tradition Glauben zu schenken, die Hieronymus als den Autor des »Liber comitis« bezeichnet, und dies nicht nur im Prolog. An der frühen Abfassung (um 400) braucht man sich nicht zu stoßen, da das 4./5. Jh., wie eingangs betont, eine Zeit der Ausbildung mehrerer Liturgiebücher war.

Für Hieronymus als Redaktor spricht vor allem auch die Beobachtung, daß die Perikopen eine sehr gute Textgestalt der Vulgata aufweisen[55]. Dies ist bis jetzt noch nicht genügend gewürdigt worden, vor allem wohl deshalb, weil es noch keine kritische Ausgabe des »Liber comitis« gibt. Man druckt immer nur die Initien und den Schluß der einzelnen Leseabschnitte ab. Auch waren die verschiedenen Codices und beson-

---

[53] Morin denkt an einen Bischof von Constantia als den Empfänger des Briefes, da der Cod. Vat. lat. 317 (auf Rasur) liest: »Constantiae episcopum«.

[54] So in der Leningrader Handschrift aus dem Ende des 8. Jh.; vgl. W. H. Frere, Studies in Early Roman Liturgy III (London 1935) 75 f.

[55] Morin wiederum schließt in: Rev. bénéd. 7 (1890) 416–423 aus dieser Tatsache, daß die Redaktion des Werkes nicht vor dem 6. Jh. angesetzt werden könne. Dies ist jedoch in keiner Weise einleuchtend. Ist nämlich, wie wir annehmen dürfen, Hieronymus der Redaktor, dann ist der Gebrauch der Vulgata das Gegebene.

ders die (meist älteren) Fragmente bisher kaum untersucht. Hier hat Alban Dold nicht geringe Pionierarbeit geleistet[56].

Nicht vergessen in unserer Frage darf die literarische Notiz in der oben erwähnten Urkunde v. J. 471 werden, die einen sicheren Terminus ante quem darstellt. Dazu kommt aber noch, daß bereits 100 Jahre später unser Epistelbuch zur Redaktion eines Lectionarium plenarium verwendet wird, in dem nicht nur die Episteln, sondern auch die Evangelien des Jahres Aufnahme gefunden haben. Diese Redaktion hat in Ravenna stattgefunden und zwar unter Bischof Maximianus (546–553)[57]. Durch einen glücklichen Zufall besitzen wir noch ein Fragment eines derartigen Codex, der bald nach dem Tod des Maximianus geschrieben ist. Es befindet sich heute in der Staatsbibliothek München (Clm 29155c)[58].

Der Text der in diesem Fragment vorkommenden Epistel stimmt mit der Fassung der späteren Handschriften und mit der Vulgata überein, während dies hinsichtlich des Evangelientextes nicht zutrifft. Für die Evangelien hatte der Redaktor nur eine Leseliste, nämlich das stadtrömische »Capitulare evangeliorum«, zur Verfügung und mußte daher die betreffenden Texte aus einer Evangelien-Handschrift seiner Kirche abschreiben.

Die älteste Voll-Handschrift eines derartigen Lectionarium plenarium ist ms. lat. 9451 der B. N. zu Paris; sie ist um 800 in Monza geschrieben[59]. Dieser Codex zeigt deutlich, daß in den Fällen, in denen das Capitulare in der Ordnung der Feste vom Epistelbuch abweicht, das Lektionar der Ordnung des »Liber comitis« folgt. So findet sich z. B.

---

[56] Seine zahlreichen diesbezüglichen Publikationen sind in: Ephem. liturgicae 72 (1958) 268–280 zusammengefaßt.

[57] Vgl. Gamber, Missa Romensis 107–115. Vielleicht ist die Hinzufügung »Constantinopolitanum episcopum« in der Adresse des Prologs erst später in Ravenna erfolgt. Den Zusatz weisen nämlich vor allem die Lectionaria plenaria auf. Es könnte dies während des Ravennatischen Schismas erfolt sein (7. Jh.), also in einer Zeit der Spannung mit Rom als man durch diesen Zusatz eine Reverenz gegenüber der Kaiserstadt am Bosporus machen wollte, obwohl es nachweisbar nie einen Bischof Constantius in Konstantinopel gegeben hat.

[58] Herausgegeben von K. Gamber, Das Münchner Fragment eines Lectionarium Plenarium aus dem Ende des 6. Jh., in: Ephem. liturgicae 72 (1958) 268–280; CLLA Nr. 1201.

[59] In Übersicht herausgegeben von R. Amiet, Un »Comes« carolingien inedit de la Haute-Italie, in: Ephem. liturgicae 73 (1959) 335–367; CLLA Nr. 1210. B. Bischoff, in: Karl der Große II (1965) 250 bringt die Handschrift in Verbindung mit der Residenz König Pippins (781–810) und denkt an Monza oder Pavia als Entstehungsort. Zu einer weiteren Handschrift vgl. S. Rehle, Lectionarium Plenarium Veronense, in: Sacris eruditi XXII (1974/75) 321–376.

die Weihnachtsvigil im Capitulare am Schluß der Liste, während sie im Epistelbuch zu Beginn steht.

Der »Liber comitis« hat nicht nur im Norden der Halbinsel, ausgehend von Ravenna, sondern auch im Süden, im Gebiet von Benevent, Eingang gefunden. Hier gab er die Grundlage zur Bildung eines Missale plenarium ab, ja dieses wurde hier direkt »Liber comitis« genannt, wie der Titel in einem beneventanischen Plenarmissale-Fragment aus dem 11. Jh. in Montecassino[60] anzeigt:

Incipit liber comite composito a beato papa Gregorio et papa Damaso et Ieronimo presbitero.

Also auch hier der Name des Hieronymus als Autor des Perikopenbuchs! Da er nur Priester war, steht er nach den beiden Päpsten.

Gelegentlich wurde nicht der ganze »Liber comitis« abgeschrieben, sondern nur das Initium und der Schluß der einzelnen Episteln, so in einer Handschrift aus Murbach, jetzt in Besançon, Bibl. munic. ms. 184 (ff. 58–74), die aus dem 8./9. Jh. stammt[61]. Bereits A. Wilmart hat darauf hingewiesen, daß dem Schreiber eine vollausgeschriebene Handschrift als Vorlage gedient haben muß.

Etwas älter als die Epistelliste von Murbach und für die Geschichte des »Liber comitis« von größter Bedeutung ist die von Würzburg (Universitätsbibliothek, M. p. th. f. 62), die in der Mitte des 8. Jh., zusammen mit einem »Capitulare evangeliorum«, abgeschrieben wurde[62]. Auch hier hat der Liste ein vollausgeschriebenes Epistelbuch als Vorlage gedient. Wir finden darin noch zahlreiche altertümliche Elemente. So fehlen Perikopen für die Donnerstage der Fastenzeit und für die »Dominica vacans«. Die Perikopen-Angaben am Schluß der Liste (Nrr. 214–255), die nicht näher bezeichnet sind und Bahnlesung zeigen, waren wohl für die Dominicae minores und die Ferialtage bestimmt. Sie reichen vom Römer- bis zum Hebräerbrief[63].

---

[60] Vgl. CLLA Nr. 436; herausgegeben von K. Gamber, in: Sacris erudiri XXI (1972/73) 241 ff.

[61] Edition von A. Wilmart, Le Comes de Murbach, in: Rev. bénéd. 30 (1913) 25–69; vgl. auch CLLA Nr. 1226.

[62] Herausgegeben von G. Morin, Le plus ancien Comes ou lectionnaire de l'église romaine, in: Rev. bénéd. 27 (1910) 41–74; vgl. auch CLLA Nr. 1001.

[63] Vgl. dazu C. Morin, Le plus ancien Comes 68, und J. Hofmann, in: Würzburger Diözesan-Geschichtsblätter 26 (1964) 352. Eine ähnliche Bahnlesung auch in einem späteren Lektionar (vgl. CLLA Nr. 1280).

Der »Liber comitis«, der der Würzburger Liste zugrundeliegt, könnte der ursprünglichen Redaktion nahestehen, wenn auch in einigen Stellen bereits Angleichungen an die Liturgiereform des Papstes Gregor zu erkennen sind. Diese ist jedoch nirgends systematisch durchgeführt. So finden wir z. B., ähnlich wie im Gelasianum, für neun Sonntage »post octabas paschae« (statt nur für fünf) Lesungen; die Sonntage nach Pfingsten sind, wie oben bereits angedeutet noch nicht ausgebildet[64].

An verschiedenen Tagen finden wir zwei Lesungen verzeichnet. Diese waren, wie R. Dubois gezeigt hat[65], allem Anschein nach zur Auswahl bestimmt, da die stadtrömische Liturgie seit dem 4./5. Jh., ähnlich wie die afrikanische zur Zeit des Augustinus, nur mehr eine einzige nichtevangelische Lesung aufgewiesen hat, im Gegensatz zum gallikanischen Ritus und den orientalischen Liturgien.

Die Rätsel, die die Würzburger Epistelliste für die Perikopenforschung aufgibt[66], sind noch lange nicht alle befriedigend gelöst. Doch würde gerade deren Lösung uns in die Frühzeit der römischen Liturgie führen, als kurz vor der Völkerwanderung das geistige Leben der Kirche zu einer besonderen Blüte gelangt war. Vielleicht hat der Redaktor in der Auswahl der einzelnen Abschnitte zu großen Wert auf die Erbauung der Gläubigen und zu wenig Wert auf die theologische Verkündigung gelegt; was an sich ebenfalls auf Hieronymus als Verfasser hinweist, dessen aszetische Schriften neben seinen bibelwissenschaftlichen immer große Beachtung gefunden haben.

Wenn wir daher am Schluß fragen, ob die Tradition zurecht besteht, daß unser Kirchenvater den »Liber comitis« verfaßt hat, dann dürfen wir dies mit einiger Sicherheit bejahen. Weniger deutlich sehen wir hinsichtlich der ursprünglichen Gestalt des Perikopenbuches, da dieses über viele Jahrhunderte hindurch in Gebrauch und deshalb der liturgischen Entwicklung unterworfen war, wobei frühe Handschriften, also vor dem 7./8. Jh., ganz fehlen. Allein die Würzburger Liste kann uns eine

---

[64] Die Ausbildung der Sonntagsmessen dürfte auf Gregor zurückgehen; vgl. K. Gamber, Das Sakramentar von Jena (= Texte und Arbeiten 52, Beuron 1962) 84–96.
[65] R. Dubois, Hat die römische Messe je eine dreigliedrige Lese-Ordnung gekannt?, in: Heiliger Dienst 18 (1964) 129–137; hinsichtlich der scheinbaren Ausnahme an den Quatember-Mittwochen vgl. K. Gamber, Oratio ad Collectam, in: Ephem. lit. 82 (1968) 45–47; Missa Romensis 195–199.
[66] Vgl. G. Kunze, Die Rätsel der Würzburger Epistelliste, in: Colligere Fragmenta. Festschrift Alban Dold (= Texte und Arbeiten, 2. Beiheft, Beuron 1952) 191–204.

Vorstellung davon geben, wie die Urgestalt des »Liber comitis« ausgesehen hat, wobei wir in textlicher Hinsicht bedauern, daß es sich eben nur um eine Liste und nicht um ein voll ausgeschriebenes Epistelbuch handelt. Ein solches stellte die Urgestalt dar, wie ja auch die große Masse der überlieferten Codices die Perikopen dem vollen Wortlaut nach bringen. Darin lag gerade die praktische Verwendbarkeit des Buches. Im Gottesdienst kleiner Kirchen ersetzte es eine Voll-Bibel.

3. Der »Liber sacramentorum« des Paulinus von Nola

Bei Gennadius, De viris illustribus (c. 49) erfahren wir, wie eingangs bereits bemerkt, näheres über die Werke des Paulinus von Nola. Darunter werden ein Buch »sacramentorum« und ein »hymnorum« genannt (»... fecit et sacramentorum et hymnorum«). Während vom zweiten, der Hymnensammlung, den Carmina, große Teile erhalten sind[67] – besonders bekannt sind die Carmina zu Ehren des hl. Felix von Nola –, galt das Sakramentar bisher als verloren. Im folgenden soll nachgeprüft werden, ob nicht doch wenigstens Teile dieses Meßbuches auf uns gekommen sind.

Paulinus, der sich nach seiner Priesterweihe in Spanien, i. J. 395 mit seiner Gemahlin Therasia nach Nola in Kampanien zurückgezogen hatte, wurde 409 zum Bischof dieser Stadt erwählt und ist 431 gestorben. Von seinen Zeitgenossen wurde sein ausgezeichneter Stil gerühmt; so schreibt Hieronymus: »Magnum habes, Pauline, ingenium et infinitam sermonis suppellectilem«, und Augustinus (in einem Brief an Licentius): »Vade in Campaniam, disce Paulinum; disce quibus opibus ingenii sacrificia laudis offerat[68].«

In den letzten Worten klingt ein Lob für die liturgische Gebetssprache des Paulinus an. Vielleicht hat der Bischof von Nola auf Drängen seiner Freunde die von ihm verfaßten liturgischen Texte zu einem »sacra-

---

[67] Ausgabe von W. Hartel (= CSEL 30, Wien 1894).

[68] Zitiert nach V. Jodice, Profilo storico ed estetico di S. Paolino vescovo di Nola (Milano 1931); Hieronymus, Ep. VIII ad Paulinum; Augustinus, Ep. XXVI (alias 38) ad Licentium; vgl. ferner Ep. XXVII (alias 32) ad Paulinum: »Legi litteras tuas fluentes lac et mel; legerunt fratres et gaudent infatigabiliter et ineffabiliter: quotquot eas legerunt, rapiunt, quia rapiuntur cum legant.«

mentorum« zusammengestellt. Jedenfalls handelt es sich um das erste derartige Werk auf italischem Boden. Bis dahin benützte man nur Meß-Libelli, in der nach Art der orientalischen »Liturgien« ein einziges Meß-formular zu finden war. Solche, vermutlich auf ein stadtrömisches Exemplar zurückgehende Libelli wurden in Irland bis ins 8./9. Jh. verwendet[69], ebenso in Süditalien, wo sie in lateinischer und griechischer Fassung gebraucht worden sind[70].

Wir gehen im folgenden von der nicht unbegründeten Vermutung aus, daß das Sakramentar des Paulinus in der unmittelbaren Umgebung von Nola, also in Kampanien und in der Gegend von Benevent, auch noch einige Zeit nach dem Tod des Bischofs weiterverwendet wurde. Ja wir werden sehen, daß sein Einfluß noch weit größer war.

Nun müssen wir leider feststellen, daß keine einzige Abschrift eines alten kampanischen Sakramentars auf uns gekommen ist. Was wir noch besitzen, sind dürftige Reste dieses Meßbuches in angelsächsischer Überlieferung. Der Grund, warum gerade die Angelsachsen ein kampanisches Liturgiebuch verwendet haben, liegt ohne Zweifel in der Person eines gewissen Hadrian begründet, der zuerst Abt des Klosters Nisida bei Neapel und dann Begleiter des vom Papst Vitalian i. J. 668 zum Erzbischof von Canterbury ernannten Theodor, eines Griechen, war[71].

Hadrian hat damals Bücher, die für den Gottesdienst im angelsächsischen Missionsgebiet nötig waren, aus seinem kampanischen Kloster nach Canterbury mitgenommen. Einige dieser Codices sind uns sogar erhalten geblieben. So besitzen wir noch eine Evangelien-Harmonie mit den Paulusbriefen, denen eine Liste der in Kampanien gebräuchlichen Epistel-Lesungen beigegeben ist. Der kostbare Codex war nach einer beigefügten Notiz unter Bischof Victor von Capua (541–554) geschrieben worden. Später befand er sich im Besitz des hl. Bonifatius, der ihn im Kloster Fulda zurückgelassen hat, an welchem Ort er heute noch aufbewahrt wird[72].

Eine weitere von Hadrian aus Kampanien mitgebrachte Handschrift

[69] Vgl. Gamber, Missa Romensis 22 ff.
[70] Vgl. das Kapitel am Schluß: Zur Liturgie Süditaliens.
[71] Vgl. Beda, Historia ecclesiae gentis Anglorum 4, 1 (PL 96, 171); P. Siffrin, in: Jahrbuch für Liturgiewissenschaft 10 (1930) 22 f.; schon früher J. Chapman, The Capuan Mass-Books of Northumbria, in: Notes on the early History of the Vulgate Gospels (Oxford 1908) 144–161.
[72] Vgl. CLLI Nr. 401. Neueste Ausgabe der Leseliste von R. Dubois, Victor Capuanus (CapL), in: Tijdschrift voor Liturgie 50 (1966) 411–417.

stellt das sog. Burchard-Evangeliar in Würzburg dar, das nur wenig jünger als der Victor-Codex ist (2. Hälfte des 7. Jh.). In ihm, sowie im Evangeliar von Lindisfarne (um 700) und in einer weiteren Handschrift in London (8. Jh.) ist eine Evangelien-Perikopenliste eingetragen[73]. Das Vorkommen des Festes des hl. Januarius (mit Vigil), des Patrons von Neapel, weist neben anderen Beobachtungen auf eine neapolitanische Vorlage hin[74].

Von angelsächsischen Sakramentaren, die wie gezeigt auf ein kampanisches Meßbuch zurückgehen, sind folgende Fragmente auf uns gekommen:

1. Drei Doppelblätter aus der Bibliothek des ehemal. Hochstift Regensburg, jetzt in der Bischöflichen Zentralbibliothek, ferner im Schloß Hauzenstein b. Regensburg und in Berlin, Deutsche Staatsbibliothek (Ms. Lat. Fol. 877). Sie sind Reste eines Sakramentars, das im 8. Jh. in Northumbrien entstanden und wahrscheinlich durch den hl. Bonifatius nach Regensburg gekommen ist[75]. Den kampanischen Ursprung des durch die Fragmente vertretenen Typus hat P. Siffrin anhand der im Kalendar-Doppelblatt erscheinenden Heiligenfeste überzeugend nachgewiesen, wobei er zugleich auf das vollständig erhaltene Willibrord-Kalendar (Paris, B. N., ms. lat. 10837, ff. 34–43) hingewiesen hat[76]. Erhalten sind vom Kalendar unserer Fragmente nur die Monate Juli bis Oktober. Die Sakramentartexte beginnen defekt in der Weihnachtsmesse, beinhalten dann das Stephanus-Formular und nach einer Lücke Teile zweier Formulare für die Fastenzeit[77]. Erhalten ist ferner der größte Teil des Canon missae. Darüber später (S. 69)!

2. Dem ebengenannten Bonifatius-Sakramentar in der ganzen Anlage ähnlich ist ein aus einem Doppelblatt und zwei Einzelblättern beste-

[73] Vgl. CLLA Nr. 407, Nr. 405 und Nr. 406.
[74] Vgl. K. Gamber, Die kampanische Lektionsordnung, in: Sacris erudiri 13 (1962) 326–352; vorausgeht G. Morin, La liturgie de Naples au temps de Sainte Grégoire, in: Rev. bénéd. 8 (1891) 481–493.
[75] Vgl. CLLA Nr. 412; K. Gamber, Das Bonifatius-Sakramentar und weitere frühe Liturgiebücher aus Regensburg (= Textus patristici et liturgici 12, Regensburg 1975).
[76] Vgl. P. Siffrin, Das Walderdorffer Kalenderfragment saec. VIII und die Berliner Blätter eines Sakramentars aus Regensburg, in: Ephem. liturgicae 47 (1933) 201–224.
[77] Von einem weiteren angelsächsischen Kalendarfragment aus Ilmmünster steht nicht sicher fest, ob es zu einem Sakramentar gehört hat; vgl. CLLA Nr. 413.

hendes Fragment in Köln, Historisches Archiv der Stadt (Handschriftenbruchstücke, GB Kasten B Nr. 24, 123, 124), das ebenfalls im 8. Jh. in Northumbrien entstanden ist[78]. Die Blätter beinhalten Votivmessen, die mit den entsprechenden Formularen in den Gelasiana mixta-Sakramentaren weitgehend übereinstimmen[79].

3. Ein weiteres Fragment, ein stark beschädigtes Blatt in Paris, B. N., ms. lat. 9488 (f. 5), aus dem Ende des 8. Jh., in irischer Majuskel geschrieben, enthält ein Formular für die Fastenzeit mit einer sonst nicht bekannten Präfation[80].

4. Aus zwei stark beschnittenen Blättern besteht ein Fragment in Basel, Universitätsbibliothek (N I 1, Nr. 3 a, 3 b) aus dem Anfang des 9. Jh. Auf Blatt 1 stehen die Reste der Formulare für die Feste vom 1. Januar und 2. Februar, auf Blatt 2 Fastenmessen[81]

5. Um ein beschnittenes Einzelblatt handelt es sich beim Fragment in St. Paul in Kärnten (Stiftsbibliothek, Cod. 979, f. 4) aus der Wende vom 8. zum 9. Jh. Wir finden hier eine interessante Rubrik, die der Schreiber anstelle des in seiner Vorlage vorhandenen Canon-Textes, den er als nicht mehr in Gebrauch befindlich erkannt hat, anbrachte, ferner zwei Votivmessen[82].

6. Nicht sicher der angelsächsischen Liturgie zuzuweisen ist ein kleines Fragment in München (Clm 29163 a), das im 8. Jh. in irischer Majuskel geschrieben ist. Es beinhaltet ein Stück des Beerdigungsritus[83].

7. Auf eine angelsächsische Vorlage zurück geht mit großer Wahrscheinlichkeit auch das sog. Missale Francorum (Cod. Regin. lat. 257 der Vaticana) aus der Mitte des 8. Jh.[84]. Die in Frankreich geschriebene Hand-

---

[78] Vgl. CLLI Nr. 415 mit weiterer Literatur.
[79] Vgl. H. Frank, in: St. Bonifatius (Fulda 1954) 83–88. Die Zugehörigkeit zum angelsächsischen Sakramentar-Typus ist noch nicht restlos gesichert.
[80] Vgl. CLLA Nr. 416. Versuch einer Ergänzung der Präfation von K. Gamber, in: Rev. bénéd. 81 (1971) 17.
[81] Vgl. CLLA Nr. 417. Neuausgabe von K. Gamber, Das Basler Fragment. Eine weitere Studie zum altkampanischen Sakramentar und zu dessen Präfationen 81 (1971) 14–29.
[82] Vgl. CLLA S. 237. Herausgegeben von K. Gamber, Das altkampanische Sakramentar. Neue Fragmente in angelsächsischer Überlieferung, in: Rev. bénéd. 79 (1969) 329–342, bes. 332–337.
[83] Vgl. CLLA Nr. 107. Herausgegeben von Gamber, Das altkampanische Sakramentar 339–341.
[84] Vgl. CLLA Nr. 410 mit weiterer Literatur.

schrift enthält außer den Ordinationsgebeten vier Sonntagsmessen mit dem Canon, von denen die erste mit einem Formular im Fragment von St. Paul in Kärnten weitgehend übereinstimmt[85]. Die Vorlage unseres Meßbuches könnte mit der angelsächsischen Mission ins Frankenreich gekommen sein.

8. Aus einem angelsächsischen Zentrum in England oder Nordfrankreich stammt ein Fragmentblatt in London, British Museum (MS Add. 37. 518, f. 116/117). Es ist im 8. Jh. geschrieben und beinhaltet »Orationes matutinales et uespertinales«. Die Zugehörigkeit zum angelsächsischen Sakramentar-Typus hat H. Frank nahegelegt[86].

9. Ein später Zeuge (1. Hälfte des 10. Jh.) stellt ein in irischer Schrift geschriebenes Fragment dar, das mitten in der Messe des Festes der Unschuldigen Kinder beginnt und dann das Formular »De circumcisione bringt, wobei als Evangelium ein Abschnitt aus dem Protoevangelium des Jakobus gewählt ist. Es schließt defekt in der Messe »Vigilia epiphanie domini«. Es handelt sich um den Rest eines Plenarmissale, das jetzt in der Vaticana (Cod. lat. 3325) aufbewahrt wird[87].

Das kampanische Sakramentar ist also, wie wir sehen, nur in armseligen Fragmenten aus dem angelsächsischen Bereich überliefert. Umfangreicher hingegen sind die Zeugnisse der beneventanischen Liturgie, die, wie wir eingangs vermutet haben, ebenfalls auf ein frühes kampanisches Sakramentar zurückgeht. Doch setzen hier leider die Zeugnisse recht spät ein. Die frühesten – es handelt sich um Fragmente – stammen aus der Wende vom 10. zum 11. Jh. Es können hier nur die wichtigsten genannt werden:

1. Das jetzt nur mehr 18 Blätter umfassende Plenarmissale-Fragment, dessen einzelne Teile in Zürich, Peterlingen und Luzern aufbewahrt werden. Die zahlreiche farbige Initialen aufweisende ehemalige Handschrift wurde in der Gegend von Bari geschrieben[88].

2. Kleine Fragmente zweier weiterer Plenarmissalien finden sich in

[85] Vgl. L. Eizenhöfer, Zu dem angelsächsischen Sakramentarfragment von St. Paul in Kärnten, in: Rev. bénéd. 80 (1970) 291–293; Gamber, Das Bonifatius-Sakramentar 77–79.
[86] Vgl. CLLA Nr. 411. H. Frank, Die Briefe des hl. Bonifatius und das von ihm benutzte Sakramentar, in: Sankt Bonifatius (Fulda 1954) 75.
[87] Vgl. CLLA Nr. 425 mit weiterer Literatur.
[88] Vgl. CLLA Nr. 431. Edition (mit eingehender Untersuchung der beneventanischen Liturgie) von A. Dold, Die Zürcher und Peterlinger Meßbuchfragmente (= Texte und Arbeiten 25, Beuron 1934).

der Vaticana (Cod. lat. 10645, ff. 3–6) und im Escorial (Cod. R III 1), beide etwa aus der gleichen Zeit wie die vorausgenannten Fragmente stammend[89].

3. Die älteste Voll-Handschrift, die nur einige Lücken aufweist, stammt aus Benevent selbst und wird auch heute noch dort aufbewahrt (Archivio arcivescovile, Cod. VI 33). Obwohl aus der gleichen Zeit wie die vorausgenannten Zeugnisse kommend, repräsentiert sie doch einen weiterentwickelten Typus[90]. Nur die Sonntagsmessen am Schluß des Codex zeigen noch die ursprüngliche Gestalt, so das Drei-Lesungen-System und die »Oratio post evangelium«; eine eigene Präfation fehlt an den einzelnen Sonntagen[91].

4. Wegen seiner Präfationen von Bedeutung ist dagegen ein Plenarmissale aus Canosa, das jetzt in Baltimore (USA) aufbewahrt wird (Walters Art Gallery, MS 6) und Ende des 11. Jh. entstanden ist[92].

In einer umfangreichen Studie »Das kampanische Meßbuch als Vorläufer des Gelasianum«[93] wurde der Nachweis zu erbringen versucht, daß das Sakramentar des Paulinus in den genannten Liturgiebüchern weiterlebt, in stärkerem Maße in den angelsächsischen Zeugnissen als in den beneventanischen. Diese sind nämlich wesentlich jünger als jene und lassen bereits in starkem Maße den Einfluß der römischen Liturgie erkennen. Die umfangreichen Untersuchungen, so textliche Zusammenhänge zwischen den Schriften des Paulinus und den Präfationen in den genannten Dokumenten, können hier nicht wiederholt werden.

Das Sakramentar des Paulinus ist nicht nur nach England und Benevent gekommen. Da es, wie eingangs angedeutet, das erste auf italienischem Boden entstandene Sakramentar darstellt, ist von vornherein zu vermuten, daß es schon bald auch nach Rom kam, wo es vor allem im nichtpäpstlichen Gottesdienst (in den Titelkirchen) Verwendung finden konnte. Jedenfalls zeigt der Heiligenkalender des auf stadtrömische Meß-Li-

---

[89] Vgl. CLLA Nr. 432 bzw. Nr. 433.

[90] Vgl. CLLA Nr. 430. Edition (in Übersicht) von S. Rehle in: Sacris eruditi XXI (1972/73) 323–405.

[91] Vgl. K. Gamber, Die Sonntagsmessen nach Pfingsten im Cod. VI 33 von Benevent, in: Ephem. liturgicae 74 (1960) 428–431.

[92] Vgl. CLLA Nr. 445. Edition von S. Rehle, Missale Beneventanum von Canosa (= Textus patristici et liturgici 9, Regensburg 1972).

[93] K. Gamber, Das kampanische Meßbuch als Vorläufer des Gelasianum. Ist der hl. Paulinus von Nola der Verfasser?, in: Sacris eruditi 12 (1961) 5–111.

belli zurückgehenden sog. Sacramentarium Gelasianum einen starken Einschlag kampanischer Heiliger[94].

Aber auch die im sog. Leonianum zusammengefaßten päpstlichen Meß-Libelli weisen zahlreiche Orationen auf, die mit denen des kampanischen bzw. beneventanischen Sakramentars identisch sind[95]. Dies läßt vermuten, daß das Meßbuch des Paulinus von den Päpsten schon früh benützt worden ist. Dagegen ist nicht anzunehmen – was an sich auch denkbar wäre –, daß umgekehrt die päpstlichen Libelli (oder gar deren private Sammlung im Leonianum) einen Einfluß auf die Liturgie südlich von Rom ausgeübt haben, da diese Libelli in erster Linie für den römischen Stationsgottesdienst bestimmt waren.

Es läßt sich weiterhin nachweisen ,daß das kampanische Meßbuch des Paulinus im 6. Jh. auch nach Ravenna und Mailand gekommen ist. Während es in Ravenna schon bald dem Sakramentar des Maximianus – von dessen Lektionar war oben bereits einmal die Rede – weichen mußte, ist es, wenn auch nicht mehr in seiner ursprünglichen Gestalt, als »ambrosianisches« Meßbuch in der Diözese Mailand noch heute in Gebrauch. Es hat hier den »Liber mysteriorum« des Hilarius abgelöst, wobei Elemente aus diesem, wie ebenfalls schon erwähnt, zusammen mit Eigenbildungen im neuen Meßbuch zu einer selbständigen Redaktion vereinigt werden[96].

Die Beziehungen zwischen dem ambrosianischen und kampanischen Sakramentar sind in ihrer Gesamtheit noch nicht genügend erforscht. Hingewiesen sei hier nur auf die Gleichheit der Präfationen an den Sonntagen der Fastenzeit. Eine Untersuchung hat gezeigt, daß diese Texte nicht in Mailand, sondern im Raum Kampanien–Benevent entstanden sein müssen, weil sie auf alttestamentliche Lesungen anspielen, die hier (und nur hier) üblich waren[97]. Beachtenswert ist auch die Präfation für das Fest am 1. Januar, da diese sowohl im Sacramentarium Gelasianum als auch im Gregorianum fehlt, also in der römisch-ravennatischen Liturgie unbekannt war, sich jedoch sowohl in beneventianischen als auch in angelsächsischen und in mailändischen Quellen nachweisen läßt[98].

---

[94] Dies hat A. Chavasse, Le sacramentaire gélasien (Paris 1958) 283–288 ausführlich dargelegt.

[95] Vgl. Gamber, Das kampanische Meßbuch 55 und passim.

[96] Vgl. K. Gamber, Zur ältesten Liturgie von Mailand, in: Ephem. liturgicae 77 (1963) 391–395.

[97] Vgl. Gamber, Die kampanische Lektionsordnung (Fußnote 74) 343 ff.

[98] Vgl. Gamber, Das Basler Fragment (Fußnote 81) 22–25.

Daß Niceta von Remesiana († um 420), der Freund des Paulinus, in seinen Schriften auf zwei Texte aus dem kampanischen Sakramentar anspielt[99], sei nur am Rande vermerkt. Wir werden unten darauf zurückkommen.

Es spricht also sehr viel dafür, daß das alte kampanische Sakramentar wie es in späteren Zeugnissen teilweise zu erkennen ist, das Meßbuch des Paulinus darstellt. Leider ist es, wie wir feststellen mußten, um die handschriftliche Überlieferung schlecht bestellt, sodaß wir vorläufig nicht in der Lage sind, eine Rekonstruktion dieses für die abendländische Liturgiegeschichte wichtigen Sakramentars zu veranstalten.

4. Das Lektionar und Sakramentar des Musäus von Marseille

Von den Werken des Musäus, der Priester von Marseille war († 461), berichtet sein Landsmann und Mitbruder Gennadius († 492/505) in seiner Schrift »De viris illustribus« (c. 79) mit ausführlichen Worten und beschreibt dabei Liturgiebücher, die ihm als Priester von Marseille wohl bekannt waren:

> Musaeus Massiliensis ecclesiae presbyter vir in divinis scripturis doctus et in earum sensibus subtilissimus exercitatione formatus, lingua quoque scolasticus. Hortatus a sancto Venerio episcopo (circa 431–452) excerpsit ex sanctis scripturis lectionum totius anni festivis apta diebus, responsoria etiam psalmorum capitula tempore et lectionibus congrua, quod opus tam necessarium lectoribus ecclesiae conprobatur, ut expetitum et sollicitudinem tollat et moram plebique ingerat scientiam celebritatis decorem.
> Sed et ad personam sancti Eusebii episcopi successoris supradicti hominis dei conposuit sacramentorum egregium et non parvum volumen, per membra quidem opportunitate officiorum et temporum pro lectionum textu, psalmorum serie et cantatione discretum. Sed et supplicandi deo (gemeint sind die »Collectae«) et contestandi beneficiorum (gemeint sind die »Contestationes«) soliditatis suae consentaneum, quo opere gravissimi sensus et castigatae eloquentiae agnovimus virum.

---

[99] Vgl. Gamber, Missa Romensis 97.

Homiliae etiam dicitur declamasse, quas et haberi a viris fidelibus cognovi sed ego non legi.

Bereits G. Morin hat die Ansicht vertreten, daß das von Gennadius an erster Stelle genannte Lektionar größtenteils als Palimpsest im Cod. 4160 von Wolfenbüttel (= W) erhalten ist[100]. Wenn dies richtig ist – wir werden gleich die Gründe für diese Annahme nennen –, dann liegt hier der einzige Fall einer frühen und daher, wie anzunehmen ist, noch unveränderten Abschrift eines im 5. Jh. entstandenen Liturgiebuchs vor. Unser Codex ist nämlich nur etwa 50 Jahre nach dessen Redaktion durch Musäus niedergeschrieben worden[101].

Das vermutlich in Südfrankreich, also in der (weiteren) Umgebung von Marseille entstandene Liturgiebuch befand sich zuletzt im Kloster Weißenburg. Es war der bekannte Palimpsest-Forscher Alban Dold, der in zehnjähriger mühevoller Entzifferungsarbeit die noch lesbaren Teile herausgegeben hat[102]. Der Name, den Dold dieser Handschrift gegeben hat »Das älteste Liturgiebuch der lateinischen Kirche« besteht nur insoweit zurecht, als es sich um die älteste erhaltene Abschrift eines lateinischen Liturgiebuchs handelt. Ältere Zeugnisse stellen, wie wir sahen, die Sakramentare des Hilarius von Poitiers und des Paulinus von Nola sowie der »Liber comitis« des Hieronymus dar.

Es handelt sich beim Wolfenbütteler Lektionar um ein umfangreiches Liturgiebuch, das für jeden liturgisch gefeierten Tag drei Lesungen (aus dem Alten Testament, den Paulusbriefen und den Evangelien) bietet und von dessen ursprünglichen Bestand noch über die Hälfte erhalten geblieben ist. Es beginnt mit den Lesungen zur Ostervigil. Das Osterfest galt ursprünglich als der Anfang des Kirchenjahres, wie wir in den Osterpredigten des Zeno von Verona († 380) im 2. Buch seiner Traktate erfahren[103].

---

[100] G. Morin, Le plus ancien monument qui existe de la liturgie Gallicane, in: Ephem, liturgicae 51 (1937) 3–12; vgl. auch K. Gamber, Das Lektionar und Sakramentar des Musäus von Massilia, in: Rev. bénéd. 69 (1959) 198–215.

[101] Vgl. Lowe, Codices latini antiquiores IX Nr. 1392; CLLA Nr. 250.

[102] A. Dold, Das älteste Liturgiebuch der lateinischen Kirche (= Texte und Arbeiten 26/28, Beuron 1936).

[103] Die einzelnen Stellen wurden von A. Dold, in: Texte und Arbeiten 26–28 S. XCII f. ausführlich gebracht. In oberitalienischen Handschriften findet sich später vielfach als Kirchenjahranfang der Beginn der Fastenzeit (»Dominica initium«) bzw. der Sonntag Septuagesima; vgl. A. Dold, in: Texte und Arbeiten 35 S. 12; A. Dold – K. Gamber, Das Sakramentar von Salzburg (= Texte und Arbeiten, Beiheft 4, Beuron 1960) 27 f. – Vielleicht hat auch der »Liber

Überschriften sind keine mehr zu erkennen, sodaß eine genaue Wiederherstellung der Reihenfolge der einzelnen Palimpsestblätter und eine in allen Fällen sichere Bestimmung des Verwendungstages der erhaltenen Perikopen nicht mehr möglich ist. Bei nicht wenigen Stücken handelt es sich um einen Cento, d. h. die betreffende Lektion stellt keinen fortlaufenden Abschnitt aus der Heiligen Schrift dar, es sind vielmehr verschiedene Stellen daraus zu einer Perikope vereinigt[104].

Gennadius bezeichnet das Lektionar des Musäus als ein »opus tam necessarium«, wohl deshalb, weil im 5. Jh. die kirchliche Liturgie sich zu größerer Pracht zu entwickeln begang, womit notwendigerweise eine Fixierung der Lesungen und Gebete verbunden war. Doch fragen wir uns jetzt, welche Gründe dafür sprechen, daß im Codex W das Lektionar des Musäus auf uns gekommen ist. Es sind folgende:

Gennadius rühmt von Musäus seine große Kenntnis der Heiligen Schrift (»vir in divinis scripturis doctus«). Diesen Eindruck gewinnt man im besonderen Maße beim näheren Eingehen auf die Auswahl der Lesungen in W. Wie in keinem anderen Lektionar sind hier verschiedene Stellen aus der Heiligen Schrift meisterhaft ausgewählt und oft Cento-artig zusammengestellt. Zudem beweist der Einfluß der Vulgata im Bibeltext der Lektionen, daß der Autor die damals neue Bibelübersetzung des Hieronymus bereits gekannt und benützt hat. In W findet sich jedoch kein reiner Vulgata-Text, sondern Lesarten, wie sie vor allem bei den gallischen Vätern, so bei Hilarius, Prosper, Arnobius und Faustus vorkommen. Einen wichtigen Hinweis auf die Autorschaft des Musäus bilden die »Responsoria«, die in W – und sonst in keinem bekannten alten Lektionar – vorhanden sind und auf die Gennadius ausdrücklich hinweist. Diese stellen die von der Gemeinde jeweils zwischen die vom Vorsänger vorgetragenen Psalmverse eingeschobenen (»respondierten«) Texte dar[105]. So lautet z. B. das Responsum am Tag der Kirchweihe:

Fundamenta eius in montibus sanctis (Ps 86,1)

mysteriorum« des Hilarius mit dem Sonntag vor Ostern begonnen, wie noch eine einzige fragmentarische Handschrift, wie wir oben sahen, vermuten läßt.

[104] Auch im »Liber comitis« finden sich gelegentlich Centonen, doch sind diese selten, so z. B. an der Andreas-Vigil: Eccli 44,25-27; 45,2-4, 6-9 oder in der Confessor-Messe: Eccli 44,16; 45,3-20; vgl. auch A. Dold, Ein einzigartiges Dokument der Karsamstagsliturgie, in: Fischer-Wagner, Paschatis Sollemnia (Freiburg 1959) 179–187, wo ein Cento in W ausführlich behandelt wird.

[105] Vgl. Dold, Das älteste Liturgiebuch (Fußnote 102) XCV f.

an Epiphanie:

Cantate domino canticum nouum quia mirabilia fecit (Ps 97,1)

am Karfreitag:

Non derelinques animam meam in inferno (Ps 15,10)

bei der Ordinatio episcopi:

Exaltent eum in ecclesia plebis (Ps 106,32)

bei der Ordinatio presbyteri:

Exultaui electum de populo meo (Ps 88,20).

Leider ist W der einzige Zeuge für das Lektionar des Musäus. Aus letzterem scheinen jedoch auch die Perikopen-Notizen genommen zu sein, die sich im Kilian-Evangeliar in Würzburg (Universitätsbibliothek, M. p. th. q. 1 a) aus dem 6./7. Jh. finden[106]. Für diese Annahme spricht u. a. der aufgrund der Notizen erkennbare Evangelien-Cento (Jo 6,2.5a.14; Lc 24,13–14.30–31 = Brotvermehrung und Brotbrechung in Emmaus) am Epiphaniefest, der ebenso (und nur) in W vorkommt.

Nach den Angaben bei Gennadius hat Musäus zuerst ein Lektionar und zwar noch unter Bischof Venerius (431–452) verfaßt und dann unter dessen Nachfolger Eusebius ein Sakramentar, wobei wir auch hier wieder den Ausdruck »sacramentorum« (ohne »liber«) vorfinden. Hinsichtlich der Überlieferung dieses Meßbuches sind wir nicht in der glücklichen Lage wie beim Lektionar. Es scheint jedoch in einer späteren Redaktion und zwar im Palimpsest-Codex M 12 sup. von Mailand aus dem 7. Jh. erhalten geblieben zu sein (Sigel: M). Die noch vorhandenen Blätter der Handschrift wurden ebenfalls von A. Dold entziffert und herausgegeben[107].

Die ursprüngliche Ordnung der einzelnen Blattlagen hat A. Dold wiederherzustellen versucht. Es bleiben jedoch einige Fragen offen, sowohl was die ursprüngliche Lage-Ordnung als auch den Anfang des ehemaligen Codex betrifft[108]. Als solcher hat sehr wahrscheinlich nicht, wie Dold annahm, die Weihnachtszeit zu gelten, sondern die »Orationes in uigilia paschae« (S. 26*). Dafür spricht, daß mit diesen Orationen eine

---

[106] Vgl. CLLA S. 175 f. mit weiterer Literatur.

[107] A. Dold, Das Sakramentar im Schabkodex M 12 sup. der Biblioteca Ambrosiana (= Texte und Arbeiten 43, Beuron 1952); vgl. ferner CLLA Nr. 205 mit weiterer Literatur.

[108] Vgl. die Vorschläge in: Sakramentartypen (= Texte und Arbeiten 49/50, Beuron 1958) 17 f.

eigene Lage beginnt, daß es sich bei den betroffenen zwei Lagen um Quinionen handelt, die 17-zeilig beschrieben sind, während der Schreiber sonst regelmäßig nur 13–15 Zeilen füllte. Es ist nicht wahrscheinlich, daß diese Unregelmäßigkeit mitten im Codex vorhanden war.

Das Meßbuch bringt eine Reihe interessanter und sonst nicht nachweisbarer Texte. Ein Teil der Gebete findet sich in anderen gallikanischen Liturgiebüchern, ein weiterer in spanischen. Das Ganze erscheint jedoch, wie der Herausgeber sagt, »in gallischem Gewand« (Überschriften wie »Praefatio missae«, »Collectio«, »Post nomina«, »Collectio ad pacem«, »Contestatio« und nicht »Illatio« wie in den spanischen Codices, »Post ter sanctus«, »Post mysterium«), sodaß eine Abfassung des Sakramentars in Spanien selbst nicht wahrscheinlich ist[109].

Falls es sich, wie wir eingangs vermutet haben, bei M um eine Abschrift des »sacramentorum« des Musäus handelt, muß der Inhalt und der Aufbau des Meßbuches mit dem des Lektionars zusammengehen, da Gennadius auf diese Tatsache ausdrücklich hinweist (». . . pro lectionum textu, psalmorum serie et cantatione discretum«).

Wenn unsere obige Vermutung hinsichtlich der ursprünglichen Lageordnung richtig ist, dann beginnen beide Liturgiebücher in gleicher Weise mit der Ostervigil. Suchen wir nach weiteren Beziehungen, dann finden wir, daß die jeweils erhaltenen Formulare, soweit erkennbar, der Reihenfolge nach übereinstimmen, wie die Übersicht in meiner diesbezüglichen Studie deutlich macht[110].

So folgt z. B. im W auf das Epiphanie-Fest unmittelbar »In cathedra sci Petri apostoli« und darauf der Sonntag Quadragesima. Diese Ordnung der Formulare haben wir auch in M. Es fehlt in beiden Liturgiebüchern das gallische Marien-Fest im Januar, das u. a. in Missale Gothicum erscheint. Dieses Fest ist vielleicht schon durch Hilarius, wahr-

---

[109] Dies wurde früher meist angenommen. In Spanien wurde der gallikanische Ritus verbindlich erst auf der Synode von Toledo v. J. 633 gefordert, wo es in Canon 2 heißt: »Unus igitur ordo orandi atque psallendi per omnem Hispaniam atque Galliam conservetur, unus in vespertinis matutinisque officiis, nec diversa sit ultra in nobis ecclesiastica consuetudo, quia in una fide continemur et regno. Hoc enim et antiqui canones decreverunt, ut unaquaeque provincia et psallendi et ministrandi parem consuetudinem teneat.« Die eigentlich »mozarabische« Liturgie (wie später die spanische genannt wurde) dürfte erst im 6./7. Jh., in der Zeit der großen spanischen Bischöfe, wie Leander von Sevilla († 599), Isidor von Sevilla († 636) und Julian von Toledo († 690) ausgebildet worden sein; vgl. CLLA S. 194 f.

[110] Gamber, Das Lektionar und Sakramentar (Fußnote 100) 203–208.

scheinlich aber erst zu Beginn des 6. Jh., in Gallien eingeführt worden[111].

Die Tatsache der gleichen Festfolge in W und M würde an sich noch nicht allzuviel beweisen, wenn nicht dazu auch noch inhaltliche Übereinstimmungen zwischen den Lesungen und den betreffenden Orationen bestünden. So wird im »Praefatio missae«-Gebet von Epiphanie in M (S. 10*) auf das Evangelium in W (S. 38 f.) mit der Doppellesung Mt 3,13–17 + Jo 2,1–11 (Taufe Jesu, Hochzeit zu Cana) angespielt:

> ... xps fluenta Iordanis felici baptismo consecrauit siue repletis in Galilaea hydreis colore conuerso aquam in uino mutauit.

Das gleiche gilt für das folgende Fest der Cathedra s. Petri. Hier finden wir in W (S. 40) abermals eine Doppellesung, ein Cento aus Jo 21,15–17 + Lc 10,23 + Mt 16,13 ff. (Übertragung des Hirtenamtes bzw. der Schlüsselgewalt an Petrus). Im »Praefatio missae«-Gebet in M (S. 12*) wird an diese beiden Ereignisse erinnert:

> ... dominicarum ouium curam bonus etiam nunc pastor inpendat. Acceptae priuilegio potestatis legata dissoluat. Preualere nobis intercessionis suae studio portas inferi non permittat et ad regni nos caelestia de quibus clauis meruit introducat.

Gerade die Anspielungen auf den in anderen Liturgiebüchern an diesem Tag nicht vorkommenden Cento sind ein deutlicher Hinweis auf die Zusammengehörigkeit von Lektionar und Sakramentar und damit auf eine Redaktion durch den gleichen Autor[112].

Einen Teil der Orationen in M könnte Musaeus selbst verfaßt haben, um eine Übereinstimmung mit seinem Lektionar zu gewinnen, einen weiteren und zwar vermutlich den größeren Teil hat er aus damals schon gebrauchten Sakramentaren übernommen, so aus dem »Liber mysteriorum« des Hilarius, wie eine Übereinstimmung einer Reihe von Texten mit denen des Missale Gothicum zeigt[113], einer, wie wir oben vermutet haben, weiterentwickelten Form des Hilarius-Meßbuches.

---

[111] Vgl. Gregor von Tours, De gloria martyrum I, 4 (PL 71, 708); B. Capelle, La messe gallicane de l'Assomption, in: Miscellanea Mohlberg II (Roma 1949) 33–59. K. Gamber, Eine liturgische Leseordnung aus der Frühzeit der bayrischen Kirche, in: Heiliger Dienst 31 (1977) 8–17, hier 11.

[112] Einige weitere Beispiele bei Gamber, Das Lektionar und Sakramentar 209.

[113] Vgl. Dold. Das Sakramentar (Fußnote 107) 24 ff.

In wieder anderen Formularen sind wörtlich Texte aus Kirchenvätern, so vor allem aus den Afrikanern Cyprian und Augustinus benützt[114]. Es ist nicht ausgeschlossen, daß auch hier Musäus bereits fertige Orationen übernommen hat. Da fast ausschließlich afrikanische Väter zu Wort kommen, kann man an das verloren gegangene Sakramentar des Afrikaners Voconius denken[115].

Das Vorhandensein einer Formel, die auch im Gelasianum (ed. Mohlberg 1630) vorkommt, in M (S. 19)[116] könnte ein Hinweis darauf sein, daß Musäus auch das Sakramentar des Paulinus von Nola gekannt und benützt hat. Man scheint überhaupt im 5. Jh. gern Gebete aus anderen Quellen übernommen und nur geringfügig verändert zu haben. So hat allem Anschein nach Paulinus neben spanischen Texten auch den »Liber mysteriorum« des Hilarius benützt, wie z. B. die Präfation in einem beneventanischen Meßbuch vermuten läßt, deren 1. Teil mit einem entsprechenden Text im Missale Gothicum zusammengeht[117]. Dies sind lauter Fragen, die noch einer weiteren Klärung bedürfen und die hier nur einmal angeschnitten wurden.

Was unsere Annahme betrifft, daß die Handschriften W und M auf das Lektionar und Sakramentar des Musäus zurückgehen, dürfen wir abschließend feststellen, daß in W mit größter Wahrscheinlichkeit das Lektionar vorliegt und zwar, da der Codex nur 50 Jahre nach der Redaktion dieses Liturgiebuches entstanden ist, weithin in ursprünglicher Gestalt. Nicht ganz so sicher dürfen wir hinsichtlich der Frage sein, ob in M sein Sakramentar zu suchen ist, wenn auch hier eine Reihe von Beobachtungen diese Vermutung zu bestätigen scheint. Im Gegensatz zu W ist M jedoch erst 200 Jahre nach der Redaktion niedergeschrieben. Vielleicht sind noch zwei Schwester-Handschriften zu M erhalten, die

[114] Vgl. L. Eizenhöfer, Zitate in altspanischen Meßtexten, in: Römische Quartalschrift 50 (1955) 248–254. Die gleiche Beobachtung ist auch im mozarabischen Meßbuch zu machen; vgl. M. Havard, Centonisations patristique dans les formules liturgiques, in: F. Cabrol, Les origines liturgiques (Paris 1906) 281–316; DACL XII 483–485.

[115] Es läßt sich zudem für einige Gebete in M der afrikanische Ursprung erweisen; vgl. Sakramentartypen 13.

[116] Vgl. Dold, Das Sakramentar (Fußnote 107) 33.

[117] Vgl. Gamber, Das kampanische Meßbuch (Fußnote 93) 28–31 (altspanische Texte) bzw. 52–53 (Missale Gothicum). Mit dem Missale Gothicum stimmt überein eine weitere beneventanische Präfation; vgl. L. Eizenhöfer, Die Präfation für den Geburtstag der hl. Agnes, in: Archiv für Liturgiewissenschaft XI (1969) 59–76; doch könnte hier auch der umgekehrte Fall vorliegen.

aus dem 7. bzw. 7./8. Jh. stammen. Sie weisen dieselbe Schrift auf wie M und sind ebenfalls mit 16–22 Langzeilen beschrieben. Es sind dies die Palimpsest-Codices Paris, B. N. ms. lat. 2739 (37 Blätter)[118] und Karlsruhe, B. Landesbibliothek, Cod. Aug. CCLIII (ff. 154, 162)[119]. Eine Entzifferung der beiden Handschriften ist wohl nicht mehr möglich.

*

Es bleibt uns noch, kurz auf einige weitere Autoren liturgischer Bücher des 5. Jh. hinzuweisen, bei denen es mangels entprechender Hinweise nicht feststeht, ob ihre Werke handschriftlich überliefert sind. An erster Stelle ist hier Claudianus Mamertus von Vienne († 474) zu nennen, der nach Angaben des Sidonius Apollinaris ein Lektionar verfaßt haben soll:

> Hic sollemnibus annuis paravit, quae quo tempore lecta convenirent[120].

Der auf Mamertus zurückgehende Lektionar-Typus ist möglicherweise im Lectionarium Luxoviense, jetzt in Paris, B. N., ms. lat. 9427, aus dem 7./8. Jh. erhalten geblieben. Diese Handschrift stellt einen völlig anderen Typus dar als die eben besprochene von Wolfenbüttel[121].
Sidonius Apollinaris selbst, der Bischof von Averna war († 480/90), hat nach eigenen Angaben einen Libellus mit »Contestationes« (Eucharistiegebeten) verfaßt:

> Diu multumque deliberavi, quanquam mihi animo affectus studioque parendi sollicitaretur, an destinarem sicut iniungis contestatiunculas quas ipse dictavi. Vicit ad ultimum sententia quae mihi obsequendum definiebat: ergo petita transmisi[122].

Diese Eucharistiegebete wurden von Gregor von Tours († 594) neu herausgegeben[123] und liegen möglicherweise in den sog. Mone-Messen

---

[118] Vgl. B. Bischoff, in: Colligere Fragmenta. Festschrift Alban Dold (= Texte und Arbeiten, 2. Beiheft, Beuron 1952) 247 Anm. 5.

[119] Vgl. CLLA S. 161.

[120] Sidonius Apollinaris, Epist. lib. IV 11,6 (PL 58, 616); vgl. CLLA Nr. 037; C. Vogel, Introduction aux sources de l'histoire du culte chrétien au moyen âge (= Biblioteca degli »Studi medievali«, Spoleto 1965) 259.

[121] Vgl. CLLA Nr. 255 mit Angabe der Editionen und weiterer Literatur.

[122] Epist. lib. VII 3; vgl. CLLA Nr. 034.

[123] Gregor von Tours, Hist. Francorum II 22 (PL 71, 218).

(in Karlsruhe, B. Landesbibliothek, Cod. Aug. CCLIII) vor. Der Codex ist in der 1. Hälfte des 7. Jh. in Burgund entstanden[124].

Aus Aquileja ist der Name des Bischofs Fortunatianus, eines Afrikaners († nach 360), zu nennen, von dem Hieronymus, De viris ill. c. 97 schreibt:

> Fortunatianus natione Afer Aquileiensis episcopus imperante Constantio in evangelia titulis ordinatis breves sermone rustico scripsit commentarios.

Vielleicht ist unter »titulis ordinatis« konkret eine Evangelienliste gemeint. Eine solche ist in verschiedenen Evangeliaren aus dem Gebiet von Aquileja überliefert, so im Codex Rehdigeranus[125]. Es ist auch eine Handschrift fragmentarisch erhalten, in der die einzelnen Perikopen voll ausgeschrieben sind[126].

Unter den frühen Bischöfen von Aquileja ist weiterhin Chromatius († 407) hier zu erwähnen, der möglicherweise ebenfalls ein Sakramentar redigiert hat, wenn auch direkte literarische Nachrichten darüber fehlen. Es könnte, wie ein stilistischer Vergleich zwischen den Sermonen und den Orationen zeigt[127], in einer Palimpsest-Handschrift des (5. oder) 6. Jh. (jetzt in St. Gallen, Stiftsbibliothek, Cod. 908) vorliegen[128].

Ambrosius von Mailand († 397) hat mit großer Wahrscheinlichkeit kein Liturgiebuch für seine Kirche verfaßt, obwohl das heute noch in Mailand gebrauchte Meßbuch seinen Namen trägt (Missale Ambrosianum). Dagegen gehen auf ihn eine Reihe von Hymnen zurück, die in den Handschriften schon früh den biblischen Cantica beigefügt werden[129].

Was das 6. Jh. betrifft, so sind wir hier in einer Zeit reger Sammel-

---

[124] Vgl. CLLA Nr. 203. Es handelt sich um sieben, rein gallikanische Meßformulare: sechs »Missae cotidianae« (die erste in Hexametern) und eine Messe zu Ehren des hl. Germanus von Auxerre.

[125] Vgl. K. Gamber, Die älteste abendländische Evangelien-Perikopenliste, vermutlich von Bischof Fortunatianus von Aquileja, in: Münchener Theol. Zeitschrift 13 (1962) 181–201; CLLA Nr. 245–246. Nr. 247 gehört nicht direkt hierher; vgl. unten »Zur Liturgie Illyriens«.

[126] Vgl. CLLA Nr. 261 mit weiterer Literatur.

[127] Vgl. K. Gamber, I più antichi libri liturgici dell'alta Italia, in: Rivista di Storia della Chiesa in Italia 15 (1961) 72–73 ders., Fragmente eines oberitalienischen Liturgiebuches, in: Festschrift Johannes Duft (in Druck).

[128] Vgl. CLLA Nr. 201. Erhalten sind größere Teile von Totenmessen und »Orationes matutinales«.

[129] Vgl. CLLA Nr. 061 mit weiterer Literatur.

tätigkeit, nachdem durch die Wirren der Völkerwanderung die schöpferischen Kräfte weitgehend versiegt waren. Aus dieser Zeit zu nennen sind Bischof Maximian von Ravenna († 553) und Papst Gregor d. Gr. († 604), die beide Sakramentare redigiert haben. Darüber wurde jedoch andernorts ausführlich berichtet, sodaß hier dieser Hinweis genügen dürfte[130].

Für Spanien war die Wende vom 6. zum 7. Jh. eine Zeit liturgischer Sammeltätigkeit. Es sind die Namen eines Leander von Sevilla († 599), Johannes von Saragossa († 631) Isidor von Sevilla († 636) und Ildephons von Tolledo († 667) zu nennen[131]. Die Redaktion des späteren mozarabischen Meßbuches geht auf Julian, Bischof von Toledo († 690) zurück[132].

---

[130] Vgl. CLLA S. 313 ff. bzw. 325 ff.; ferner Gamber, Missa Romensis 107–115 bzw. 116–121.
[131] Literatur im einzelnen in CLLA S. 195.
[132] Vgl. CLLA Nr. 301. Die älteste Handschrift stammt aus dem 9. Jh.

Zur Textgeschichte des römischen Canon Missae

I.
Eine Epiklese in der ältesten Fassung?

»Epiklese« (ἐπίκλησις lat. invocatio) meint schlichthin eine Anrufung Gottes[1]. Diese kann vielfältig sein. Bei Irenäus werden εὐχαριστία und ἐπίκλησις noch synonym gebraucht, so im Bericht über die Eucharistiefeier des Gnostikers Markus:»Dieser tat, als spreche er das Dankgebet über Kelche, die mit Wein gefüllt waren, und indem er dabei das Wort der Epiklese über Gebühr lang ausdehnte, machte er sie purpurrot aufleuchten[2].« Dieselbe Gleichsetzung von Epiklese und Eucharistiegebet auch bei Firmilian von Caesarea, der um 235 von einer Frau berichtet, die in Kleinasien als Prophetin aufgetreten ist und häufig die Eucharistie gefeiert hat[3].

Die ursprüngliche in den Eucharistiegebeten gebrauchte Form der Epiklese liegt u. a. im Papyrus von Der Balaisa vor, wo es zu Beginn heißt: »Ich rufe dich an, Herr, Allherrscher ... (σὲ ἐπικαλοῦμαι δέσποτα παντο-κράτωρ)[4]. Eine andere Form ist die Christus-Epiklese, die Anrufung Jesu

---

[1] Vgl. J. W. Tyrer, The Meaning of ἐπίκλησις, in: The Journal of Theol. Studies 25 (1924) 139–150; R. H. Connolly, The Meaning of ἐπίκλησις – a Reply, ebd. 337–364; grundlegend dazu die Antwort von O. Casel, Neue Beiträge zur Epiklesefrage, in: JLW IV (1924) 169–178; weiterhin J. Betz, Die Eucharistie in der Zeit der griechischen Väter I, 1 (Freiburg 1955) 320–342.

[2] Irenaeus, Contra haer. I 13,2:»Pro calice enim vino mixto fingens se gratias agere (προσπολούμενος εὐχαριστεῖν) et in multum extendes sermonem invocationis (τὸν λόγον τῆς ἐπικλήσεως) purpureum et rubicundum apparere fecit« (PG 7, 579 A; Harvey 1, 115).

[3] Bei Cyprian, Ep. 75,10:»Etiam hoc frequenter ausa est, ut et invocatione ... sanctificare se panem et eucharistiam facere simularet et sacramentum domino non sine sacramento solitae praedicationis (= Eucharistiegebet) offerret« (ed. Hartel CSEL 3/2 818). Zu »praedicatio« vgl. J. R. Geiselmann, Die Abendmahlslehre an der Wende der christlichen Spätantike zum Frühmittelalter (München 1933) 199.

[4] Dieser Teil des Papyrus wird von C. H. Roberts – B. Capelle, An Early Euchologium (= Bibliothèque du Muséon 23, Louvain 1949) nicht als zum

zur gegenwärtigen Eucharistiefeier zu kommen: »Komm und nimm mit uns teil an deiner Eucharistie, die wir in deinem Namen und in deiner Liebe feiern«[5].

Wieder etwas anderes sind die verschiedenen Formen der Konsekrations-Bitte, die allein im folgenden im Hinblick auf den ältesten römischen Canon behandelt werden sollen. O. Casel unterscheidet die altchristliche Epiklese, die in der Nennung des Gottesnamens über Brot und Wein besteht, wodurch die Gotteskraft herabgerufen wird, und dann die im 4. Jh. im Orient sich entwickelnde Geist-Epiklese, in der ausdrücklich um die Verwandlung der Gaben durch den Heiligen Geist gebeten wird[6].

1. Eine Darbringung der konsekrierten Gaben?

Obwohl zum Thema »Epiklese« schon einiges geschrieben ist[7], hoffe ich doch hinsichtlich der Frage, ob der älteste römische Canon eine Epiklese aufgewiesen hat[8], einiges Neue sagen zu können. Ausgangspunkt

Eucharistiegebet zugehörig angesehen; dagegen K. Gamber, Der liturgische Papyrus von Deir El-Bala'izah in Oberägypten, in: Le Muséon 82 (1969) 61–83. Eine ähnliche Anrufung Gottes auf einem koptischen Ostrakon mit dem Beginn einer Anaphora; vgl. H. Quecke, Das anaphorische Dankgebet auf den koptischen Ostraka B. M. Nr. 32799 und 33050 neu herausgegeben, in: Orientalia Christiana Periodica 37 (1971) 391–405; dazu K. Gamber, in: Ostkirchliche Studien 21 (1972) 298–308. Der Text des Ostrakons ist dem Papyrus, was die Anrufung Gottes zu Beginn betrifft, sehr ähnlich.

[5] Vgl. K. Gamber, Die Christus-Epiklese in der altgallischen Liturgie, in: ALW IX, 2 (1966) 375–382 mit Ergänzungen von L. Eizenhöfer, ebd. X, 1 (1967) 169–170. Hierher gehört auch das Gebet vor der Wandlung in der mozarabischen Liturgie: »Adesto adesto ihu bone pontifex in medio nostri ...« (PL 85, 550); vgl. auch Betz, Die Eucharistie 74–81; H. Lietzmann, Messe und Herrenmahl (Bonn 1926) 105.

[6] O. Casel, Das christliche Opfermysterium. Zur Morphologie und Theologie des eucharistischen Hochgebets (Graz–Wien–Köln 1968) 499–558: Der Kanon als Epiklese; vorher in: JLW IV (1924) 169–178.

[7] Vgl. Cabrol, in: DACL V, 142–184 (mit der älteren Literatur); M. De la Taille, Mysterium fidei (Paris 1921) 433–453; K. Goldhammer, Die eucharistische Epiklese in der mittelalterlichen abendländischen Frömmigkeit (Bottrop o. J.); P. Brunner, in: Leiturgia. Handbuch des evangelischen Gottesdienstes I (Kassel 1954) 348–361 (mit der neueren Literatur); J. Pinell, Anámnesis y epíclesis in el antiguo rito galicano (Lisboá 1974).

[8] Vgl. A. Baumstark, Zum Problem der Epiklese und des römischen Meßkanons, in: Theol. Revue 15 (1916) 337 ff.; J. Brinktrine, Enthielt die alte römische Liturgie eine Epiklese? Von dem Briefe des Papstes Gelasius an den

ist die Dissertation von H.-Chr. Seraphim, eines evangelischen Theologen, über ein Problem des Meßkanons[9], das mit der Epiklese-Frage eng verbunden ist. Die Arbeit hat einiges Aufsehen erregt. Während J. A. Jungmann in seiner eingehenden Besprechung seine bisherigen Auffassungen über den Opfercharakter der Messe zu verteidigen suchte[10], hat W. Siebel aus der Sicht des Soziologen die Forschungsergebnisse Seraphims eher positiv bewertet[11].

Es geht dabei um den Sinn des dreiteiligen Gebetes des römischen Canon missae unmittelbar nach dem Einsetzungsbericht, vor allem um die Frage, ob der Text, wie er ursprünglich konzipiert war, sich auf die noch nicht konsekrierten oder auf die bereits konsekrierten Gaben bezieht. Vom 5. Jh. an scheint sich jedenfalls die letztere Meinung mehr und mehr durchgesetzt zu haben.

Die Problemstellung Seraphims ist von zentraler Bedeutung sowohl für das Verständnis des ältesten römischen Canons als auch für die Auseinandersetzung mit der Ostkirche und den Protestanten. Die orthodoxe Theologie sieht bekanntlich in der Epiklese nach dem Einsetzungsbericht das eigentlich konsekratorische Element[12], für Luther und die Protestanten war und ist der Gedanke einer Darbringung der konsekrierten Gaben unannehmbar, was bei Luther zur Ablehnung der Messe als Opfer überhaupt geführt hat.

Wörtlich meint Seraphim: »Eine Darbringung der consecrata durch die Kirche an Gott im Zusammenhang des Anamnesegebetes ist weder für die Ostkirchen, noch für die Kirche der Reformation zumutbar, noch entspricht sie dem alten Sinngefüge des römischen Kanons und ebensowenig der alten westlateinischen Liturgietradition und auch nicht dem Eucharistiegebet Hippolyts von Rom (S. 5).

Bischof Elpidius von Volterra, in: Römische Quartalschrift 31 (1923) 21–28; Casel, Das christliche Opfermysterium 547–552.

[9] H.-Chr. Seraphim, Von der Darbringung des Leibes Christi in der Messe. Studien zur Auslegungsgeschichte des römischen Meßkanons (Diss. München 1970).

[10] J. A. Jungmann, in: Zeitschrift für kathol. Theologie 95 (1973) 91–93.

[11] W. Siebel, Zur Kontroverse zwischen J. A. Jungmann und H.-Chr. Seraphim, in: Einsicht 4 (1974) 189–204.

[12] Am deutlichsten ist die orthodoxe Lehre hinsichtlich der Epiklese bei Nikolaus Kabasilas (1290–1371) niedergelegt (Migne, PG 150, 425 ff.); vgl. Fr. Heiler, Urkirche und Ostkirche (München 1937) 260 f.; vgl. weiterhin J. Höller, Die Epiklese der griechisch-orientalischen Liturgien (Wien 1912), B. Botte, L'epiclèse dans les liturgies syriennes orientales, in: Sacris erudiri VI, 1 (1954) 148–172.

Die folgende kanongeschichtliche Untersuchung soll über die von Seraphim vorgebrachten Argumente hinaus neue Überlegungen über das Anamnesegebet anstellen. Einleitend ist dabei festzustellen, daß die Auffassung, die consecrata, also der sich am Kreuze für das Heil der Welt opfernde Christus, werde in der Messe von der Kirche Gott dem Vater dargebracht, in der patristischen Überlieferung bisweilen vorkommt. So sagt z. B. Cyrill von Jerusalem († 386) in der 5. Mystagogischen Katechese, wo er die Messe erklärt, ganz klar: »Wir bringen den für unsere Sünden geopferten Christus dar (Χριστὸν ἐσφαγιασμένον ... προσφέρομεν), um den menschenfreundlichen Gott ihnen und uns gnädig zu stimmen[13].«

Es läßt sich jedoch zeigen, daß hier nicht das älteste Verständnis des Opferaktes in der Messe vorliegt[14]. Siebel sieht ihn wie folgt: wir bringen Gott dem Vater unsere Hingabe im Zeichen von Brot und Wein dar, wir bitten um gnädige Aufnahme und um Verwandlung dieser Gaben, damit diese für uns gnadenbringend werden. Wörtlich meint Siebel: »Zu einem Gemeinschaftsopfer gehören, wie die Religionsgeschichte lehrt, zwei Hauptphasen sowie eine einleitende und ausleitende Phase. In der einleitenden Phase wird ein bestimmter Gegenstand ausgesondert aus dem alltäglichen Bereich ... um zur Opfergabe zu werden. Diese erste Hauptphase (›Aufopferung‹) besteht in der Sakralisierung des profanen Gegenstandes. Das heißt, dieser Gegenstand wird zu einem Ausdruck der opfernden Gemeinschaft ... Die zweite Hauptphase (›Opferung‹ im engeren Sinn) enthält ... Bitten um Annahme der Opfergaben. Schließlich wird die Opfergabe in einem besonderen Akt ausdrücklich überreicht ... Entscheidend ist die Annahme des überreichten Gegenstandes durch den Adressaten des Opfers ... Angenommen werden soll nicht eigentlich die materielle Opfergabe ..., sondern vielmehr die Botschaft, die durch die Sakralisierung mit einem materiellen Gegenstand verbunden ist ... Als ausleitende Phase kann sich nun ein Essen der Opferspeise anschließen. Sie stellt einen weiteren Bekenntnisakt dar, der die wiedergewonnene Gemeinschaft (mit der Gottheit) besiegelt.«

---

[13] Cat. Myst. V, 10. Vielleicht sind die Mystagogischen Katechesen erst vom Nachfolger Cyrills, dem Bischof Johannes (386–417) herausgegeben worden; vgl. B. Altaner, Patrologie (2. Aufl. 1950) 269 (dazu 7. Auflage 1966, S. 312).
[14] Darüber unten mehr!

Nach diesen allgemeinen Überlegungen fährt Siebel fort: »Der Schenkende kann nicht die Kirche für sich, ohne Christus sein ... Er ist der Hohepriester, der legitimiert ist, die Gemeinschaft gegenüber Gott zu verpflichten ... Das Geschenk ist (aber auch) nicht Christus in dem Sinne, als sei er der materielle Geschenkgegenstand. Es fehlt dann die für ein Geschenk ... notwendige mit dem materiellen Gegenstand verbundene Bedeutung ... Dies gilt jedenfalls für den natürlichen Leib Christi. Dieser ist in seinem Leiden und Sterben am Kreuz zwar Mittel der Überreichung der Hingabe gewesen. Aber dieses Mittel ist als solches nicht unmittelbar zu vergegenwärtigen, sondern nur im Zeichen. Christus überreicht sich also in der Messe nicht, so weit er in seinem natürlichen Leib ist. Das ist allein auf Golgotha geschehen ... Das Geschenk kann nur Christus insofern sein, als er sich selbst durch seine am Kreuz durch die Tat bezeugte Hingabebereitschaft überreicht und damit seine unendliche Liebe erweist. In das Geschenk ist eingefügt die in Lob- und Opfertaten ausgedrückte Hingabe der Gläubigen, die in Christus handeln, obwohl die Annahme des Geschenks von diesen nicht abhängt. Das Geschenk ist also kein materieller Gegenstand und kein Zeichen, sondern eine geistige Bedeutung. Und dieses wird mit Brot und Wein verbunden, sodaß diese zum Zeichen werden ... Diese Auffassung läßt sich durch ein frühes Eucharistiegebet ausdrücklich bestätigen. Es handelt sich hier um die ›Canonica prex‹ aus ›De sacramentis‹ ...: ›Mach uns diese Opfergabe zu einer eingetragenen, gültigen, geistigen, weil sie ein Symbol (eine Darstellung) des Leibes und Blutes unseres Herrn Jesus Christus ist‹[15].«

Hinsichtlich weiterer Einzelfragen muß hier auf den zitierten Aufsatz von Siebel verwiesen werden. Unsere Frage wird nun sein: deckt sich die älteste Gestalt des römischen Canon mit diesen religionsgeschichtlichen Überlegungen eines Soziologen? Oder anders ausgedrückt: Werden nach dem ältesten Text des Canon im Opferungsakt nach dem Einsetzungsbericht die konsekrierten Gaben Gott dargebracht? Oder aber: geschah die Konsekration ursprünglich erst nach dem Opferungsakt durch eine eigene Epiklese?

[15] Wir werden auf das zitierte Eucharistiegebet unten näher eingehen. Darin ist von »figura« die Rede, was dem griech. ὁμοίωμα (Abbild) entspricht; vgl. Joh. Damascenus, De fide orthodoxa IV 13: »Wenn auch einige das Brot und den Wein Abbilder des Leibes und Blutes des Herrn nannten ..., so meinten sie diese nicht nach der Heiligung (Konsekration), sondern vor der Heiligung: s i e   n a n n t e n   d i e   O p f e r g a b e   s e l b s t   s o« (BKV 216).

Wenn wir genaue Nachrichten über die älteste Gestalt des römischen Canon[16] hätten, ließen sich diese Fragen verhältnismäßig leicht beantworten. Da dies nicht der Fall ist, müssen wir versuchen, der Urgestalt des Canon durch Überlegungen, vor allem durch Vergleich mit andern frühen Eucharistiegebeten, näher zu kommen.

Wir gehen dabei aus von der Meßopferlehre des Irenäus von Lyon (um 200), wie sie im 4. Buch seiner Schrift Contra haereses vorliegt:

»Seinen Jüngern gab (Christus) den Rat, die Erstlinge der Schöpfung Gott darzubringen, nicht als ob er selbst dessen bedürfe, sondern damit sie nicht unfruchtbar und undankbar seien. Als er deshalb die Gabe des Brotes nahm, sagte er Dank und sprach: Das ist mein Leib. Und ähnlich bekannte er den Kelch, der aus dieser irdischen Schöpfung stammt, als sein Blut und machte ihn zur Opfergabe des Neuen Bundes, so daß die Kirche, wie sie ihn von den Aposteln empfangen hat, auf der ganzen Welt darbringt ... als die Erstlinge seiner Gaben im Neuen Bund.

Darauf weist unter den zwölf Propheten Malachias mit folgenden Worten hin: Ich habe kein Wohlgefallen an euch, spricht der Herr, der Allmächtige, und das Opfer nehme ich nicht an von euren Händen. Denn vom Aufgang der Sonne bis zum Niedergang wird mein Name verherrlicht werden unter den Völkern und an jedem Ort wird ein Rauchopfer meinem Namen dargebracht werden und ein reines Opfer; denn groß ist mein Name unter den Völkern, spricht der Herr, der Allmächtige ...

Dieser Name aber, der unter den Völkern verherrlicht werden soll, ist kein anderer als der unseres Herrn, durch den der Vater verherrlicht wird ... Da also der Name des Sohnes auch der des Vaters ist und die Kirche dem allmächtigen Gott durch Jesus Christus ihr Opfer darbringt, so heißt es mit Recht in doppelter Beziehung: Und an jedem Ort wird meinem Namen ein Rauchopfer dargebracht werden und ein reines Opfer. Als ein Rauchopfer aber bezeichnet Johannes in der Apokalypse die Gebete der Heiligen.

[16] Vgl. K. Gamber, Missa Romensis. Beiträge zur frühen römischen Liturgie und zu den Anfängen des Missale Romanum (= Studia patristica et liturgica 3, Regensburg 1970) 56–88; idem, Das Regensburger Fragment eines Bonifatius-Sakramentars. Ein neuer Zeuge des vorgregorianischen Meßkanons, in: Rev. bénéd. 85 (1975) 266–302 (siehe folgenden Beitrag!).

Daher ist die Opfergabe der Kirche, die nach dem Auftrag des Herrn in der ganzen Welt dargebracht wird, als ein reines Opfer bei Gott angesehen und ihm angenehm ... Der Herr will aber, daß wir in aller Einfalt und Unschuld opfern. Deshalb sagt er ausdrücklich: Wenn du also deine Gabe zum Altar bringst und dich erinnerst, daß dein Bruder etwas gegen dich hat, dann laß deine Gabe vor dem Altar und geh zuerst hin und versöhne dich mit deinem Bruder, und dann komm und opfere deine Gabe.

Also soll man dem Herrn der Schöpfung opfern, wie auch Moses sagt: Du sollst nicht leer erscheinen vor dem Angesicht des Herrn, deines Gottes ... Der Opfergedanke ist also nicht verworfen worden, ... nur die Art und Weise der Opfer hat sich geändert. Diese werden nicht mehr von Sklaven, sondern von Kindern dargebracht ...

Schon im Anfang schaute der Herr auf Abels Gaben, da er sie in Einfalt und Gerechtigkeit darbrachte, auf Kains Opfer aber schaute er nicht ... Nicht die Opfer machen den Menschen heilig, denn Gott bedarf keines Opfers, sondern das Gewissen des Opfernden, wenn dieses rein ist, heiligt das Opfer und bewirkt, daß es von Gott wie von einem Freunde angenommen wird ...

Weil also die Kirche in Einfalt opfert, so wird ihre Gabe mit Recht von Gott als ein reines Opfer angesehen ... Und dieses reine Opfer bringt allein die Kirche dem Schöpfer dar, indem sie ihm unter Danksagung a u s s e i n e n G e s c h ö p f e n opfert...

Wie können sie (die Häretiker) sagen, das Fleisch verwese und habe keinen Anteil am Leben, wenn es mit dem Leibe und Blute des Herrn ernährt wird? ... Denn wie das von der Erde stammende Brot, wenn es die E p i k l e s e Gottes empfängt, nicht mehr gewöhnliches Brot ist, sondern die Eucharistie, die aus zwei Elementen, einem irdischen und einem himmlischen, besteht, so gehören auch unsere Körper, wenn sie die Eucharistie empfangen, nicht mehr der Verweslichkeit an, sondern haben die Hoffnung auf die Auferstehung.

Nicht wegen seines Bedürfnisses opfern wir ihm also, sondern um seiner Herrschaft Dank zu sagen und seine Gabe zu heiligen ... Er verlangt von uns, daß wir ihm immerdar ohne Unterlaß am Altar das Opfer darbringen. Der eigentliche Altar aber ist im Himmel, wohin auch unsere Gebete und Opfer zielen, und der Tempel, von dem Johannes sagt: Und geöffnet wurde der Tempel Gottes und das Zelt. Siehe da, hier ist das Zelt Gottes, in welchem er wohnen wird mit den Menschen[17].«

[17] Irenaeus, Contra haer. IV, 17, 5: Sed et suis discipulis dans consilium, primitias deo offerre ex suis creaturis, non quasi indigenti sed ut ipsi nec infructuosi nec ingrati sint, eum qui ex creatura panis est accepit et gratias egit dicens: Hoc est meum corpus (Mt 26,26). Et calicem similiter, qui est ex ea creatura quae est secundum nos, suum sanguinem confessus est, et novi testamenti novam docuit oblationem. Quam ecclesia ab apostolis accipiens in universo mundo offert deo, ei qui alimenta nobis praestat primitias suorum munerum in novo testamento. De quo in duodecim prophetis Malachias sic signavit: Non est mihi voluntas in vobis, dicit dominus omnipotens, et sacrificium non accipiam de manibus vestris. Quoniam ab ortu solis usque ad occasum nomen meum clarificatur inter gentes, et in omni loco incensum offertur nomini meo et sacrificium purum, quoniam magnum est nomen meum in gentibus, dicit dominus omnipotens (Mal 1,10–11) ... 6. Quod est autem aliud nomen quod in gentibus glorificatur, quam est domini nostri per quem glorificatur pater ...Quoniam ergo nomen filii proprium patris est et in deo omnipotente per Iesum Christum offert ecclesia, bene ait secundum utraque: Et in omni loco incensum offertur nomini meo et sacrificium purum. Incensa autem Iohannes in Apocalypsi orationes esse ait sanctorum (5,8). c. 18,1: Igitur ecclesiae oblatio quam dominus docuit offerri in universo mundo purum sacrificium est apud deum et acceptum est ei ... quod in omni simplicitate et innocentia dominus volens nos offerre praedicavit dicens: Cum igitur offers munus tuum ante altare et recordatus fueris quoniam frater tuus habet aliquid adversum te, dimitte munus tuum ante altare et vade primum reconciliari fratri tuo, et tunc reversus offeres munus tuum (Mt 5,23 f.). Offerre igitur oportet deo primitias eius creaturae, sicut et Moyses ait: Non apparebis vacuus ante conspectum domini dei tui (Dt 16,16) ... 2. Et non genus oblationum reprobatum est ... sed species immutata est tantum, quippe cum iam non a servis sed a liberis offeratur ... 3. Ab initio enim respexit deus ad munera Abel, quoniam cum simplicitate et iustitia offerebat: super sacrificium autem Cain non respexit ... Non sacrificia sanctificant hominem; non enim indiget sacrificio deus, sed conscientia eius qui offert sanctificat sacrificium; pura exsistens et praestat acceptare deum quasi ab amico ... 4. Quoniam ergo cum simplicitate ecclesia offert, iuste munus eius purum sacrificium apud deum reputatum est ... Et h a n c o b l a t i o n e m e c c l e s i a sola puram o f f e r t fabricatori, offerens ei cum gratiarum actione e x c r e a t u r a e i u s ... 5. Quoniam autem rursus dicunt carnem in corruptionem devenire et non percipere vitam, quae corpore domini et sanguine alitur? Quemadmodum enim qui est a terra panis, percipiens invocationem dei (τὴν ἐπίκλησιν τοῦ θεοῦ), iam non communis panis est sed eucharistia, ex duabus rebus constans, terrena et caelesti: sic et corpora nostra percipientia eucharistiam, iam non sunt corruptibilia, spem resurrectionis (τὴν ἐλπίδα τῆς εἰς αἰῶνας ἀναστάσεως) habentia. 6. Offerimus enim ei, non quasi indigenti, sed gratias agentes dominationi eius et sanctificantes creaturam ... sic et ideo nos quoque offerre vult munus ad altare frequenter sine intermissione. Est ergo altare in caelis (illic enim preces nostrae et oblationes diriguntur) et templum quemadmodum Iohannes in Apocalypsi

Irenäus sagt an der zitierten Stelle, Jesus habe beim letzten Abendmahl Brot und Wein zur Opfergabe des Neuen Bundes gemacht. Diese Elemente aus der irdischen Schöpfung seien dadurch zur Opfergabe der Kirche, zu »ihrem Opfer« geworden, das sie durch Christus Gott darbringt. Dieses sei das »reine Opfer«, das von Malachias vorausgesagt worden war. Sein Vollzug verlange vorherige Aussöhnung mit dem Bruder. Leider besitzen wir nicht den Text des Eucharistiegebets, der in der Kirche des Irenäus verwendet wurde. Er scheint den zitierten Ausführungen zugrundeliegen und hat eine nicht übersehbare Ähnlichkeit mit dem römischen Canon. Hier ist ebenfalls von der »hostia pura« und von einem Darbringen unserer Gaben »ex creaturis« (bzw. »de donis ac datis«) Gottes die Rede, sowie von einem »acceptare« auf den himmlischen Altar. Auch der Hinweis auf die »munera Abel« fehlt nicht.

Gegen Schluß wird von Irenäus die »invocatio« (ἐπίκλησις) über die eucharistischen Gaben erwähnt. Durch sie wird aus Brot und Wein die »Eucharistie«, die den Empfängern wegen der Teilnahme am Leib und Blut Christi die Auferstehung des Leibes garantiert. In den Bitten im Anschluß an die Epiklese findet sich in verschiedenen Anaphora-Gebeten eine ähnliche Formulierung wie bei Irenäus (τὴν ἐλπίδα τῆς εἰς αἰῶνας ἀναστάσεως), so im ägyptischen Papyrus von Der Balaisa: εἰς ἐλπίδα τῆς μελλούσης αἰωνίου ζωῆς[18]. Um die Kommunion-Früchte wird im römischen Canon im Gebet »Supplices te rogamus« gebetet.

Hundert Jahre vor Irenäus hat Clemens von Rom (um 96) in seinem Brief an die Gemeinde von Korinth eingeschärft, daß es eine von Gott verfügte Ordnung gibt, wie die Opfer (προσφοραί) und der Opferdienst (λειτουργία) zu vollziehen seien (40,2.4). Es sei weiterhin Aufgabe des Bischofs »die Gaben darzubringen« (44,4). Ähnlich bezeichnet um 150 Justin im Hinblick auf Mal 1,10–12 das Brot und den Kelch der Eucharistie als die Opfergaben (θυσίαι) der Christen[19].

---

ait: Et apertum est templum dei (11,9) et tabernaculum. Ecce enim inquit tabernaculum dei, in quo habitabit cum hominibus (Apoc 21,3). (PG 7, 1023–1029; BKV II, 53–59).

[18] Vgl. Roberts–Capelle, An Early Euchologium 30 f. (mit Parallel-Stellen); ähnlich im liturgischen Papyrus des Berliner Museums, herausgegeben von H. Lietzmann, Kleine Schriften III (= Texte und Untersuchungen 74, Berlin 1962) 57.

[19] Justin, Dial. 41,3, vgl. J. Betz, Die Prosphora in der patristischen Theologie, in: B. Neunheuser, Opfer Christi und Opfer der Kirche. Die Lehre vom

Ähnlich wie Irenäus drückt sich Cyprian in seinem oft zitierten Brief an Caecilius (Ep. 63) aus, wenn er schreibt, Christus habe beim letzten Abendmahl ein Opfer dargebracht (»Christus obtulit sacrificium«) und »zwar dasselbe, wie Melchisedech es dargebracht hat, das heißt Brot und Wein, nämlich seinen Leib und sein Blut«[20]. Oder zum gleichen Thema: »Es ging das in Brot und Wein bestehende bildliche Opfer voraus. Bei der Vollendung und Erfüllung dieses Vorgangs hat der Herr Brot und den mit einer Weinmischung gefüllten Kelch dargebracht«[21]. Diese älteste Meßopferlehre deckt sich, wie nun zu zeigen sein wird, mit den frühen liturgischen Zeugnissen. Als ein solches hat das Eucharistiegebet des Hippolyt zu gelten, das in der Ägyptischen Kirchenordnung (auch »Apostolische Überlieferung« genannt) vorkommt. Hier finden wir zu Beginn ein mit Εὐχαριστοῦμέν σοι beginnendes Dankgebet, an das der Einsetzungsbericht angeschlossen ist. Danach heißt es im lateinischen Text des Codex Veronensis[22]:

> Memores igitur mortis et resurrectionis eius. offerimus tibi panem et calicem. gratias tibi agentes quia nos dignos habuisti adstare coram te et tibi ministrare.

> Et petimus ut mittas spiritum tuum sanctum in oblationem sanctae ecclesiae in unum congregans[23] des omnibus qui percipiunt sanctis in repletionem spiritus sancti. ad confirmationem fidei in ueritate.

Meßopfer als Mysteriengedächtnis in der Theologie der Gegenwart (Düsseldorf 1960) 99–116, hier 104 (mit weiteren Zitaten aus der Frühkirche). Hinsichtlich des Mittelalters vgl. R. Schulte, Die Messe als Opfer der Kirche (= Liturgiewissenschaftl. Quellen und Forschungen 35, Münster 1959).

[20] Cyprian, Ep. 63,4 (PL 4, 376 A): »... nam quis magis sacerdos dei summi quam dominus noster Iesus Christus, qui sacrificium deo patri obtulit hoc idem quod Melchisedech obtulerat, id est panem et vinum, suum scilicet corpus et sanguinem?«

[21] ib. (PL 4, 377 B): »... praecedit ante imago sacrificii Christi in pane et vino scilicet constituta; quam rem perficiens et adimplens dominus panem et calicem mixtum vino obtulit.«

[22] Vgl. E. Tidner, Didascaliae apostolorum Canonum ecclesiasticorum Traditionis apostolicae versiones latinae (= Texte und Untersuchungen 75, Berlin 1963) 125 f.

[23] Diese Stelle hat immer schon Schwierigkeiten bei der Rückübersetzung ins Griechische gemacht; vgl. K. Gamber, Der griechische Urtext des Eucharistiegebets in der ägyptischen Kirchenordnung, in: Ostkirchliche Studien 17 (1968) 44–47 mit neuem Vorschlag ebd. 21 (1972) 301 Anm. 27: τὸ εἰς ἓν συναγόν, was genau dem »in unum congregans« des überlieferten lateinischen Textes entspräche, wobei »congregans« als Neutrum zu verstehen ist, das sich auf das vorausgehende τὸ πνεῦμά σου bezieht.

ut te laudemus et glorificemus per puerum tuum ihm xpm. per
quem tibi gloria et honor patri et filio cum sancto spiritu in sancta
ecclesia tua et nunc et in saecula saeculorum[24].

Das Dankgebet des Hippolyt enthält im zitierten Teil zuerst ein Gedächtnis des Todes und der Auferstehung Jesu, die sog. Anamnese,
dann einen Opferungsakt des »Brotes und des Kelches« unter Danksagung und schließlich eine Epiklese, d. h. eine Bitte um Sendung des Heiligen Geistes auf dies »Opfer der Kirche«, damit den Empfängern der
Genuß zur »Erfüllung mit dem Heiligen Geiste und zur Stärkung des
Glaubens« gereiche.

Wie Seraphim in seiner Arbeit betont hat, tritt bei Hippolyt das Schema: Dankgebet (Opfer des Lobes)[24a], Einsetzungsbericht, Anamnese,
Opferungsakt und schließlich eine Epiklese mit der Bitte um gnaden-
vollen Empfang der heiligen Gaben klar zutage.

Doch nicht nur hier, sondern auch in einem sehr frühen lateinischen
Eucharistiegebet, das vermutlich in der afrikanischen Kirche schon im
2./3. Jh. in Gebrauch war[25], ist dieses Schema noch deutlich zu erkennen. Es wird in den Sermonen »De sacramentis« wörtlich angeführt[26].
Leider liegen, da es sich um ein auszugsweises Zitat handelt, nach dem
Einsetzungsbericht nur mehr der Text der Anamnese und des Opferungs-
aktes mit der Bitte um gnädige Aufnahme vor:

[24] Text auch bei B. Botte, La tradition apostolique de saint Hippolyte
(= Liturgiewissenschaftl. Quellen und Forschungen 39, Münster 1966) 16 (mit
Parallel-Text); vgl. weiterhin J. M. Hanssens, La liturgie d'Hippolyte (=
Orientalia Christiana Analecta 155, Roma 1959) 431 ff.
[24a] Vgl. K. Gamber, Sacrificium laudis. Zur Geschichte des frühchristlichen
Eucharistiegebets (= Studia patristica et liturgica 5, Regensburg 1973).
[25] Vgl. K. Gamber, Das Eucharistiegebet in der frühen nordafrikanischen
Liturgie, in: Liturgica 3 (= Scripta et Documenta 17, Montserrat 1966) 51–65,
bes. 58–60.
[26] De sacr. IV, 21–22, 26–27. Zur Verfasserfrage vgl. K. Gamber, Die Autorschaft von De sacramentis (= Studia patristica et liturgica 1, Regensburg
1967), wonach Niceta von Remesiana († um 420) der Verfasser ist und die
Sermonen selbst einen Teil der »Instructio ad competentes« darstellen; vor-
läufige Edition von K. Gamber, Niceta von Remesiana, Instructio ad competentes (= Textus patristici et liturgici 1, Regensburg 1964). Meiner These, daß
nicht Ambrosius, sondern Niceta der Autor von »De sacramentis« ist, wird
widersprochen; vgl. meine Erwiderung in: Zeitschrift für kathol. Theologie
91 (1969) 587–589 sowie unten das Kapitel »Zur Liturgie des Ambrosius von
Mailand«. Bis jetzt hat sich noch niemand eingehend mit meinen Argumenten
auseinandergesetzt.

Ergo memores gloriosissimae eius passionis et ab inferis resurrectionis et in caelum ascensionis: offerimus tibi hanc immaculatam hostiam. rationabilem hostiam. incruentam hostiam. hunc panem sanctum et calicem uitae aeternae. Et petimus et precamur uti hanc oblationem suscipias in sublime altare tuum per manus angelorum tuorum. sicut suscipere dignatus es munera pueri tui iusti abel. et sacrificium patriarchae nostri abrahae. et quod tibi obtulit summus sacerdos melchisedech.

Der Text berührt sich mit dem des Hippolyt. Bei uns fehlt jedoch der mit dem Opferungsakt verbundene Dank (»dir Dank sagend, daß du uns für würdig erachtet hast, vor dir zu stehen und dir zu dienen«), bei Hippolyt dagegen die Bitte um gnädige Aufnahme und der Hinweis auf die vorbildlichen Opfer des Alten Bundes[27]. Die Opfergabe wird »heiliges Brot« bzw. »Kelch des ewigen Lebens« genannt.

Es ist nicht ausgeschlossen, daß in unserm (vermutlich) afrikanischen Text ursprünglich eine Epiklese gefolgt ist. Da jedoch der Autor der Sermonen »De sacramentis« in den Einsetzungsworten Jesu das konsekratorische Element sieht[28], kann angenommen werden, daß die Epiklese bereits damals (um 400) ausgefallen war. Dazu kommt noch, daß im Text der Sermonen, in denen er ausführlich über die Meßfeier spricht, mit keinem Wort eine Epiklese erwähnt wird, während der Autor eine solche »invocatio« beim Gebet zur Weihe des Taufwassers ausdrücklich nennt[29].

Wie der Canon-Text von »De sacramentis« dem Sinn nach ursprünglich weitergegangen ist, können wir aus einem Paralleltext im Missale Gothicum erschließen, wo es heißt[30]:

[27] Auf das Opfer des Abel weist, wie wir oben sahen, bereits Irenäus hin, auf das Opfer des Melchisedech Cyprian.
[28] Wir werden darauf unten nochmals zurückkommen.
[29] Vgl. De sacr. II, 14: »Venit sacerdos, precem dicit ad fontem. Invocat patris nomen, praesentiam filii et spiritus sancti. Utitur verbis caelestibus. Caelestia verba: quia Christi sunt quod baptizemus in nomine patris et filii et spiritus sancti. Si ergo ad hominem sermonem, ad i n v o c a t i o n e m sancti aderat praesentia trinitatis, quanto magis ibi adest ubi sermo operatur caelestis? Vultis scire quia d e s c e n d i t spiritus? ...«; vgl. die Epiklese der römischen Taufwasserweihe: »D e s c e n d a t in hanc plenitudinem fontis virtus spiritus sancti«.
[30] Zu diesem und den im folgenden genannten Liturgiebüchern vgl. K. Gamber, Codices liturgici latini antiquiores (= Spicilegii Friburgensis Subsidia 1, 2. Aufl. Freiburg/Schweiz 1968), abgekürzt: CLLA. Das Missale hier Nr. 210.

Memores gloriosissimae domini passionis et ab inferis resurrectionis: offerimus tibi domine hanc inmaculatam hostiam. rationalem hostiam. incruentam hostiam. hunc panem sanctum et calicem salutarem. obsecrantes ut infundere digneris spiritum tuum sanctum. edentibus nobis uitam aeternam regnumque perpetuum conlatura potantibus.

Wir haben hier das gleiche Schema wie bei Hippolyt, in dem nach der Anamnese und dem Opferungsakt um die Eingießung des Heiligen Geistes gebetet wird, damit die Empfänger »das ewige Leben und das immerwährende Reich« erlangen. Es ist hier lediglich gegenüber dem Text in »De sacramentis« die Bitte um gnädige Aufnahme und der Hinweis auf die vorbildlichen Opfer ausgefallen.

Nach diesen beiden außerrömischen Eucharistiegebeten – das des Hippolyt darf man m. E. nicht als ein spezifisch römisches betrachten, wenn es auch zeitweise in einzelnen Gemeinden in Rom in Gebrauch war[31] – nun zum römischen Meßkanon. Erhalten ist von diesem nur die unmittelbar vorgregorianische, vermutlich auf Papst Gelasius (492–496) zurückgehende Redaktion (s. u.), bei der sich in den Handschriften freilich bereits der Einfluß der Fassung des Papstes Gregor (590–604) bemerkbar macht.

Wir bringen nun zuerst den Text dieser durch mehrere Zeugen belegbaren vorgregorianischen Fassung des »Unde et memores«-Gebets[32], wobei zu beachten ist, daß in den Handschriften das im späteren Missale Romanum in drei Teile geteilte Gebet auch formal noch als eine Einheit erscheint:

Unde et memores [sumus] domine nos tui serui sed et plebs tua sancta xpi filii tui domini nostri tam beatae passionis necnon et ab

---

Edition von L. C. Mohlberg (= Rerum Ecclesiasticarum Documenta Fontes V, Roma 1961). Unsere Formel hier Nr. 527; vgl. auch Pinell, Anámnesis (unten Anm. 59) 56 f.

[31] Vgl. K. Gamber, Missa Romensis. Beiträge zur frühen römischen Liturgie und zu den Anfängen des Missale Romanum (= Studia patristica et liturgica 3, Regensburg 1970) 13–21, bes. 18.

[32] Vgl. F. Cabrol, Canon romain, in: DACL II, 1847–1905 (mit der älteren Literatur); E. Bishop, On the early texts of the Roman Canon, in: The Journal of Theol. Studies 4 (1930) 555–578 = Liturgica Historica (Oxford 1918) 77–115; Gamber, Das Regensburger Fragment eines Bonifatius-Sakramentar. Ein neuer Zeuge des vorgregorianischen Meßkanons (oben Anm. 16). Darüber im folgenden Kapitel!

inferis resurrectionis sed et in caelos gloriosae ascensionis: offerimus praeclarae maiestati tuae de tuis donis ac datis. hostiam puram. hostiam sanctam. hostiam inmaculatam. panem sanctum uitae aeternae et calicem salutis perpetuae.

Supra quae propitio ac sereno uultu aspicere dignare. et accepta habere sicuti accepta habere dignatus es munera pueri tui iusti abel. et sacrificium patriarchae nostri abrahae. et quod tibi obtulit summus sacerdos tuus melchisedech. sanctum sacrificium inmaculatam hostiam.

Supplices te rogamus omnipotens deus. iube (haec) perferri per manus sancti angeli tui in sublime altari tuo in conspectu diuinae maiestatis tuae. ut quotquot ex hoc altare sanctificationis sacrosanctum filii tui corpus et sanguinem sumpserimus. omni benedictione caelesti et gratia repleamur. per xpm.

Gegenüber den bisher angeführten Texten wird hier beim Opferungsakt davon gesprochen, daß wir Gott von seinen »Gaben und Geschenken« (»de tuis donis ac datis«) opfern, ein Gedanke, der bereits, wie wir sahen, bei Irenäus erscheint und der ebenso u. a. in der Basilius- und Chrystostomus-Anaphora zu finden ist (τὰ σὰ ἐκ τῶν σῶν σοὶ προσφέρομεν)[33]. Daß die Opfergabe »pura«, »sancta«, »immaculata« genannt wird (bzw. in »De sacramentis« »immaculata«, »rationabilis«, »incruenta«) und daß im Hinblick auf den Empfang vom »heiligen Brot des ewigen Lebens« und dem »Kelch des immerwährenden Heils« gesprochen wird, besagt m. E. nicht, daß damit ursprünglich die konsekrierten Gaben gemeint waren. Bei Hippolyt fehlen jedenfalls noch alle derartigen Beifügungen zu Brot und Wein und heißt es schlicht: »offerimus tibi panem et calicem«.

Die Bitte um gnädige Aufnahme der Opfergabe ist, im römischen

[33] Vgl. F. E. Brightman, Liturgies Eastern and Western I (Oxford 1896) 386 bzw. 405. Der betreffende Text lautet in der Chrysostomus Anaphora: »Eingedenk also dieses heilsamen Gebotes und alles dessen, was für uns geschah, des Kreuzes, des Grabes, der Auferstehung am dritten Tage, der Himmelfahrt, des Sitzens zur Rechten, der künftigen glorreichen Wiederkehr: bringen wir dir das deinige von dem deinigen dar, in allem und für alles. Auch bringen wir diesen geistigen unblutigen Dienst dar und rufen, bitten und flehen zu dir: Sende deinen Heiligen Geist auf uns herab und auf diese vorliegenden Gaben ... damit sie den Empfängern zur Reinigung der Seele gereichen, zur Vergebung der Sünden, zur Gemeinschaft des Heiligen Geistes, zur kommenden Teilnahme am Himmelreich ...«

Canon wie in »De sacramentis«, mit dem Hinweis auf die Gott wohl-
gefälligen Opfer des Alten Bundes versehen. Wenn beim Opferakt die
»consecrata« gemeint wären, dann schiene dieser Hinweis wenig angebracht. Er hat nur einen Sinn, wenn das von Malachias vorausgesagte
»reine Opfer« d. h. das aus reinem Gewissen dargebrachte Opfer (vgl.
Didache 14,1–3), »aus den Gaben und Geschenken Gottes«, nämlich
Brot und Wein, gemeint ist.

Dazu kommt noch, daß die oben zitierte Stelle aus der Basilius- und
Chrysostomus-Anaphora unmittelbar vor der Epiklese ihren Platz hat.
In dieser sieht bekanntlich die orientalische Kirche das eigentlich konsekratorische Element. In den Anaphoren des byzantinischen Ritus finden wir demnach das gleiche Schema des Eucharistiegebets verwirk-
licht wie bei Hippolyt: Dankgebet, Einsetzungsbericht, Anamnese,
Opferakt, Epiklese mit Kommunionbitte.

2. Der mutmaßliche Text der Epiklese im römischen Canon

Bevor wir näher auf die Frage eingehen, ob auch der römische Canon
an der gleichen Stelle wie im Dankgebet des Hippolyt und in den byzantinischen Anaphoren ursprünglich eine Epiklese gekannt hat, scheint
der Hinweis wichtig zu sein, daß man in den ersten 3–4 Jahrhunderten
dem Eucharistiegebet als ganzem konsekratorische Kraft zugeschrieben
hat und nicht bloß den Worten Jesu des Einsetzungsberichts, wie später in der römischen, oder den Worten der Epiklese wie in der byzantinischen Kirche.

So spricht Justin davon, die Eucharistie geschehe durch das »Gebets-
wort« (δι εὐχῆς λόγου)[33a] und Ambrosius meint in seiner Schrift »De
mysteriis« (8,51), daß die »benedictio consecravit«. Unter »benedictio«
ist hier das Eucharistiegebet gemeint (benedictio = εὐλογία = hebr.
berakha)[34]. Oder an anderer Stelle: »Nos autem quotiescumque sacra-

---

[33a] Justin, Apol. 1, 66, vgl. Fr. S. Renz, Die Geschichte des Meßopfer-Be-
griffs (Freising 1901) 162–164, wo zurecht betont wird, daß δι εὐχῆς λόγου
nicht mit »Bitte um den Logos« zu übersetzen ist, als wäre hier eine Epiklese
angedeutet. Das griech. εὐχή entspricht dem lat. »prex« (oder »praedicatio«);
vgl. auch Justin, Apol. I, 13, wo es heißt, die Christen ehrten ihren Gott nicht
durch Brandopfer, sondern λόγῳ εὐχῆς καὶ εὐχαριστίας.
[34] Vgl. Theol. Wörterbuch zum Neuen Testament II, 760.

menta sumimus, quae per sacrae o r a t i o n i s mysterium in carnem transfigurantur et sanguinem, mortem domini annuntiamus[35].« Doch spricht bereits Ambrosius auch davon, daß der »sermo Christi« die Wandlung bewirke[36].

Ganz konsequent vertritt diese Auffassung einige Jahrzehnte nach ihm der Verfasser von »De sacramentis«, wenn er meint: »Wie kann das, was Brot ist, der Leib Christi werden? ⟨durch die Konsekration⟩[37]. Durch welche Worte und durch wessen Rede wird die Konsekration vollzogen? des Herrn Jesus. Denn all das übrige, was in den vorausgegangenen Teilen (des Opfergebets) gesprochen wird, wird vom Priester gesprochen: durch das (Opfer-)Gebet wird Gott Lob dargebracht, es wird für das Volk gebetet, für die Könige, für all die anderen. An der Stelle, wo das verehrungswürdige Sakrament bewirkt wird, bedient sich der Priester nicht mehr seiner eigenen Rede, sondern der Rede Christi. Also bewirkt die Rede Christi dieses Sakrament[38].«

Die hier vorgetragene Auffassung dürfte sich im 5. Jh. immer mehr durchgesetzt und schließlich zur Änderung des 3. Teils des »Unde et memores«-Gebetes geführt haben. Über solch eine Änderung berichtet der Liber pontificalis der römischen Bischöfe, wenn er schreibt, Papst Leo (440–461) »constituit ut intra actionem sacrificii diceretur: sanctum sacrificium et cetera«[39].

---

[35] Ambrosius, De fide IV, 9, 124 (PL 16, 641). Unter »oratio« ist ebenfalls das Eucharistiegebet gemeint. So spricht Marius Victorinus. Adv. Arium 8 (PL 8, 1094 D) von der »oratio oblationis«, ähnlich Cyprian, De dom. or. 31 (PL 4, 539): »... sacerdos ante orationem praefatione praemissa«. – Ähnlich meint Augustinus, daß die Konsekration durch die »prece mystica« erfolgt (De trin. 3, 4, 10; PL 42, 874).

[36] Ambrosius, De mysteriis 9,52: »Sermo ergo Christi qui potuit ex nihilo facere quod non erat, non potest ea quae sunt in id mutare quod non erat?«

[37] Fehlt in allen Handschriften, scheint jedoch versehentlich ausgefallen sein (error archetypi).

[38] De sacr. IV, 14: »Quomodo potest qui panis est corpus esse Christi? [Consecratione.] Consecratio igitur quibus uerbis est et cuius sermonibus? domini Iesu. Nam reliqua omnia quae dicuntur in superioribus, a sacerdote dicuntur: laus deo defertur oratione, petitur pro populo, pro regibus, pro ceteris. Ubi venitur ut conficiatur venerabile sacramentum, iam non suis sermonibus sacerdos, sed utitur sermonibus Christi. Ergo sermo Christi hoc conficit sacramentum.« Text bei Gamber, Niceta von Remesiana, Instructio ad competentes 150 (nach der Handschriftengruppe φ); O. Faller, in: (CSEL 73, 52 liest u. a.: »laus deo, defertur oratio«. Wie es scheint hat man später den Sinn nicht mehr ganz verstanden, besonders nicht die Bedeutung von »oratio« als Fachausdruck für Eucharistie-Gebet; vgl. oben Fußnote 35.

[39] Duchesne, Liber pontificalis I, 239.

Es ist kaum anzunehmen, daß es sich nur um die vier Worte: »sanctum sacrificium immaculatam hostiam« gehandelt hat – obwohl dies die gewöhnliche Ansicht ist[40] –, vielmehr daß Leo den ganzen 3. Teil des »Unde et memores«-Gebets neu gefaßt hat. Die Hinzufügung der paar Worte wäre nicht der Erwähnung im Liber pontificalis wert gewesen. Vermutlich ist damals, im Zug der dogmatischen Entwicklung, die an dieser Stelle im römischen Canon ehedem vorhandene Geist-Epiklese der Neufassung zum Opfer gefallen. Geblieben ist von ihr nur der zweite Teil, nämlich die Bitte um einen segensreichen Empfang der Eucharistie, die ähnlich bereits bei Hippolyt im Anschluß an die Epiklese vorkommt und auch in den byzantinischen Anaphoren ihren Platz hat.

Für diese Vermutung läßt sich folgendes anführen: In den altspanischen (mozarabischen) Liturgiebüchern ist bekanntlich mehrfach »römisches« Orationsgut, besonders aus dem Canon missae, zu finden. Dabei muß aber betont werden, daß es sich nicht immer um direkt stadtrömisches, sondern mit diesem verwandtes (altafrikanisches?)[41] Material handelt. Drei dieser Texte sind für unsere Untersuchung von besonderer Bedeutung. Der erste findet sich im Liber mozarabicus sacramentorum und lautet[42]:

Hanc quoque oblationem ut accepto habeas et benedicas supplices exoramus. sicut habuisti accepto munera abel pueri tui iusti. et sacrificium patriarchae patris nostri abrahae. et quod tibi obtulit summus sacerdos tuus melchisedech.
D e s c e n d a t   h i c quaeso   i n u i s i b i l i t e r   b e n e d i c t i o
t u a.   s i c u t   q u o n d a m   i n   p a t r u m   h o s t i i s   u i s i b i -
l i t e r   d e s c e n d e b a t. ascendat odor suauitatis   i n   c o n -
s p e c t u diuinae maiestatis tuae ex hoc sublime altario tuo per manus angeli tui. et deferatur in ista sollemnia   s p i r i t u s   t u u s

---

[40] Vgl. J. A. Jungmann, Missarum Sollemnia (2. Aufl. Wien 1949) 279 f.

[41] Über den ältesten Ritus Spaniens vor der Einführung des gallikanischen Ritus auf der Synode von Toledo v. J. 633 wissen wir nur wenig; er scheint jedoch wie auch die römische mit dem altafrikanischen verwandt gewesen zu sein. So zeigen z. B. die neuen Funde im Katharinenkloster am Berg Sinai, soweit sie Reste der afrikanischen Liturgie darstellen (vgl. CLLA Nr. 024), weitgehende Übereinstimmung mit spanischen Texten; vgl. Bon. Fischer, Zur Liturgie der lateinischen Handschriften vom Sinai, in: Rev. bénéd. 74 (1964) 284–297.

[42] Vgl. M. Férotin, Liber mozarabicus Sacramentorum (= Monumenta Ecclesiae Liturgica VI, Paris 1912) S. 262 Nr. 627; vgl. CLLA Nr. 301.

s a n c t u s. qui tam adstantis quam offerentis populi et oblata
pariter et uota sanctificet.
Ut quicumque ex hoc corpore libauerimus. sumamus nobis medelam
animae ad sananda cordium uulnera . . .

Nach der Bitte um gnädige Aufnahme des Opfers, die fast wörtlich mit
der des römischen Canon übereinstimmt – der Text schließt bezeichnenderweise wie in »De sacramentis« mit »melchisedech –, finden wir im
obigen Gebet eine Epiklese. Darin wird der Segen Gottes auf das Opfer
herabgerufen, wobei nochmals auf die alttestamentlichen Opfer hingewiesen wird. Darauf folgt die Bitte, daß der Opferduft »durch die
Hände deines Engels« vor das Angesicht Gottes aufsteige, ähnlich wie
dies im 3. Teil des »Unde et memores«-Gebets der Fall ist[43]. Zum Schluß
wird um Heiligung durch die Herabkunft des Heiligen Geistes auf die
Opfergaben gebeten, woran sich die bekannten Kommunionbitten anschließen[44].
Der 2. hierher gehörende Text steht im altspanischen Liber Ordinum
und hat folgenden Wortlaut[45]:

Memores sumus aeterne deus pater omnipotens gloriosissimae passionis domini nostri ihu xpi filii tui. resurrectionis etiam et eius
ascensionis in caelum: petimus ergo maiestatem tuam domine.
a s c e n d a n t preces humilitatis nostrae i n c o n s p e c t u tuae
clementiae. et d e s c e n d a t s u p e r h u n c p a n e m e t s u-
p e r h u n c c a l i c e m p l e n i t u d o t u a e d i u i n i t a t i s.
descendat etiam domine illa s a n c t i s p i r i t u s t u i incon-
prehensibilis maiestas. s i c u t q u o n d a m i n p a t r u m h o-
s t i i s m i r a b i l i t e r d e s c e n d e b a t.

In diesem auch sonst vorkommenden Text[46] finden wir zu Beginn eine

[43] Die Frage, wer dieser Engel ist und ob nicht der Heilige Geist damit gemeint ist, wurde schon verschiedentlich gestellt; vgl. B. Botte, L'ange du
sacrifice et l'épiclèse de la messe romaine au moyen âge, in: Recherches de
Théologie ancienne et médiévale 1 (1929) 285–308, danach ist nicht der Heilige Geist oder der Logos gemeint, sondern ein (geschöpflicher) Engel.
[44] Vgl. H. Lietzmann, Messe und Herrenmahl (Bonn 1926) 101 f.
[45] Herausgegeben von M. Férotin, Le Liber Ordinum (= Monumenta Ecclesiae Liturgica V, Paris 1904) S. 265; vgl. CLLA Nr. 391.
[46] So als Weihrauchgebet in der »Missa illyrica«; vgl. J. Bona, Opera omnia
(Antwerpen 1677) 627 und etwas verändert im Missale Romanum in der
»Oratio S. Ambrosii« an der Feria VI: »Peto clementiam tuam domine ut
descendat super panem tibi sacrificandum plenitudo tuae benedictionis et sanc-

Anamnese, die eher der im Text von »De sacramentis« als der im römischen Canon ähnlich ist. Ein formaler Opferakt scheint zu fehlen. Die Bitte um gnädige Aufnahme der »preces humilitatis nostrae«, die den Opferakt ersetzt, ist hier verbunden mit einer Epiklese, wobei im ersten Teil »die Fülle der Gottheit« über das Brot und den Kelch herabgerufen und im 2. Teil ausdrücklich der Heilige Geist genannt wird, um mit dem gleichen Hinweis auf die Opfergaben der Väter wie im vorausgegangenen Text zu schließen.

Auch der folgende Text im Liber Ordinum weist Beziehungen zum römischen Canon auf. Er enthält ebenfalls eine Epiklese[47]:

Recolentes domini nostri ihu xpi beatissimam passionem. necnon et ab inferis resurrectionem. sed et in caelis ascensionem: offerimus praeclarae maiestati tuae hostiam panis et uini. Quem sereno uultu respicias et acceptam eam habere iubeas. Descendat itaque spiritus tuus super altare. qui et munera populi tui sanctificet et sumentium corda placatus emundet.

Hier sind in knapper Form alle ursprünglichen Themen des »Unde et memores«-Gebets vorhanden, wobei schlicht, wie im Dankgebet Hippolyts, von einer »hostia panis et vini« gesprochen wird.

So sicher es sein dürfte, daß in den genannten altspanischen »Post pridie«-Gebeten nicht der altrömische Canon wörtlich vorliegt, wenn diese Texte auch stellenweise immer wieder wörtlich mit ihm zusammengehen, so wahrscheinlich ist es doch, daß dieser eine ähnliche Fassung im 3. Teil des »Unde et memores«-Gebets aufgewiesen hat wie in den altspanischen Texten, daß also anfänglich ebenfalls eine Epiklese vorhanden war.

Dazu kommt noch, daß eine solche »invocatio« des Heiligen Geistes nicht nur für die orientalische Kirche, sondern auch für die abendländische des 4. und 5. Jh. ausdrücklich bezeugt ist. So sagt Ambrosius: »Quomodo igitur (spiritus sanctus) non omnia habet quae dei sunt, qui cum patre et filio a sacerdotibus in baptismate nominatur et in oblationibus invocatur[48]?«

---

tificatio tuae diuinitatis. Descendat etiam domine illa sancti spiritus tui inuisibilis incomprehensibilisque maiestas. sicut quondam in patrum hostias descendebat: qui et oblationes nostras corpus et sanguinem tuum efficiat«; vgl. A. Wilmart, in: Rev. bénéd. 39 (1927) 317–339.

[47] Liber Ordinum (ed. Férotin S. 269); vgl. auch die Formel 69 bei Pinell, Anámnesis 58.

[48] Ambrosius, De Spiritu sancto III 16, 112 (PL 16, 803).

Auch aus Rom selbst liegt ein Zeugnis für die Anrufung des Heiligen Geistes bei der Opferfeier vor. Es stammt von Papst Gelasius, der in einem Brief an Bischof Elpidius von Volterra schreibt: »Wie kann bei der Konsekration des göttlichen Mysteriums der himmlische Geist auf die Anrufung hin herabkommen, wenn der Priester, der doch seine Gegenwart erfleht, durch Freveltaten verworfen ist[49]?«

Dieses Zeugnis des Gelasius scheint unserer Hypothese zu widersprechen, wonach schon einer seiner Vorgänger, nämlich Papst Leo, die Epiklese im Canon getilgt hat. Diese Schwierigkeit bestand für mich lange Zeit, bis mir der Gedanke kam, daß Gelasius möglicherweise hier gar nicht den Canon, sondern ein anderes Gebet meint.

Zu letzterer Anschauung kann man kommen, wenn man den Brieftext genau betrachtet. Darin ist die Rede, daß der Heilige Geist »invocatus adveniet«, nachdem der Priester die Bitte ausgesprochen hat, daß er da sein möge (»adesse«). Naheliegend ist es, an die bereits im irischen Stowe-Missale[50] bezeugte Formel der Anrufung des Heiligen Geistes bei der Gabenbereitung zu denken:

Veni sanctificator omnipotens aeterne deus. et benedic hoc sacrificium praeparatum tibi. Amen[51].

Diese Formel wurde bisher meist als typisch gallikanisch angesehen[52]; das muß sie aber nicht sein, da das Stowe-Missale, wie ich zeigen konnte, in der Hauptsache aus ältestem stadtrömischem Liturgiegut besteht[53], was jedoch nicht auszuschließen braucht, daß es sich gerade bei dieser Formel um einen gallikanischen Einfluß, der auch sonst zu beobachten ist, handelt.

---

[49] Gelasius I, Ep. fragm. 7 (ed. Thiel I, 486): »Quomodo ad divini mysterii consecrationem caelestis spiritus invocatus adveniet, si sacerdos et qui eum adesse deprecatur criminosis plenus actibus reprobetur?«; zur Übersetzung vgl. O. Casel, in: JLW IV (1924) 175 f.

[50] Zum Stowe-Missale vgl. CLLA Nr. 101 (mit weiterer Literatur).

[51] Die Anrufung wurde dreimal gesungen; vgl. F. Probst, Die abendländische Messe vom fünften bis zum achten Jh. (Münster 1896) 48.

[52] Vgl. K. Gamber, Ordo antiquus gallicanus (= Textus patristici et liturgici 3, Regensburg 1965) 34, wo auf Micrologus c. 11 verwiesen wird: »Composita oblatione in altari dicit sacerdos hanc orationem i u x t a g a l l i c a - n u m o r d i n e m: Veni sanctificator omnipotens aeterne deus. et benedic hoc sacrificium tuo nomini praeparatum. per xpm dominum nostrum.«

[53] K. Gamber, Die irischen Meßlibelli als Zeugnis für die frühe römische Liturgie, in: Römische Quartalschrift 62 (1967) 214–221; Missa Romensis 22–30.

Ausschlaggebend in dieser Frage scheint zu sein, daß die gleiche Formel auch in einem Liturgiekreis vorkommt, der keinerlei Einfluß vonseiten der gallikanischen Liturgie zu erkennen gibt, der jedoch nicht selten altrömische Elemente erhalten hat, nämlich im Ritus von Benevent[54]. Hier lautet dieses Gebet:

Veni sanctificator omnium sancte spiritus. et sanctifica hoc praesens sacrificium ab indignis manibus praeparatum. et descende in hanc hostiam invisibiliter s i c u t i n p a t r u m h o s t i a s v i - s i b i l i t e r d e s c e n d i s t i[55].

Auffällig ist in dieser gegenüber der im Stowe-Missale erweiterten Formel der 2. Teil, der mit der Epiklese in zwei der oben angeführten spanischen Texten übereinstimmt. Vielleicht hat sich in Benevent die alte römische Canon-Epiklese in der Zeit nach Leo in diese Formel bei der Gabenbereitung gerettet. Auf sie könnte Gelasius in seinem Brief an Elpidius anspielen. Eine Sicherheit in dieser Angelegenheit haben wir freilich nicht.

Zum Schluß ist noch auf die Frage einzugehen, ob die von diesem Papst erwähnte römische Epiklese nicht doch an einer dritten Stelle innerhalb der Meßfeier zu suchen ist, nämlich im »Quam oblationem«-Gebet unmittelbar vor dem Einsetzungsbericht. Es wurden sogar Vorschläge gemacht, wie dieses Gebet ursprünglich gelautet haben könnte[57]. Man kann sich in dieser Hinsicht auf ägyptische Anaphora-Gebete beru-

---

[54] Vgl. A. Dold, Die Zürcher und Peterlinger Meßbuch-Fragmente aus der Zeit der Jahrtausendwende im Bari-Schrifttyp mit eigenständiger Liturgie (= Texte und Arbeiten 25, Beuron 1934) vor allem p. XXVII ff.

[55] Vgl. V. Fiala, Der Ordo missae im Vollmissale des Cod. Vat. lat. 6082 aus dem Ende des 11. Jh., in: Zeugnis des Geistes. Gabe zum Benedictus-Jubiläum (Beuron 1947) 180–224; hier 205 (Nr. 39). Im Missale Beneventanum von Canosa, herausgegeben von S. Rehle (= Textus patristici et liturgici 9, Regensburg 1972) lautet die Formel (264): »Veni inuisibilis sanctificator omnipotens. et benedic sacrificium praeparatum tibi (vgl. das Stowe-Missale!). inspector cordis. lumen de lumine nate. sint tibi nunc precor hec munera grata deus«; vgl. auch J. Köck, Handschriftliche Missalien in Steiermark (Graz und Wien 1916) 121.

[57] Vgl. L. Eisenhofer, Handbuch der katholischen Liturgik II (Freiburg 1933) 169): »Quam oblationem tu deus in omnibus benedictam ... facere digneris. eique uirtutem sancti spiritus infundere digneris ut nobis corpus et sanguis fiat dilectissimi filii tui domini nostri ihu xpi.«

fen, wo ebenfalls eine Epiklese unmittelbar vor dem Einsetzungsbericht vorkommt[58]. Auch im gallikanischen Ritus ist in einigen Texten eine Epiklese an dieser Stelle zu finden[59].

Dafür daß der römische Canon ehedem eine Epiklese unmittelbar vor dem Einsetzungsbericht aufgewiesen hat, liegt keinerlei Bezeugung in irgend einem Paralleltext vor. Ganz im Gegenteil! Ein hierher gehörender Paralleltext schließt das Vorhandensein einer Epiklese an dieser Stelle direkt aus. Er findet sich wiederum in einem altspanischen Liturgiebuch. Es handelt sich dabei um die wohl älteste Fassung des ersten Teils des römischen Canon:

> ... ut accepta habeas et benedicas haec munera et sacrificia inlibata. quae tibi offerimus pro tua ecclesia sancta catholica. quam pacificare digneris per uniuersum orbem terrarum diffusam. Memorare etiam quaesumus domine famulorum tuorum. quorum oblationem benedictam. ratam. rationabilemque facere digneris. quae est i m a g o e t s i m i l i t u d o c o r p o r i s e t s a n g u i n i s ihu xpi filii tui domini ac redemptoris nostri[60].

Der altspanische Text – er findet sich in einem »Post pridie«-Gebet – zeigt im Wortlaut fast keine Abweichungen gegenüber dem römischen, nur daß er kürzer als dieser ist[61]. Die römischer Fassung läßt sich ohne Schwierigkeit als eine spätere Erweiterung ansehen. Wichtig scheint aber auch die Tatsache zu sein, daß der altspanische Text in dem Fall, wo er vom (jüngeren) römischen abweicht, durch ein Zitat bei Gelasius

---

[58] So im oben erwähnten Papyrus von Der Balaisa; vgl. Roberts-Capelle An Early Euchologium 24–25 (mit Parallelstellen): »... und würdige dich deinen Heiligen Geist auf diese Geschöpfe herabzusenden und mache dieses Brot zum Leibe unseres Herrn und Erlösers Jesus Christus, den Kelch aber zum Blut des Neuen Bundes ...«

[59] Vgl. J. Pinell, Anámnesis y epíclesis en el antiguo rito galicano (Lisboá 1974) 45 (Nr. 33): »Tuo iussu domine condita sunt uniuersa in caelo et in terra ... te rogamus uti hoc sacrificium tua benedictione benedicas et sancti spiritus tui rore perfundas. ut sit omnibus legitima eucharistia. per xpm dominum nostrum. Qui pridie ...« (Missale Gothicum, ed. Mohlberg 271). In einer anderen Formel (S. 51 Nr. 48) wird um Heiligung der Opfergabe durch Christus gebeten: »... uti hanc oblationem ... aspiciendo sanctifices. sanctificando benedicas. per sanctum et benedictum ihm xpm filium tuum dominum nostrum. Qui pridie ...« (ebd. 526).

[60] Vgl. Liber mozarabicus sacramentorum (ed. Férotin 1440).

[61] Vgl. die Gegenüberstellung bei K. Gamber, Missa Romensis (= Studia patristica et liturgica 3, Regensburg 1970) 37–38.

gestützt wird: »Et certe i m a g o e t s i m i l i t u d o c o r p o r i s e t
s a n g u i n i s Christi in actione mysteriorum celebrantur⁶².«
Im Gegensatz zum späteren Canon fehlt im altspanischen Text, der
wie das Zitat bei Gelasius zeigt, die altrömische Fassung wiedergeben
dürfte, jede Form einer Wandlungsbitte (»ut nobis corpus et sanguis
fiat ...«). Brot und Wein werden noch »Bild und Gleichnis« für den
Leib und das Blut Christi genannt, ähnlich wie dies im Text von »De
sacramentis« der Fall ist, wo von der »figura corporis et sanguinis« die
Rede ist⁶³. Eine ähnliche Formulierung u. a. in ägyptischen Anaphora-
Gebeten⁶⁴ und in der Ägyptischen Kirchenordnung⁶⁵.

Die Änderung Gregors »Ut nobis corpus et sanguis fiat«, wodurch eine
Art Wandlungsbitte entstanden ist, könnte in den handschriftlichen
Zeugen der vorgregorianischen Canon-Redaktion durch den Einfluß der
gregorianischen Redaktion Eingang gefunden haben⁶⁶. Dabei ist in
den genannten Zeugen das ursprüngliche »quae«, das sich auf »imago et
similitudo« bezog, bezeichnenderweise stehen geblieben⁶⁷.

⁶² Gelasius I, Adv. Eutych. III, 14 (Thiel I, 541). – Bemerkenswert ist in
diesem Zitat auch die Bezeichnung »actio mysteriorum« für den Canon, der
später nur mehr »actio« oder »canon actionis« genannt wird.
⁶³ Ähnlich sagt schon Tertullian, Adv. Marc. IV, 40 (CSEL 47, 559): »Hoc
est corpus meum dicendo, id est f i g u r a corporis mei«.
⁶⁴ So in der Serapion-Anaphora (ed. Quasten III, 12): τὸ ὁμοίωμα τοῦ ἁγίου
σώματος. Über diese Anaphora müßte an sich eigens gesprochen werden; in
ihr ist der Einsetzungsbericht in den Opferakt selbst eingefügt: »Dir haben
wir dargebracht dieses Brot, das Gleichnis des Leibes des Eingeborenen. Dieses Brot ist das Gleichnis des heiligen Leibes, weil der Herr Jesus in der
Nacht ... Wir haben dir auch den Kelch, das Gleichnis des Blutes, dargebracht, weil der Herr Jesus nach der Mahlzeit den Kelch nahm ... Es soll
herabkommen, o Gott der Wahrheit, dein heiliger Logos, über dieses Brot,
auf das dieses Brot der Leib des Logos werde, und über diesen Kelch, damit
der Kelch das Blut der Wahrheit werde. Und mache, daß alle Teilnehmer ...«;
vgl. R. Storf – Th. Schermann, Griechische Liturgien (= Bibliothek der Kirchenväter, Kempten–München 1912) 148; vgl. ferner H. Lietzmann, Messe und
Herrenmahl (Bonn 1926) 189 ff.
⁶⁵ Vgl. Botte, La tradition apostolique 54: »Et tunc offeratur oblatio a
diaconibus episcopo et gratias agat panem quidem in exemplum, quod dicit
graecus a n t i t y p u m, corporis Christi; calicem vino mixtum propter anti-
typum, quod dicit graecus s i m i l i t u d i n e m, sanguinis quod effusum
est ...«
⁶⁶ Dieser macht sich auch sonst in den erhaltenen Zeugen der vorgregorianischen Redaktion bemerkbar, indem z. B. in diesen regelmäßig die von Gregor stammende Einfügung »Diesque nostros ...« zu finden ist.
⁶⁷ Vgl. B. Botte, Le Canon de la messe romaine (=Textes et Etudes liturgiques 2, Louvain 1935) 38, L. Eizenhöfer, Canon Missae Romanae (= Col-
lectanea Anselmiana Subsidia 1, Roma 1954) 30–31.

Ein weiterer Hinweis scheint noch für unser Thema von Bedeutung zu sein, nämlich der Hinweis auf das römische Gebet zur Weihe des Taufwassers[68]. Dieser mindestens aus dem 4. Jh. stammende Text[69] – er wird im 5. Jh. von Petrus Chrysologus teilweise wörtlich zitiert, weshalb man verschiedentlich in ihm den Autor des Textes gesehen hat[70] – entspricht in seinem Aufbau, wie bereits W. C. Bishop erkannte, weitgehend dem römischen Canon[71]. Darin findet sich gegen Ende des Weihegebets ebenfalls eine »invocatio«:

Descendat in hanc plenitudinem fontis uirtus spiritus sancti.

Diese Epiklese bei der Taufwasserweihe wird, wie oben bereits angedeutet, vom Verfasser von »De sacramentis« eigens erwähnt[72].

*

Diese Parallelität zwischen dem Weihegebet über das Taufwasser und dem Canon in seiner von uns erschlossenen frühen Fassung soll die Untersuchung über die Frage, ob der römische Canon ursprünglich eine Epiklese aufgewiesen hat, beschließen. Wir dürfen sie nach all dem Gesagten bejahend beantworten und dahin zusammenfassen: Vom Ende des 1. Jh. an ist neben dem Lobopfer, wie es im 1. Teil aller Eucharistiegebete vorliegt und auf das in dieser Untersuchung nicht näher eingegangen worden ist, ein Gabenopfer von Brot und Wein bezeugt, besonders deutlich von Irenäus von Lyon (um 200). Auch sehr frühe Eucharistiegebete, wie das des Hippolyt aus dem Anfang des 3. Jh. und das in »De sacramentis«, setzen ein solches Gabenopfer voraus. Die Darbringung von Brot und Wein als Zeichen unserer Hingabe hat ihren Platz regelmäßig nach dem Einsetzungsbericht in Verbindung mit der Anamnese (»memores ... offerimus«). In dieser Hinsicht ist wohl das etwas dunkle Wort des Cyprian zu verstehen: »Das Leiden

---

[68] Vgl. E. Lengeling, Die Taufwasserweihe der römischen Liturgie, in: W. Dürig, Liturgie. Gestalt und Vollzug (München 1963) 176–251 (mit vollständiger Literatur).
[69] Vgl. J. Magne, La bénédiction romaine de l'eau baptismale. Préhistoire du texte, in: Revue de l'histoire des religions 68 (1959) 25–63.
[70] Vgl. A. Olivar, San Piedro Crisológo autor del texto de la benedicción de las fuentas bautismales?, in: Ephem. lit. 71 (1957) 280–292.
[71] W. C. Bishop, in: The Church Quarterly Review 66 (1908) 399 ff.; vgl. DACL V, 1 180–181.
[72] Vgl. oben Fußnote 29 und unten S. 127 f.

des Herrn ist das Opfer, das wir darbringen[73].« Dies soll wohl heißen: wir bringen es im Hinblick auf das Leiden Christi dar.

Mit der Darbringung von Brot und Wein ist im Formular von »De sacramentis« und im römischen Canon eine Bitte um gnädige Aufnahme dieses unseres Opfers durch Gott verbunden, während im Eucharistiegebet des Hippolyt eine Epiklese folgt. Vermutlich hat eine solche auch im Text von »De sacramentis« ursprünglich einen Platz gehabt.

Auch im römischen Canon, der mit dem zitierten Formular nahe verwandt ist, scheint, wie wir durch den Vergleich mit Paralleltexten aus der altspanischen Liturgie schließen dürfen, bis in die Zeit des Papstes Leo d. Gr., vielleicht sogar noch bis Gelasius, eine Epiklese unmittelbar nach der Bitte um Aufnahme des Opfers gefolgt sein, wenn auch diese noch nicht so stark ausgeprägt war wie die in den orientalischen Anaphoren.

[73] Cyprian, Ep. 63, 17 (PL 4, 587 A): »Passio est enim domini sacrificium quod offerimus«.

II.

Ein neuer Zeuge der angelsächsischen Canon-Überlieferung[*]

Über die Text-Geschichte des römischen Canon missae ist in den letzten
100 Jahren einiges geschrieben worden[1], einen wichtigen Handschriften-
fund, der neues Licht in diese Frage gebracht hätte, hat man in dieser
Zeit jedoch nicht gemacht. Ein solcher kann nun vorgestellt werden.
Es handelt sich um ein Doppelblatt aus einem angelsächsischen Sakramentar, von dem bisher schon zwei Fragmente mit insgesamt acht Seiten bekannt waren[2]. Das eine stellt einen Teil des Kalendars dar[3], das
andere stammt aus dem Proprium de tempore mit Formularen aus der
Weihnachts- und Fastenzeit[4].

[*] Erstmals erschienen in: Rev. bénéd. 85 (1975) 266–302.

[1] Zur Literatur: F. Cabrol, Canon romain, in: DACL II, 1847–1905 (mit
der älteren Literatur); A. Ebner, Quellen und Forschungen zur Geschichte
und Kunstgeschichte des Missale Romanum im Mittelalter. Iter italicum (Freiburg 1896) 296–356 (Texte), 363–373 (Abhandlung), abgekürzt »Ebner, Iter
italicum«; B. Botte, Le canon de la messe. Edition critique (= Textes
et Etudes liturgiques 2, Louvain 1935), abgekürzt »Botte, Canon«; B. Botte –
Chr. Mohrmann, L'ordinaire de la messe. Texte critique, traduction et études
(= Etudes liturgiques 2, Paris–Louvain 1953), abgekürzt »Botte–Mohrmann«;
P. Borella, Il canone della messa romana nella sua evoluzione storica, in: Ambrosius 25 (1959) Suppl. [26]–[50]; L. Eizenhöfer, Canon missae romanae I/II
(= RED Subsidia 1 und 7, Roma 1954/66), abgekürzt »Eizenhöfer, Canon«;
idem, in: A. Hänggi – I. Pahl, Prex eucharistica (= Spicilegium Friburgense
12, Fribourg 1968) 423–438; K. Gamber, Missa Romensis. Beiträge zur frühen
römischen Liturgie und zu den Anfängen des Missale (= Studia patristica et
liturgica 3, Regensburg 1970), abgekürzt »Missa Romensis«.

[2] Vgl. K. Gamber, Codices liturgici latini antiquiores (= Spicilegii Friburgensis Subsidia 1, 2. Aufl. Freiburg/Schweiz 1968) Nr. 412, abgekürzt
»CLLA«. Hier werden S. 14–16 die Siglen für die einzelnen im folgenden
gebrauchten Handschriften aufgeführt.

[3] Herausgegeben von P. Siffrin, Das Walderdorffer Kalenderfragment saec.
VIII und die Berliner Blätter eines Sakramentars aus Regensburg, in: Ephem.
lit. 47 (1933) 201–224; idem, in: L. C. Mohlberg – L. Eizenhöfer – P. Siffrin,
Missale Francorum (= RED Fontes II, Roma 1957) 79–83, abgekürzt »Mohlberg, Missale Francorum«.

[4] Herausgegeben von P. Siffrin, Zwei Blätter eines Sakramentars in irischer
Schrift des 8. Jh. aus Regensburg, in: JLW X (1930) 1–39; idem, in: Mohlberg, Missale Francorum 71–79.

Es spricht alles dafür, daß das ehemalige Liturgiebuch durch Bonifatius im Zusammenhang mit der Gründung der Diözese i. J. 739 (wenn auch vielleicht erst um 750)[5] nach Regensburg gekommen ist. Dieser daher mit Recht Bonifatius-Meßbuch genannte Codex[6] war in angelsächsischer Majuskel des 8. Jh. geschrieben und in Northumbrien, wo das Heimatkloster Nhutscelle des Bonifatius lag, entstanden[7].

1. Das neue Doppelblatt mit Canon-Text

Das neue Doppelblatt, von dem im folgenden allein die Rede sein wird, wurde von mir im September 1974 im Bischöflichen Zentralarchiv Regensburg zufällig gefunden. Es hatte über 300 Jahre lang als Einbanddeckel einer Rechnung der St. Wolfgangsbruderschaft vom Jahr 1649 gedient.

Nach seiner Auffindung wurde das Fragment im Bayerischen Hauptstaatsarchiv München restauriert und wird jetzt in der Bischöflichen Zentralbibliothek Regensburg aufbewahrt (Cim 1). Das Doppelblatt entspricht in seiner Größe (45,5 : 32,7 cm) fast genau den beiden bereits vor fast 100 Jahren aufgefundenen Bruchstücken des Bonifatius-Meßbuches. Es ist am rechten Rand um etwa 4,5 cm beschnitten, wobei jedoch nur ganz wenige Buchstaben verloren gegangen sind. Das feine Kalbpergament ist zweispaltig mit je 23 Zeilen beschrieben (Schriftspiegel 18 : 24 cm).

Die Haarseite ist besser zu lesen als die Fleischseite, weil hier die rückwärtige Schrift stark durchscheint. Zudem lag die Fleischseite, als das

---

[5] Vgl. das Urteil von B. Bischoff: »Man wird nicht wagen dürfen, mit der Datierung allzu bestimmt sein zu wollen. Ich würde nicht glauben, daß man vor die Mitte des 8. Jh. hinaufgehen darf, nicht nur wegen der Schrift, sondern auch wegen der Initialien (des Kalendars)« bei: Mohlberg, Missale Francorum 72. Vgl. jedoch auch S. 97.

[6] Vgl. H. Frank, Die Briefe des hl. Bonifatius und das von ihm benutzte Sakramentar, in: Sankt Bonifatius. Gedenkgabe zum zwölfhundertjährigen Todestag (Fulda 1954) 58–98, vor allem 76 f.

[7] Vgl. E. A. Lowe, Codices latini antiquiores, Tom. VIII (Oxford 1959) Nr. 1052: »Anglo-saxon majuscule saec. VIII ... Written in a Northumbrian centre, to judge by script and initials. Came to Bavaria probably with the Anglo-Saxon missionaries.«

Blatt als Einband des Archivstücks diente[8], außen und war daher in stärkerem Maß der Abnutzung ausgesetzt. Der untere Teil der rechten Hälfte dieser Fleischseite ist zudem noch durch eine Flüssigkeit, die früher einmal darüber geschüttet worden sein muß, weithin unleserlich. Auch unter der Quarzlampe ist nicht mehr jedes Wort sicher zu erkennen.

Die Schrift ist nach B. Bischoff »eine schöne, zuchtvolle angelsächsische Majuskel[9] northumbrischen Typs in der schlanken und gedrängten Form, die zur Minuskel überleitet ... Sie gebraucht *d* und unziales *d*; die Minuskelformen von *n* und *r*, die Majuskelformen von *s* überwiegen ... die roten Rubriken in der gleichen Schreibart. Initialen im angelsächsischen Stil, rot umpunktet. Die Schrift und die Art des Materials sind echt englisch[10].«

Vor den einzelnen Gebeten befindet sich in unserm Fragment fast regelmäßig eine rote Zierzeile, die aus sechs Gruppen von jeweils drei oder vier auf der Zeile stehenden Punkten besteht und zwischen denen ein V-artiges Zeichen eingefügt ist; den Schluß der Zeile bilden jeweils drei Punkte, die zu einem Dreieck angeordnet sind, sowie ein nach oben gezogener Strich.

Während die beiden bisher bekannten Blätter, wie erwähnt, Teile des Kalendars und des Proprium de tempore beinhalten, findet sich auf den neu aufgefundenen vier Seiten – es handelt sich um die inneren Seiten einer Lage – der Text des Canon missae. Dieser beginnt mitten im »Communicantes« bei »petri pauli« und schließt in den letzten Worten des »Libera«. Es sind demnach über Zweidrittel des Canon erhalten.

Bevor wir den Text des Regensburger Fragments handschriftengetreu wiedergeben, ist es notwendig, einige Worte über die verschiedenen Redaktionen des Canon missae zu sagen. Dieser wird neben der bekannten Bezeichnung »Canon actionis« bzw. einfach »actio« auch »canonica prex«[11] oder nur »prex«[12] genannt, gelegentlich auch »(canonis)

---

[8] Das Archivstück trug auf einem aufgeklebten Zettel die Beschriftung: »St. Wolfgangs Brüderschafft Rechnung de Anno 1649 – Thumb Capitul«. Neue Nummer des Archivstücks BDK 98.

[9] Bischoff schreibt versehentlich: Minuskel.

[10] B. Bischoff, Die südostdeutschen Schreibschulen und Bibliotheken in der Karolingerzeit I (Wiesbaden 1940 bzw. Nachdruck 1960) 183 f.

[11] Vgl. Vigilius, Ep. 2,5 (PL 69, 18): »... ipsius c a n o n i c a e precis textum direximus.« Augustinus, De trinit. III, 5 spricht ähnlich von einer »prece mystica«; weitere Belege: Missa Romensis 56–58.

[12] Vgl. Innocentius, Ad Decent. (PL 20, 252): »... antequam p r e c e m

praedicatio«[13], ferner »oratio oblationis« (bzw. nur »oratio« bzw. »oblatio«)[14], was genau der Bezeichnung εὐχὴ προσφόρου in der ägyptischen Serapion-Anaphora entspricht. In nicht-römischen Liturgiebüchern finden wir entsprechende Ausdrücke wie »Anaphora« (ἀναφορά), »Immolatio« und »Illatio«[15].

Im allgemeinen ist in der einschlägigen Literatur von vier Redaktionen des Canon missae die Rede[16], ich möchte dagegen einige mehr und zwar mindestens sechs Fassungen unterscheiden. Dazu kommen noch solche, die nicht der römischen Liturgie im strengen Sinn angehören:

1. der vermutlich alt-afrikanische Text in den Sermonen »De sacramentis« (IV, 21. 27)[17]. Erhalten ist nur die Partie um den Einsetzungsbericht, ferner der Wortlaut des Paternoster (V, 18) und die das Herrengebet abschließende Doxologie (VI, 24), wie in den orientalischen Riten, woraus m. E. das Fehlen eines »Libera«-Gebets zu folgern ist[18].

sacerdos faciat«; vgl. A. Dold, Die Zürcher und Peterlinger Meßbuchfragmente (= TuA 25, Beuron 1934) XXXIV ff.
[13] Vgl. Papst Zacharias in einem Brief an Bonifatius: »... in sacri c a n o - n i s   p r a e d i c a t i o n e (siehe unten Anm. 65); der Ausdruck findet sich bereits bei Cyprian; vgl. O. Casel, Das christliche Opfermysterium (Graz 1968) 538 f.; W. Dürig, in: ALW XII (1970) 257.
[14] Vgl. Gregor, Ep. IX, 12 (PL 77, 956): »... ad ipsam solummodo o r a - t i o n e m   o b l a t i o n i s«; Marius Victorinus, Adv. Arium 8 (PL 8, 1094 D): »oratio oblationis«; Cyprian, De dom. or. 31 (PL 4, 539): »... sacerdos ante o r a t i o n e m praefatione praemissa«; Ps.-Augustinus, Quaest. 109 (CSEL 50, 268): »... sicut nostri in o b l a t i o n e praesumunt«; De sacr. 4,14: »laus deo defertur o r a t i o n e, petitur pro populo, pro regibus, pro ceteris«; hinsichtlich des Wortlauts »laus deo defertur oratione« vgl. Missa Romensis 62.
[15] Nach A.-G. Martimort, Handbuch der Liturgiewissenschaft I (Freiburg 1963) 406 »dürfen Anaphora und Illatio (von in-fero) keineswegs durch ›Darbringung‹ wiedergegeben werden, sondern würden den Gedanken der ›Erhebung‹ (unserer Herzen) einschließen.« Dieser Ansicht kann ich mich nicht anschließen.
[16] Vgl. Martimort, Handbuch I, 407 Anm. 9; Botte, Canon 11–23.
[17] Vgl. K. Gamber, Das Eucharistiegebet in der frühen nordafrikanischen Liturgie, in: Liturgica 3 (= Scripta et Documenta 17, Montserrat 1966) 51–65; Missa Romensis 58–62; zur Verfasserfrage vgl. K. Gamber, Die Autorschaft von De sacramentis (= Studia patristica et liturgica 1, Regensburg 1967). Meiner These, daß nicht Ambrosius, sondern Niceta von Remesiana der Autor dieser Sermonen ist, wird widersprochen; vgl. meine Erwiderung in: Zeitschrift für kathol. Theologie 91 (1969) 587–589. Bis jetzt hat sich aber noch niemand eingehend mit meinen Ansichten auseinander gesetzt.
[18] Ein solches ist für die gallikanische Liturgie, zu der auch die frühe Liturgie von Mailand zu rechnen ist, charakteristisch; vgl. K. Gamber, Ist der Canon-Text von »De sacramentis« in Mailand gebraucht worden?, in: Ephem. lit. 79 (1965) 109–116.

Es kann nicht genug betont werden, daß es sich bei diesem Text nicht um eine Vorstufe des römischen Canon missae handelt[19], sondern wegen der weitgehenden textlichen Verschiedenheit zu diesem um eine selbständige und zwar außerrömische Fassung der »oratio oblationis« handelt[20]. Eine griechische Vorlage, die freilich nicht immer wörtlich übernommen wurde, darf als wahrscheinlich gelten[21].

2. der alt-kampanische, auf das Sakramentar des Paulinus von Nola († 431) zurückgehende Text[22]. Dieser Meßkanon ist nicht erhalten, abgesehen vielleicht vom Schluß desselben, wie er sich im Fragment von St. Paul findet. Darüber später (S. 90 ff.).

3. Weitere Reste von Eucharistiegebeten, die mit dem römischen Canon verwandt sind und sich zerstreut in gallikanischen (gallischen) und mozarabischen (spanischen) Liturgiebücher finden[23]. Dabei ist zu bedenken, daß in Spanien der gallikanische Ritus erst relativ spät und zwar auf der Synode von Toledo v. J. 633 eingeführt worden war[24].

[19] Vgl. C. Callewaert, Histoire positive du Canon romain, in: Sacris erudiri II (1949) 95–110, bes. 99 ff.; Botte–Mohrmann 17–23; C. Coebergh, Il canone della messa ambrosiana una riforma romana a Milano, in: Ambrosius 31 (1955) 138–150; J. Beumer, Die ältesten Zeugnisse für die römische Eucharistiefeier bei Ambrosius von Mailand, in: Zeitschrift für kathol. Theologie 95 (1973) 311–324. Es ist erstaunlich, mit welcher Leichtigkeit sich der Vf. über die Problematik einer Autorschaft von »De sacramentis« durch Ambrosius hinwegsetzt, wodurch notwendigerweise alle seine Schlußfolgerungen bezüglich der Liturgie des Ambrosius, soweit sie sich auf diese Schrift beziehen, höchst fragwürdig, ja nach meiner Ansicht falsch werden.

[20] Besonders deutlich wird die textliche Verschiedenheit zum römischen Canon im Einsetzungsbefehl und im Gebet nach dem Einsetzungsbericht, wo die Bitte um Aufnahme des Opfers auf den himmlischen Altar »per manus angelorum« in »De sacramentis« vor der Erwähnung der Opfer des Abel, des Abraham und des Melchisedech steht, während sie im römischen Canon erst danach folgt. Daß in beiden Texten die gleichen alttestamentlichen Opfer genannt werden, besagt nur, daß eine Verwandtschaft, nicht jedoch eine Abhängigkeit besteht; vgl. Missa Romensis 58–62.

[21] Vgl. Brightman, Liturgies Eastern and Western I (Oxford 1896) 129; A. Baumstark, Das Problem des römischen Meßkanons, in: Ephem. lit. 53 (1939) 204–243, bes. 229 f.; DACL I, 1 1192.

[22] Vgl. K. Gamber, Das kampanische Meßbuch, in: Sacris erudiri XII (1961) 5–111, bes. 100 ff.

[23] Die einzelnen Stücke bei Botte, Canon 33 ff. bzw. Eizenhöfer, Canon II Nr. 178, 179, 229 usw.; J. Pinell, Anámnesis y epíclesis en el antiguo rito gallicano (Lisboa 1974) 51 f.; Missa romensis 74. Bei einigen Stücken könnte es sich auch um ältere Fassungen des stadtrömischen Canons handeln, so bei LM 1440; vgl. Missa Romensis 37 f.

[24] Vgl. K. Gamber, Ordo antiquus gallicanus (= Textus patristici et liturgici 3, Regensburg 1965) 9.

Vorher dürfte hier eine dem römischen und alt-afrikanischen Ritus ähnliche Liturgie in Gebrauch gewesen sein[25].

Nach diesen außerrömischen Fassungen nun die einzelnen römischen Redaktionen des Canon missae[26]. In ihnen wird eine allmähliche Entwicklung offenbar:

1. die frühe römische, allem Anschein nach auf Papst Gelasius (492–496) zurückgehende[27], jedenfalls v o r g r e g o r i a n i s c h e   R e d a k t i o n[28]. Mit ihr werden wir uns im folgenden hauptsächlich zu befassen haben. Sie findet sich in mehreren Handschriften aus dem 8. Jh., so in irischen Meßbüchern, nämlich im Stowe-Missale (= Sto) und in einem Fragment in St. Gallen (= IrS)[29], ferner im gallisch-angelsächsischen Missale Francorum (= MFr)[30] und im oberitalienischen Bobbio-Missale (= Bo)[31]. Der Canon-Text beginnt in den genannten Handschriften mit »Sursum corda«[32]. Vom Fragment IrS ist nur der Schluß

[25] So zeigen die neuen Funde im Katharinenkloster am Berg Sinai, soweit sie Reste der altafrikanischen Liturgie darstellen (vgl. CLLA Nr. 024), weitgehende Übereinstimmung mit jüngeren spanischen Texten; vgl. Bon. Fischer, Zur Liturgie der lateinischen Handschriften vom Sinai, in: Rev. bénéd. 74 (1964) 284–297.

[26] Das Eucharistiegebet des Hippolyt (vgl. B. Botte, La tradition apostolique, Münster 1966, 12–16; K. Gamber, in: Ostkirchl. Studien 17, 1968, 44–47), obwohl sehr wahrscheinlich in einigen Gemeinden in Rom im 3. Jh. zeitweise liturgisch gebraucht, ist m. E. nicht als ein Dokument der römischen Liturgie anzusehen, wie es auch keinen Nachhall im römischen Canon hinterlassen hat; vgl. Missa Romensis 18.

[27] Jedenfalls nennt das Stowe-Missale den Papst Gelasius ausdrücklich als den Verfasser; vgl. J. H. Creham, Canon dominicus Papae Gelasii, in: Vigiliae Christianae 12 (1958) 45–48; H. Frank, Beobachtungen zur Geschichte des Meßkanons, in: ALW I (1950) 107–119.

[28] Vgl. E. Bishop, On the early texts of the Roman Canon, in: The Journal of Th. Studies 4 (1903) 555–578 = Liturgica Historica (Oxford 1918) 77–115.

[29] Vgl. CLLA Nr. 101, 104 (jeweils mit Nennung der Edition). Hinsichtlich einer mutmaßlichen Abhängigkeit der irischen Meß-Libelli von einer römischen Vorlage vgl. Missa Romensis 22–30.

[30] Vgl. CLLA Nr. 410; P. Siffrin, Der Kanon des Missale Francorum, in: Mohlberg, Missale Francorum 67–70.

[31] Vgl. CLLA Nr. 220. Die Handschrift wurde früher zu Unrecht der irischen Liturgie zugerechnet.

[32] J. Brinktrine, Die heilige Messe (³Paderborn 1950) 169 Anm. 1, sieht den Grund darin, daß »die Sekret als Oration ... (bereits) durch Dominus vobiscum (vor der Opferung) eingeleitet wurde«; ähnlich in: Ephem. lit. 49 (1935) 46–48. Dies dürfte jedoch nicht der Grund sein (vgl. Missa Romensis 46–55), vielmehr scheint in den bekannten Handschriften der gallikanische Ritus nachzuwirken, wo das Eucharistiegebet (ohne Sekret und ohne Dominus vobiscum) direkt mit »Sursum corda« eingeleitet wurde. Ein Segenswunsch

(vom Paternoster an) erhalten, MFr schließt bereits defekt im »Nobis quoque«. Zur süditalienischen Überlieferung vgl. S. 178 ff.

Von der gelasianischen Fassung muß man eine noch ältere unterscheiden, die vermutlich aus der Zeit des Papstes Damasus (366–384) stammt[33]. Sie ist nicht überliefert. Aus ihr zitiert der damals lebende Verfasser der Quaestiones die Wendung »summus sacerdos (Melchisedech)« (Quaest. 114), die auch im späteren römischen Canon erscheint, und zwar ausdrücklich als Oblationsgebet (»in oblatione«)[34]. Unterschiede zur jüngeren gelasianischen Redaktion dürften hauptsächlich im Fehlen der »Memento«-Gebete bestanden haben[35]. Diese haben spätestens unter Innocenz (402–417) in den römischen Canon Aufnahme gefunden[36].

2. die gregorianische Redaktion. Sie ist in zahlreichen Handschriften überliefert, am frühesten im (vermutlich ravennatischen) Lektionar-Sakramentar in Montecassino (um 700), hier jedoch im Gebet »Supra quae« defekt schließend[37]. Kennzeichen dieser Redaktionen

ging hier schon dem Friedenskuß, der unmittelbar vor dem Eucharistiegebet seinen Platz hatte, voraus; vgl. Gamber, Ordo antiquus gallicanus 36–37. Damit muß nicht gesagt sein, daß das »Dominus vobiscum« im Ritus als solchem, wenn es sich um den Gebrauch des Meßkanons in der römischen Liturgie handelt, ebenfalls gefehlt hat.

[33] Vgl. F. Probst, Liturgie des vierten Jahrhunderts und deren Reform (Münster 1893) 445–472; B. Capelle, Le canon romain attesté dès 359?, in: Revue d'histoire eccl. 41 (1946) 417–421; dazu: ALW II (1952) 158; Martimort, Handbuch I, 408; Botte–Mohrmann 29–48; Beumer, Die ältesten Zeugnisse für die römische Eucharistiefeier bei Ambrosius 320.

[34] Vgl. Missa Romensis 19–20.

[35] Der Versuch einer Rekonstruktion in: Missa Romensis 66–84.

[36] Vgl. B. Capelle, Innocent I et le canon de la messe, in: Travaux liturgiques II (Löwen 1962) 236–247 (vgl. auch 248–257). Als unhaltbar sind heute die Hypothesen von P. Drews, Zur Entstehungsgeschichte des Canons (Tübingen 1902) und von A. Baumstark, Liturgia romana e liturgia dell' esarcato (Roma 1904), wonach unter Papst Gelasius Umstellungen im Canon vorgenommen worden sind, dergestalt, daß das »Te igitur« mit dem »Memento vivorum« und dem »Communicantes« an ihrem angeblichen Platz nach dem Einsetzungsbericht an die Spitze des Canon gerückt seien.

[37] Vgl. CLLA Nr. 701; Edition von A. Dold (= TuA 34, Beuron 1943) 37*–40*. Die (ungewöhnliche) Überschrift lautet: »In missa canones« (= in missam canonis); darauf folgt: »Per omnia saecula saeculorum«. Nicht-gregorianisch (oberitalienisch) ist die Hinzufügung von »hilarii martini augustini gregorii hieronymi« im »Communicantes«. Es sind mehrere Kanon-Kreuze vorhanden. Das gleiche gilt für ein Canon-Fragment aus der Zeit um 800; vgl. A. Dold, Ein vorhadrianisches Palimpsestsakramentar (= TuA 5, Beuron 1919) 40. Ein wichtiger Zeuge der gregorianischen Redaktion liegt weiterhin im bayerischen Palimpsest-Sakramentar Alp vor; vgl. A. Dold, Palimpsest-Studien II (= TuA 48, Beuron 1957) 40*–44*.

sind neben den bekannten, von Papst Gregor vorgenommenen Änderungen (»Diesque nostros«, Verlegung der Fractio panis) vor allem der Beginn mit »Per omnia saecula saeculorum«[38] (und nicht wie in den oben genannten Handschriften mit »Sursum corda«)[39], ferner eine Überarbeitung des gesamten gelasianischen Textes, in besonderem Maß die Neufassung des Einleitungsgebets zum Paternoster und die Neufassung des »Libera«-Gebets.

3. die **g r e g o r i a n i s c h - m a i l ä n d i s c h e   R e d a k t i o n** in den ambrosianischen Meßbüchern (= Am)[40], mit gelegentlichen Reminiszenzen an die vorgregorianische Fassung und einigen altmailändischen (gallikanischen) Elementen[41], besonders im Einsetzungsbericht.

4. die **o b e r i t a l i e n i s c h e   (r a v e n n a t i s c h e)**[42] **R e d a k - t i o n** in den Sacramentaria Gelasiana, ebenfalls mit Reminiszenzen an die vorgregorianische Fassung. Aus der Fülle der Handschriften werden von uns folgende herangezogen[43]: das sog. Altgelasianum im Codex

---

[38] So auch ausnahmsweise in einem junggelasianischen Sakramentar, dem Colbert-Fragment (CLLA Nr. 805). Hier ist der Canon nicht, wie sonst in den Gelasiana mixta, an die Sekret der 6. Werktagsmesse, sondern an die »Ad populum«-Formel dieses Formulars angeschlossen; vgl. S. Rehle, Sacramentarium Gelasianum mixtum von Saint-Amand (= Textus patristici et liturgici 10, Regensburg 1973) 66.

[39] Wie in den oben genannten Handschriften mit vorgregorianischer Canon-Fassung, die alle aus dem Gebiet des gallikanischen Ritus stammen. Wie in den stadtrömischen Liturgiebüchern der vorgregorianische Canon eingeleitet wurde, wissen wir nicht. Vermutlich war dieser in eine »Missa sancti petri« eingefügt und deshalb ohne eigenen Beginn. Ein spätes Beispiel dürfte der griechisch-lateinische Text von Chalki sein (CLLA Nr. 606), wo der Canon nach dem »Super oblata«-Gebet zusammen mit den einleitenden Gebetsrufen seinen Platz hat (siehe unten S. 179). Ähnlich ist der Canon in den ambrosianischen Meßbüchern mit der »Missa canonica« und in P und Sal mit der 7. Werktagsmesse verbunden, während in V und Pr mit einer eigenen Überschrift (»Incipit canon actionis«) nach den Werktagsmessen steht.

[40] Vgl. P. Borella, Il »Canon missae« ambrosiano, in: Ambrosius 30 (1954) 225–257; G. Morin, Depuis quand un Canon fixe à Milan?, in: Rev. bénéd. 51 (1939) 101–108; L. Eizenhöfer, in: Hänggi–Pahl, Prex eucharistica 448 ff.; idem, Canon II 16–20. Wir nennen im allgemeinen keine einzelne Handschrift im Varianten-Apparat, jedoch einmal das Sakramentar von Biasca (ed. Heiming) (= AmBi).

[41] Vgl. C. Coebergh, Tre antiche anafore della liturgia di Milano, in: Ambrosius 29 (1953) 219–232; idem, Il Canone della messa ambrosiana, ebd. 31 (1955) 138–150.

[42] Zu Ravenna als Heimat der Gelasiana vgl. K. Gamber, Missa Romensis 107 ff.

[43] Vgl. CLLA Nr. 610, 630, 802, 801, 880, 883.

Vaticanus (= V), das ebenfalls im wesentlichen altgelasianische Sakramentar von Prag (= Pr), ferner die Sakramentare von Rheinau (= Rh), von Monza (= M), von Padua (= P) und von Salzburg (= Sal)[44]. Die beiden letzteren bilden eine Untergruppe zu der auch der Canon-Text im Ordo von St. Gallen (= OrdS)[45] gehört[46]. Auch das gallikanische Missale von Bobbio, das wie gesagt eine vorgregorianische Canon-Fassung zeigt, geht in einigen Fällen gegen Sto und MFr mit dieser oberitalienischen Redaktion zusammen[47].

5. die gregorianisch-beneventanische Redaktion in den beneventanischen Meßbüchern bis zum 12. Jh. Wir finden hier einige wenige ältere Lesarten (z.B. in einer Handschrift »comedite« statt »manducate«)[48] und eine Reihe jüngerer Änderungen des gregorianischen Textes sowie Erweiterungen. Diese als ganzes gesehen junge Fassung, die zudem noch nicht genügend untersucht ist[49], scheidet für unsere Frage aus; ebenso die folgende:

6. die mittelalterlich-römische Fassung in den jüngeren Handschriften und im Missale Romanum. Sie hat sich allmählich aus der gregorianischen Redaktion entwickelt[50]. Eine eigene Alkuin'sche

[44] Kennzeichen sind folgende Sonderlesarten: die Hinzufügung »helarii martini agustini gregorii hieronimi benedicti« (wie in Bo und im Lektionar- Sakramentar in Montecassino), ferner »partem aliquam societatis«, »intercede pro nobis«, »sanctis (nicht: beatis) apostolis« im »Libera«. Canon-Beginn mit »Sursum corda«, außer in M, P und Sal.

[45] Vgl. M. Andrieu, Les Ordines romani di haut moyen âge II (= Spicilegium sacrum Lovaniense 23, Louvain 1948) 253–305 (Ordo VII).

[46] Die Unterschiede zu den oben zitierten Gelasiana sind gering. Hauptkennzeichnen ist der Einbau des Canons in die 7. Werktagsmesse, die ähnlich auch in OrdS vorliegt (Überschrift hier: »Item alia missa«). Den diesbezüglichen Ausführungen von Andrieu, Ordines romani 269–281: L'Ordo VII et le canon de la messe romaine, kann ich nicht immer folgen. Wie Botte, Canon 14 den Canon in P zur gregorianischen Rezension rechnen kann, bleibt mir ein Rätsel.

[47] So u. a. in den Lesarten »partem aliquam societatis« und »intercede pro nobis«.

[48] Vgl. S. Rehle, Missale Beneventanum von Canosa (= Textus patristici et liturgici 9, Regensburg 1972) Formel 275. – Das »comedite« scheint durch die Stelle Mt 26,26 beeinflußt zu sein: »Accipite et comedite: hoc est corpus meum«.

[49] Vgl. neben der in Fußnote 48 zitierten Ausgabe von S. Rehle die Studie von V. Fiala, Der Ordo missae im Vollmissale des Cod. Vat. lat. 6082, in: Zeugnis des Geistes. Gabe zum Benediktus-Jubiläum (Beuron 1947) 180–224.

[50] Dazu gehört u. a. die Einfügung »pro quibus tibi offerimus vel« im »Memento«, die teilweise schon im 9./10. Jh., so als Korrektur in P, erscheint, jedoch in relativ späten Handschriften gelegentlich noch fehlt, so im Sakramen-

Bearbeitung des Canon anzunehmen, die als der Ausgangspunkt für diese späte Fassung anzusehen wäre[51], liegt m. E. kein Grund vor. Diese Frage hängt zudem eng zusammen mit einer anderen, wer nämlich der Redaktor des fränkischen Anhangs zum Gregorianum ist (Alkuin, Benedikt von Aniane oder ein dritter)[52], sowie mit einer weiteren, wie stark der Einfluß dieses Anhangs für die Entwicklung des Meßbuches überhaupt war.

Keine der genannten römischen Rezensionen des Canon missae ist in einer Handschrift allein ganz rein erhalten. Es sind nämlich in den Codices immer wieder Änderungen, vor allem Angleichungen an eine jeweils jüngere Fassung vorgenommen worden. Diese Frage verdient eine eigene gründliche Untersuchung, die weitgehend das gesamte erhaltene Material berücksichtigen müßte.

Wir bringen nun den Text des Regensburger Fragments und nennen dabei im Apparat nur die Varianten gegenüber den ältesten Zeugen des Canon, ohne Berücksichtigung der gregorianischen Redaktion. Auf Vollständigkeit wird kein Wert gelegt (vor allem werden einige junggelasianische Sakramentare nicht genannt), da diesbezüglich auf die kritischen Ausgaben des Canon missae von B. Botte und L. Eizenhöfer verwiesen werden kann.[53].

Im Variantenapparat verzeichnen wir zuerst die Lesart unseres Fragments, bringen dann diejenigen Zeugen, die mit uns übereinstimmen. Die Varianten stehen nach der eckigen Klammer[54]. Die Edition des Tex-

tar von Jena (nach 1200); vgl. K. Gamber, Das Sakramentar von Jena (= TuA 52, Beuron 1962) Formel 3.

[51] Angebliche Gründe dafür bei Botte, Canon 21; Botte–Mohrmann 24; daraus dann das Urteil von Martimort, Handbuch I, 407: »In Gallien seit Beginn des 8. Jh. bekannt, wurde er (der gregorianische Canon) im karolingischen Reich seit dem Ende desselben Jh. endgültig verpflichtend, nachdem Alkuin einige Verbesserungen angebracht hatte.«

[52] Gegen die Ansicht von J. Deshusses, in: ALW IX, 1 (1965) 48–71, daß Benedikt von Aniane der Redaktor sei, wendet sich K. Gamber, Der fränkische Anhang zum Gregorianum im Licht eines Fragments aus dem Anfang des 9. Jh., in: Sacris erudiri XXI (1972/73) 267–289; vgl. auch das folgende Kapitel.

[53] Siehe oben Fußnote 1.

[54] Wir bringen nochmals kurz die dabei gebrauchten Siglen in alphabetischer Folge:

Am   = Ambrosianische Sakramentare.
AmBi = Ambrosianisches Sakramentar von Biasca (= CLLA 515).
Bo   = Gallikanisches Missale von Bobbio (= CLLA 220).
H   = Sacramentarium Hadrianum (= CLLA 720).

tes erfolgt zeilengetreu. Punkte werden als Satzzeichen nur gesetzt, wenn sie auch im Fragment vorhanden sind. Abkürzungen bleiben unaufgelöst, da es sich um die in den frühen Sakramentar-Handschriften üblichen handelt. Buchstaben über der Zeile sind spätere Hinzufügungen.

[1ʳ]

petri. pauli. andreae   1
iacobi. iohannis. thomae
iacobi. philippi. bartho   3
lomei. mathei. simonis
et tathei. lini. cleti. cle   5
mentis. sixti. cornili.
cipriani. laurenti.   7
crisogoni. iohannis. et
pauli. cosme. et dami   9
ani. et omnium scorum
tuorum quorum meritis   11
praecibusque concedas
ut in omnibus protectio   13
nis tuae muniamur auxi
lio per xpm dnm nm   15

H .... v ...., ... v ... v
anc igitur obla   17
tionem seruitutis
nostrae sed et cunctae   19
familiae tuae. quam
tibi offerimus in hono   21
rem dni ni ihu xpi quaes
sumus dne.   23

ut placatus suscipias
D ies quoque nostros in tua pace dis ponas atque ab
aeterna dampnatione
nos eripias et in electo
rum tuorum iubeas
grege numerari. per
... v .... v .... v ..
Q ua oblatione tu ds in omnibus quaessumus. ben⟨e⟩
dicta ascripta. ratam
rationabilem accepta
bilemque facere dig
nare quae nobis cor
pus et sanguis fiat di
lectissimi filii tui dni
autem di ni ihu xpi qui
pridie quam patere
A tur ccipit panem in sc⟨as⟩ et uenerabiles

10 damiani *Sto*] + helarii martini *MFr* helarii martini (ambrosi) agustini gregorii hieronimi benedicti *Bo* (*V*) – 22 dni ni ihu xpi *Sto*] + et in comme-

IrS   = Irisches Meßbuch-Fragment in St. Gallen (= CLLA 104).
MFr   = Missale Francorum (= CLLA 410).
L   = Sacramentarium Leonianum (= CLLA 601).
OrdS   = Ordo Romanus VII von St. Gallen.
P   = Sakramentar von Padua (= CLLA 880).
Pr   = Sakramentar von Prag (= CLLA 630).
Rh   = Sakramentar von Rheinau (= CLLA 802).
Sto   = Stowe-Missale (= CLLA 101).
V   = Altgelasianum im Codex Vaticanus (= CLLA 610).

moratione ... *Sto* dni marthyris tui *MFr* in honorem nominis tui ds *Bo* – 1 suscipias *Sto MFr Bo Am*] accipias *ceteri* + eumque atque ... *Sto* – 2 dies
quoque *Sto*] diesque *MFr Bo* – 6 eripias *Sto MFr Rh*] eripe *Bo* eripi *Pr* –
10 Qua oblatione ... benedicta ascripta] Akkusativform *ceteri* quam oblatione
Bo qua oblatione *L* 959 – 15 dignare *Sto MFu Pr P Ords*] digneris *Bo V* –
16 quae *Sto MFr Bo Am*] ut *ceteri* – 19 autem *Sto MFr Bo Am*] – *ceteri* // di
Sto MFr Bo V Pr] – *ceteri* – 21 maister hans *kopfstehend von späterer Hand
auf freier Zeile eingetragen* – 22 accipit *Sto MFr Pr*] accepit *Bo* – 23 et] ac
ceteri.

[1^v]

manus suas eleuatis	1

manus suas eleuatis   1   et pro multis effunde
oculis suis ad caelum ad   tur in remissionem pec
te dm patrem suum   3   catorum. Haec quoti
omnipotentem. Tibi   enscumque feceritis
gratias egit benedixit   5   in mei memoriam facietis.
fregit dedit discipulis   ... v ... v .. v ... v .. ~
suis dicens. Accipite   7   UN de et me mores sumus
et manducate ex hoc   dne nos tui serui
omnes hoc est enim cor   9   sed et plebs tua sca
pus meum. Simili modo   xpi filii tui dni ni tam
posteaquem cenatum   11   beatae passionis nec
est. Accipit et hunc prae   non et ab inferis resur
clarum calicem in scas   13   rectionis sed et in cae
et uenerabiles manus   los gloriosae as censionis
suas. Item tibi gratias   15   Offerimus praeclarę
agens. benedixit   maiestati tuae. de tuis
dedit discipulis suis   17   donis ac datis. hostiam
dicens. Accipite et bibe   puram hostiam scam
te ex hoc omnes. hic est   19   hostiam inmaculatam.
enim calix sanguinis   Panem scm uitae aeter
mei noui et aeterni tes   21   nae et calicem salutis
tamenti misterium   perpetuae Supraq:
fidei qui pro uobis   23   propitio ac sereno uul
     tu

2 suis *Sto MFr Bo Pr*] – *ceteri* // ad caelum *Sto MFr*] ad caelos *Am* in
caelos *Bo P* in caelum *ceteri* – egit *Sto MFr*] agens *Bo* – 12 accipit *Sto MFr*]
accepit *Bo* accipiens *ceteri* – 14 et] ac *ceteri* – 18 bibete *Pr*] bibite *ceteri*
19 hoc *Sto MFr OrdS*] eo *Bo Pr* – 20 calix MFr] + sci *Sto Bo* – 1 effundetur
Sto MFr] effunditur *Bo* – 2 remissionem *Sto MFr Pr*] remissione *Bo V* – 5
facietis *Sto MFr Pr*] faciatis *Bo Sto²* – 7 mores (*mit Hinzufügung von* me
über der Zeile) auch in Vat. Ottob. lat. 576 Pars II (f. 227v) – 14 asensionis
1. Hand – 22 supraq: *Pr*] supra quae *ceteri*.

aspicere dignare. et 1
accepta habere sicuti
accepta habere digna 3
tus es munera pueri tui
iusti abel et sacrifici 5
um patriarchae nostri
abrahae et quod tibi 7
obtulit summus sacer
dos tuus melchisedech 9
scm sacrificium inma
culatam hostiam 11
Supplices te rogamus
omnipotens ds iube per 13
ferri per manus sci
angeli tui in sublimę altari 15
tuo in conspectu diuinae
maiestatis tuae ut quod 17
quod ex hoc altare sci
ficationis sacro scm 19
filii tui corpus et
sanguinem sumpseri 21
mus omni benedictione
caelesti et gratia 23

repleamur. per xpm
Si fuerint ut nomina defunc
torum recitentur dt sacerdos
Memento etiam dne
et eorum nomina
qui nos praecesserunt
cum signo fidei et dormi
unt in somno pacis
Postquam recitati fuerint
dt sacerdos
IPsis et omnibus dne
in xpo quiescentib;
locum refrigerii
lucis et pacis ut indulgeas
depraecamur per xpm

Nobis quoque pecca
toribus famulis tuis
de multitudine mise
rationum tuarum speran
tibus partem aliquam
et societatem donare
dignare cum tuis scis apos
tolis

1 aspicere *Sto MFr Bo*] respicere *ceteri* // dignare *Sto MFr Bo Ro*] digneris
ceteri – acceptum *Bo*] acceptu *Sto MFr Pr* – 3 accepta *Pr*] accepto *Sto*
acceptu *MFr* acceptum *Bo* – 12 rogamus *Bo Pr*] + et petimus *Sto MFr* –
13 iube *Sto MFr*] + haec *Bo* – 15 sublimę] sublime *Pr* sublimi *Sto MFr*
Bo // altari *Sto MFr Pr* (?)] altario *Bo* – 16 tuo *Sto MFr Bo Pr*] tuum
ceteri – 18 hoc *Sto MFr Bo Pr*] hac *Am* // altare] altari *Sto MFr Bo*
altaris *Am* // scificationis *Sto MFr* scificatione *Am* – 2/3 und 9/10 *Rubriken*
in roter Schrift – 11 dne *MFr* (*nach* ipsis)] – *Sto Bo* – 22 et societatem *Sto*
MFr] societates *Bo* societatis *V Pr P* – 23 dignare *Sto*] digneris *MFr Bo* //
apostolis (*Nachtrag?*) *in kleinerer Schrift*, -tolis *unter der Zeile.*

et martyribus. Cum io 1
hanne. stephano. matia.
barnaba. ignatio. a 3
lexandro. marcellino

per omnia saecula sae
culorum Resp popu amen
Et sacerdos dicit. Sacra
menta confracta dicit.

petro. perpetuae. ag 5
    felicitate
nae. caeciliae. anas 7
tasia. agathae. lucia
eugeniae. Et cum omnib; 9
scis tuis intra quorum
nos consortio. non aesti 11
mamur meritis. Sed
ueniam quaesumus lar 13
gitur admitte. per xpm
    dnm nm 15
Per quem haec omnia.
dne semper bona 17
creas scificas uiuifi
cas benedices et praestas 19
nobis per ipsum et cum ipso
et in ipso est tibi do patri 21
omnipotente. in unitate
sps sci omnis honor et 23
gloria [per omnia]

Diuino magisterio edoc
ti et diuina institu
tione formati audemus
dicere. Pater noster
qui es in caelis :
....v...v....v....v..~
Libera nos dne qs ab om
ni malo praeterito
praesenti et futuro
et intercedentibus pro
nobis beatis apostolis
tuis petro et paulo da
propitius pacem tuam
in diebus nostris ut ope
misericordiae tuae ad
iuti et a peccatis simus
semper liberi et ab omni
perturbatione securi :
per dnm nm ihm xpm

5 perpetuae *Bo Pr*] perpetua *Sto* felicitate perpetua *ceteri* // agnae] agne *Sto Bo Pr* agnem *V* – 6 caeciliae *Pr*] cicilia *Sto Bo* // felicitate (*über der Zeile nachgetragen*) anastasia *Sto Bo*] felicitate *ceteri* – 7 agathae *Sto Bo Pr*] agatha *ceteri* – 8 eugeniae *Bo Laur. Aed. 111, Vitt. Em. Sess. 136* (Ebner 424)] – *ceteri* – 10 consortio *Bo Pr* H 138,4] consortia *Sto* // aestimamur *Sto*[2] *Pr Vat. lat. 4770*] stimamur *V* stimatur *Bo* estimatis *Sto* // meritis *Sto Bo V Pr*] meriti *Pr*[2] – 12 ueniam (*korr. aus* ueniae) *Sto Bo V*] ueniae *ceteri* // largitur (*auf Rasur*) *Bo*] largitor *Sto* – 18 benedices *Bo Rh*] benedicis *ceteri* – 21 omnipotente *korr. in* -tenti – 23 per omnia *ausradiert* – 5 diuino magisterio edocti *Sto Bo IrS AmBi 527* – 11 qs (*Nachtrag*) *Bo*[2]] – *Sto IrS* // ab omni... futuro *Sto IrS Bo*] – 14 intercedentibus *Sto IrS*] intercedente *Bo V* // pro nobis *Sto Bo V*] + beata... maria *Bo* – 17 tuam *Sto Bo IrS*] – *ceteri* – 20 peccatis *IrS V Pr P*] peccato *Sto*.

2. Liturgiegeschichtliche Würdigung

Es geht nun darum, den Text des Regensburger Fragments liturgiegeschichtlich einzuordnen und zu würdigen. Wie die Varianten zeigen, gehört unser Canon-Stück der vorgregorianischen Redaktion, wie sie im (irischen) Stowe-Missale (Sto), im (gallisch-angelsächsischen) Missale Francorum (MFr) und im (oberitalienisch-gallikanischen) Bobbio-Missale (Bo) überliefert ist. Dabei kann man beobachten, daß die engste Verwandtschaft zu den beiden erstgenannten Zeugen (Sto, MFr) besteht, während Bo manchmal von diesen abweicht. Doch gibt es auch einige Fälle, in denen Bo gegen Sto und MFr mit dem Regensburger Fragment zusammengeht.

Außer mit den genannten Handschriften berührt sich unsere Textfassung gelegentlich mit der in den ambrosianischen Missalien (Am) sowie mit der Fassung in den Gelasiana. Die gelasianische Handschrift V steht im Variantenapparat bei uns vielfach für die ganze Gruppe der Gelasiana und Gelasiana mixta, doch haben sich auch in anderen, jüngeren Gelasiana-Handschriften mehrmals Lesarten der vorgregorianischen Redaktion erhalten, die in V fehlen, so vor allem in den Sakramentaren von Prag (Pr) und weniger häufig im Sakramentar von Rheinau (Rh).

Da die textlichen Übereinstimmungen zwischen dem Regensburger Fragment und dem Canon-Text in Pr, einer bekanntlich in Regensburg um 780 geschriebenen Handschrift[55], sehr auffällig sind[56], darf nicht ausgeschlossen werden, daß hier eine direkte Beeinflussung durch den Text im Fragment vorliegt, wenn auch nur derart, daß dem Schreiber von Pr ein ihm gewohnter Wortlaut unwillkürlich in die Feder geflossen ist[57].

Nur ganz wenige Varianten unseres Fragments sind sonst nicht zu belegen, so die Gesamtheit der vier deutlich fehlerhaften Ablativformen »Qua oblatione ... ascripta«[58] und das zweimalige »et« statt »ac« von

[55] Ursprünglich dachte man an das Kloster Isen (bei Freising) als Entstehungsort; dazu K. Gamber, Das frühmittelalterliche Bayern im Licht der ältesten bayerischen Liturgiebücher, in: Deutsche Gaue 54 (1962) 49–62.

[56] Hingewiesen sei hier auch auf die zahlreichen nach inselländischer Art gestalteten Initialien in Pr (so u. a. fol. 1, 29, 67), die z. T. denen auf den erhaltenen Seiten des Regensburger Bonifatius-Meßbuches recht ähnlich sind.

[57] Vielleicht ist in Pr auch die im Fragment fehlende Canon-Überschrift des Bonifatius-Meßbuches erhalten geblieben: »Incipit canonic(a prex)«. Sie findet sich in keiner weiteren Sakramentar-Handschrift mehr. In MFr und V lautet sie: »Incipit canon actionis«.

[58] Hier sind anscheinend die Abkürzungsstriche für »m« der Vorlage übersehen worden. Dagegen ist auffällig, daß die Formel L 959 ein fehlerhaftes »Qua oblatione« kennt (vgl. Eizenhöfer, Canon II, Nr. 744) und Bo »Quam oblatione« liest. Möglich ist, daß hier gar kein Fehler des Schreibers, sondern eine fehlerhafte alte Fassung vorliegt, zumal der Text bei »ratam« richtig weitergeht. Von hier ab steht wieder die Akkusativform.

»in scas et uenerabiles« vor dem Brot- und Weinwort. Im einzelnen ist folgendes zu bemerken:
Der Text des Canon missae setzt im Regensburger Fragment defekt mitten im »Communicantes« ein. Die Heiligenreihe dieses Gebetes schließt wie in Sto und im gregorianischen Canon mit »damiani«. MFr und Bo fügen »hilarii martini« an[59], Bo läßt (mit den Gelasiana) zusätzlich weitere Heilige folgen[60]. All diese Hinzufügungen dürften im Gebiet des gallikanischen Ritus, zu dem bekanntlich neben Gallien und Spanien auch Oberitalien (Ravenna) gehört hat[61], erfolgt sein. Sie haben in der ursprünglichen römischen Redaktion gefehlt, wie sie auch der gregorianische Canon nicht kennt. Das heißt aber in unserm Fall, daß das Regensburger Fragment zusammen mit Sto direkt von der römischen Überlieferung abhängt, was im Falle Sto nicht auszuschließen braucht, daß in das Meßbuch als solches später gallikanische Zusätze eingefügt worden sind.

Von besonderem Interesse ist der Wortlaut des »Hanc igitur«[62] mit der Einfügung »quam tibi offerimus in honorem dni ni ihu xpi«. Derselbe Wortlaut ist in Sto zu finden, wobei allerdings hier der Text sekundär weitergeht: »et in commemorationem beatorum martyrum tuorum in hac ecclesia quam famulus tuus ad honorem nominis gloriae tuae aedificauit«[63]. Der ursprüngliche Wortlaut scheint nur bei uns vorzuliegen. Statt »ni ihu xpi« im Regensburger Fragment und in Sto liest MFr (nach einer Änderung in der Vorlage?) »marthyris tui«. In Bo finden wir die Wendung »in honorem nominis tui«, was ebenfalls sekundär sein dürfte. Der Text unseres Fragments findet sich nämlich auch in Sto

[59] Ebenso im Sakramentar in Florenz, Laur. Aed. 111; vgl. Ebner, Iter italicum 407.
[60] Nämlich »augustini gregorii hieronymi benedicti«. Diese Hinzufügung findet sich auch in jüngeren Gregoriana-Handschriften, so im Kölner Gregorianum (CLLA Nr. 746). Über weitere Namenseinfügungen vgl. Ebner, Iter italicum 408–410; D. V. Maurice, Les saints du canon de la messe au moyen âge, in: Ephem. lit. 52 (1838) 353–384.
[61] Vgl. K. Gamber, Ordo antiquus gallicanus (= Textus patristici et liturgici 3, Regensburg 1965) 8–12.
[62] Vgl. V. L. Kennedy, The Pre-Gregorian »Hanc igitur«, in: Ephem. lit. 50 (1936) 349–358.
[63] Vgl. Hänggi–Pahl, Prex eucharistica 465. Ähnlich auch in einem Text eines mittelitalienischen Plenarmissale (Cod. Vat. lat. 4770), wo es heißt: »Hanc igitur oblationem seruitutis nostrae. quam tibi offerimus *in honorem domini nostri ihu xpi.* et in commemorationem beatae et gloriosae uirginis mariae et beatorum apostolorum et martyrum . . .«; vgl. Missa Romensis 39 f.

und ist im MFr wahrscheinlich vorauszusetzen, bevor hier die genannte singuläre Änderung erfolgte. Dabei ist in MFr bezeichnenderweise das »dni« (von »dni ni ihu xpi«) erhalten geblieben. Die Fassung in Bo hat hingegen eine Entsprechung in einer Formel des gallikanischen Missale Gothicum (ed. Mohlberg 272)[64] und scheint von dort inspiriert zu sein. Wie in Sto, MFr und in V ist im Regensburger Fragment die Einfügung »Diesque nostros . . .«, die nach dem Liber pontificalis durch Papst Gregor I (590–604) erfolgte[65], durch ein eigene Initiale hervorgehoben[66], wenn auch in keiner der genannten Handschriften so deutlich wie im Fragment[67]. Dadurch erscheint diese Einfügung bei uns als ein eigenes Gebet. In Bo dagegen findet sich eine (kleine) Initiale nicht wie bei uns bei »Diesque nostros . . .«, sondern bereits einen Satz zuvor bei »Qs dne ut placatus«.

V. L. Kennedy vermutet, daß Papst Gregor außer der Hinzufügung des »diesque nostros« weitere Redaktionsarbeit am »Hanc igitur« vorgenommen hat[68]. So geht nach seiner Meinung auf Gregor auch die Einfügung »seruitutis nostrae sed et cunctae familiae tuae« und die endgültige Formulierung von »qs dne ut placatus accipias« (statt »qs placatus accipias«) zurück. Begründet wird diese Annahme durch den Vergleich mit vorgregorianischen »Hanc igitur«-Gebeten innerhalb der verschiedenen Meßformulare. In der handschriftlichen Überlieferung des Canon missae haben sie keine Spuren hinterlassen, die diese Vermutung rechtfertigen würden.

Übereinstimmend mit Bo (und übrigens auch mit Pr) ist die Hervorhebung des »Accipit panem« durch eine große Initiale[69] und nicht des

---

[64] Vgl. Kennedy, The Pre-Gregorian »Hanc igitur« 356 f.

[65] Vgl. Lib. pont. 66 (ed. Duchesne I, 312): »Hic augmentavit in p r a e - d i c a t i o n e m   c a n o n i s Diesque nostros in tua pace dispone et cetera«; vgl. auch Beda, Hist. eccl. Angl. II, 1 (PL 95, 80), Joh. Diaconus, Vita S. Greg. II, 17 (PL 75, 94). Bei den Angelsachsen war demnach diese Eintragung in das »Hanc igitur« bekannt.

[66] Vgl. Eizenhöfer, Canon I, 6 ff.

[67] Hier finden wir bei »Diesque nostros« die gleiche Initial-Größe wie bei den übrigen Gebeten des Canon.

[68] Kennedy a.a.O.; vgl. weiterhin Th. Michels, Woher nahm Gregor d. Gr. die Kanonbitte: Diesque nostros, in: JLW 13 (1935) 188–190.

[69] Ähnlich sind im Einsetzungsbericht des gallikanisch-irischen Palimpsest-Sakramentars in München die ersten drei Buchstaben des »Accipiens« durch größere Schrift und rote Farbe ausgezeichnet; vgl. A. Dold – L. Eizenhöfer, Das irische Palimpsestsakramentar im Clm 14429 (= TuA 53/54, Beuron 1964) 14.

»Qui pridie« wie in den meisten späteren Handschriften. Letzteres ist bei uns, wie in Sto und Bo, ohne Interpunktionszeichen an das »Quam oblationem«-Gebet angefügt. In diesem selbst ist außer den oben genannten Schreibfehlern die in allen Zeugen des vorgregorianischen Canon zu findende Variante »quae« statt »ut« beachtenswert[70]. Sie hat sich auch im ambrosianischen Canon erhalten[71].

Im Wortlaut des Einsetzungsberichts[72], der die für die vorgregorianische Redaktion typischen Lesarten aufweist[73], fehlt bei uns im Kelchwort der Zusatz »sancti« bei »sanguinis«, der in anderen Zeugen dieser Redaktion zu finden ist, nämlich in Sto und Bo, sowie im irischen Palimpsest-Sakramentar in München[74]. Er fehlt in MFr. Dieser Zusatz wäre an sich wegen der nahen Verwandtschaft unseres Textes zu Sto zu erwarten gewesen.

Vielleicht war »sci« bei uns erst in der Vorlage gestrichen worden. Möglich wäre aber auch, daß dieser Zusatz in der angelsächsischen Tradition, zu der bekanntlich nach P. Siffrin[75] die Handschrift MFr zu rechnen ist, von Anfang an gefehlt hat. Deswegen braucht es sich aber nicht, wie B. Bishop meinte[76], um eine typisch irische Variante zu handeln[77]. Der Zusatz »sci« kommt nämlich ebenso auch im oberitalieni-

---

[70] Vgl. O. Casel, Quam oblationem, in: JLW II (1922) 98–101, bes. 100.

[71] Vgl. A. Wilmart, ebd. 60 und oben S. 65.

[72] Grundlegend noch immer F. Hamm, Die liturgischen Einsetzungsberichte im Sinn vergleichender Liturgieforschung untersucht (= Liturgiegeschichtliche Quellen und Forschungen 23, Münster 1928) vor allem 30 ff.

[73] Sakramentargeschichtlich interessant ist die an sich nicht sehr bedeutende Lesart »ad caelum« wie in Sto und MFr, der ein »ad caelos« im ambrosianischen Canon und ein »in caelos« in Bo und P gegenübersteht. Gerade das mehrfach zu beobachtende Zusammengehen von Bo mit P (und anderen oberitalienischen Handschriften) zeigt, daß der Canon-Text in Bo keine irische, sondern eine oberitalienische Fassung wiedergibt.

[74] Vgl. Dold–Eizenhöfer, Das irische Palimpsestsakramentar (Fußnote 69) 15–18.

[75] P. Siffrin, in: Ephem. lit. 47 (1933) 222 ff. Die Vorlage von MFr könnte durch angelsächsische Missionare ins Frankenreich gekommen sein.

[76] E. Bishop, Liturgica Historica 91, Anm. 1; Dold–Eizenhöfer a.a.O. 16.

[77] Zu dieser Meinung könnte man kommen, wenn man die Belegstellen zum Ausdruck »sanguis sanctus« bei G. Manz, Ausdrucksformen der lateinischen Liturgiesprache (Beuron 1941) Nr. 894 (S. 451) heranzieht. Doch findet sich unser Ausdruck z. B. auch in der frühen koptischen Liturgie; vgl. H. Quecke, Das anaphorische Dankgebet auf den koptischen Ostraka B. M. Nr. 32799 und 33050, in: Orientalia Christiana Periodica 37 (1971) 393 f.; K. Gamber, in: Ostkirchl. Studien 21 (1972) 299.

schen Bo vor, einer Sakramentar-Handschrift, die sicher nicht irisch ist, obwohl man früher diese Ansicht vertreten hat[78].

Unter den übrigen Varianten des Einsetzungsberichts ist das zweimalige Praesens »accipit« (statt »accepit«) beachtenswert, eine Variante, die ebenso nur in Sto und MFr, nicht jedoch in Bo zu verzeichnen ist[79], obwohl gerade in dieser Handschrift der Wechsel von »e« und »i« nicht selten vorkommt (z. B. »effunditur« statt »effundetur«). Dagegen ist das »ex hoc« (statt »ex eo«) im Kelchwort außer in Sto und MFr auch in einigen frühen Handschriften mit gregorianischer Kanonfassung zu finden[80].

Das Regensburger Fragment zeigt mit den bekannten Zeugen die Wendung »qui pro uobis et pro multis effundetur«. Die Worte »pro uobis« sind jedoch möglicherweise in der vorgregorianischen Fassung sekundär; sie fehlen nämlich nicht nur bei Matth 26,28 (Marc 14,24), sondern auch in einer späten Handschrift, dem Cod. Vat. Barb. 536 (früher Barb. XI 179)[81] aus dem 12./13. Jh., der verschiedentlich altertümliche Elemente erhalten hat; sie kommen auch in dem von (Ps-)Germanus von Paris zitierten Kelchwort nicht vor[82]. Im irischen Palimpsest-Sakramentar, das in den Konsekrationsworten eine frühe römische Vorlage übernommen haben dürfte, stehen sie (wohl als Nachtrag in der Vorlage) erst nach »pro multis«[83].

Auf einer älteren Vorlage beruhend, oder durch Auslassung einer Zeile beim Abschreiben der Vorlage bedingt, könnte das Kelchwort im Sacramentarium Rossianum (»Hic est calix sanguinis mei qui pro uobis . . .«) bzw. im eben genannten Cod. Vat. Barb. 536 sein (»Hic est enim calix

---

[78] Vgl. K. Gamber, I più antichi libri liturgici dell' Alta Italia, in: Rivista di storia della Chiesa in Italia 15 (1961) 76–78.

[79] Vielleicht auch von erster Hand in Pr; vgl. die Lichtbild-Ausgabe von A. Dold – L. Eizenhöfer (Beuron 1944) fol. 87r. Beachtenswert ist, daß der Canon in Pr wie im Regensburger Fragment zweispaltig geschrieben ist, während die vorausgehenden Partien des Sakramentars in Langzeilen gehalten sind. Außerdem gebraucht der Schreiber beim Canon die Unziale.

[80] So im Palimpsest-Sakramentar in Montecassino (CLLA Nr. 701, ed. Dold p. 40*) und im Palimpsest-Sakramentar Alp (CLLA Nr. 708, ed. Dold p. 43*).

[81] Vgl. Ebner, Iter italicum 141.

[82] »Hic est calix sanguinis mei mysterium fidei qui pro multis effundetur in remissionem peccatorum« (ed. Ratcliff p. 10), wobei Berührungspunkte zum gleich zu nennenden Text im Sacramentarium Rossianum zu beachten sind.

[83] Vgl. Dold–Eizenhöfer, Das irische Palimpsestsakramentar 16: »singuläre Umstellung (vielleicht durch spätere Einfügung des zweiten Gliedes verursacht)«.

noui et aeterni testamenti mysterium fidei qui pro...«)[84]. Bedeutungsvoll wäre es, wenn sich weitere Handschriften mit gleichem verkürzten
Text nachweisen ließen.

Die aus Tim 3,9 stammende Erweiterung »mysterium fidei« im Kelchwort[85], die bei uns wie in den übrigen Zeugen der vorgregorianischen
Canon-Redaktion vorhanden ist, fehlt u. a. im eben genannten Sacramentarium Rossianum, ferner im irischen Palimpsest-Sakramentar und
bei (Ps-)Germanus[86]. Einige Forscher haben darin einen in Gallien entstandenen Zusatz sehen wollen, während Th. Michels diese Einfügung
schon mit Papst Leo I (440–461) in Verbindung bringt[87]. Ein späterer
Zeitpunkt dürfte jedoch wegen des Fehlens von »Mysterium fidei« in
den genannten Zeugen wahrscheinlicher sein, wobei als kirchliches Zentrum, in dem dieser Zusatz erfolgt ist, neben Rom auch Mailand und
Ravenna in Frage kommen könnten.

Im 1. und 2. Teil des Gebetes »Unde et memores« (bis einschließlich
»immaculatam hostiam«) sind, abgesehen von der Hinzufügung »sumus«
zu »memores«[88], so gut wie keine bedeutungsvollen Varianten zum gregorianischen Canon festzustellen. Durch die genannte Hinzufügung erscheint die erste Hälfte des Gebetes (bis »ascensionis«) als eine selbständige, auf das vorausgehende »Haec quotienscumque« bezogene Formel,
was in unserm Fragment durch die Hervorhebung des Initiums des
nachfolgenden »Offerimus praeclarae...« noch betont wird. Es geht
bei dieser Textfassung aber auch etwas vom viel zitierten Zusammenhang »memores ... offerimus«, wie er u. a. schon im Eucharistiegebet
des Hippolyt vorliegt[89], verloren[90].

---

[84] Vgl. Ebner, Iter italicum 141 bzw. 417. Die von mir eingesehene Handschrift könnte aus (Ober-)Italien stammen (Ebner macht keine diesbezügliche
Angabe). Im »Libera« zeigt sie die Variante »intercedente pro nobis« wie die
Gelasiana.
[85] Vgl. J. Brinktrine, Die Kelchkonsekration in der römischen Messe, in:
Theologie und Glaube 11 (1919) 424–429.
[86] Vgl. J. Brinktrine, Mysterium fidei, in: Ephem. lit. 44 (1930) 493–500,
hier 493 f.
[87] Th. Michels, Mysterium fidei im Einsetzungsbericht der römischen Liturgie, in: Catholica 6 (1937) 81–88.
[88] Dieses »sumus« findet sich in allen älteren Handschriften, z. T. auch noch
später, so in einem Sakramentar im Domschatz von Hildesheim aus dem
11. Jh.; vgl. Ebner, Iter italicum 418.
[89] Vgl. Botte, La tradition apostolique 16: »Memores igitur mortis et resurrectionis eius offerimus tibi ...«; vgl. oben S. 52.
[90] Vgl. u. a. J. Betz, Die Prosphora in der patristischen Theologie, in: B.

Wohl nicht mehr sicher zu klären ist die Frage, ob auch das Gedächtnis der Geburt des Herrn (»admirabilis natiuitatis«), das zahlreiche Handschriften vom 9. Jh. an aufweisen und das bereits von Arnobius, der zur Zeit des Papstes Leo I in Rom lebte, bezeugt wird[91], zur vorgregorianischen Redaktion gehört hat[92]. Es findet sich jedenfalls in keinem alten Text und fehlt auch in unserm Fragment.

Im 3. Teil des Gebetes (»Supplices te rogamus . . .«) verdient die Fassung »ex hoc altare sanctificationis« (von diesem Altar der Heiligung)[93] statt »ex hac altaris participatione« in der gregorianischen Redaktion Beachtung. Sie findet sich außer bei uns auch in Sto und MFr. In einigen Gelasiana, vor allem aber im ambrosianischen Canon[94], sind Erinnerungen an unsere Fassung erhalten geblieben.

Im »Memento mortuorum« begegnen uns im Regensburger Fragment erstmals Rubriken. Die erste Rubrik lautet fast gleich wie im Sakramentar von Padua (= P), wo es in Formel 885 heißt: »Si fuerint nomina defunctorum recitentur dicente diacono«. Durch diese Rubrik soll zum Ausdruck gebracht werden, daß das »Memento mortuorum« nicht in jeder Messe zu sprechen war. Im hadrianischen Canon fehlt dieses Gebet bekanntlich ganz[95], es erscheint lediglich im Meßformular für einen verstorbenen Bischof[96].

Unsere Rubrik findet sich auch in einem Lorscher Sakramentar aus dem

Neunheuser, Opfer Christi und Opfer der Kirche (Düsseldorf 1960) 99–116, bes. 99, 111, 115.

[91] Vgl. G. Morin, in: Rev. bénéd. 24 (1907) 404. Arnobius sagt in seinem um 460 entstandenen Psalmenkommentar, deutlich den römischen Canon zitierend (PL 53, 497 B): »... magna opera domini: nativitatis, passionis, resurrectionis et in caelos ascensionis ... in qua iustitia memoriam fecit mirabilium suorum dicens: Haec quotiescunque feceritis in mei memoriam facietis.«

[92] Vgl. Ebner, Iter italicum 418; DACL II, 1854 f.; Botte, Canon 63 f.

[93] In Ps 131,8 wird die Bundeslade ähnlich »arca sanctificationis« genannt; in Is 64,11 ist von der »domus sanctif.« und in Jer 17,12 (sowie Dan 8,11) vom »locus sanctif.« die Rede.

[94] Der Text lautet in den meisten ambrosianischen Meßbüchern: ex hac altaris sanctificatione« (also lediglich »sanctificatione« statt »participatione« gegenüber dem gregorianischen Canon); allein der Codex von Bergamo, der den ältesten Zeugen darstellt 9. Jh.), liest (wie bei uns): »ex hoc altari sanctificationis« (ed. Paredi 818); vgl. Eizenhöfer, Canon II S. 19.

[95] Die einzelnen Gregoriana-Handschriften, die das »Memento mortuorum« im Canon aufweisen, werden von J. Deshusses, Le sacramentaire grégorien (= Spicilegium Friburgense 16, Fribourg 1971) 90 Nr. 13bis genannt.

[96] Ed. Lietzmann 224,4–5, ed. Deshusses 1013.

10. Jh.[97], wo wie bei uns, statt »dicente diacono« in P, (sekundär?) »dicit sacerdos« zu lesen ist[98]. Die 2. Rubrik »Postquam recitati fuerint dicit sacerdos« fehlt in P, sie hat im Lorscher Sakramentar fast den gleichen Wortlaut: »Deinde cum recitati fuerint dicit sacerdos«. Einen ähnlichen Text wie bei uns haben wir auch in OrdS: »Deinde postquam recitati fuerint dicit.«[99] Durch das Regensburger Fragment bekommen somit Canon-Rubriken in relativ jungen Handschriften einen besonderen Wert, vor allem auch die in P. In P scheinen sie sogar wegen der Zuteilung der Diptychen-Verlesung an den Diakon noch ursprünglicher zu sein als die Rubrik in unserm Canon-Stück, wo die Verlesung der Namen dem Zelebranten zugewiesen wird.

Eine weitere interessante Variante zum gregorianischen Canon ist die Heiligenreihe im »Nobis quoque«[100]: ». . . petro perpetua agnae caeciliae (felicitate)[101] anastasia agathae lucia eugeniae«. Der Text lautet in Bo mit dem unsern völlig gleich, in Sto fehlt nur »eugeniae« (in MFr schließt wie gesagt der Canon defekt bereits zu Beginn des »Nobis quoque«). Die Erwähnung der römischen Märtyrer-Jungfrau Eugenia scheint der ursprünglichen Fassung anzugehören. Sie kommt nämlich in zwei Zeugen vor, die voneinander nicht direkt abhängig sind, in Bo und im Regensburger Fragment. »Eugenia« findet sich (im Wechsel mit »Euphemia«) auch in späteren Handschriften aus Italien[102]. Unsere Heiligenreihe bezeugt ferner Aldhelm († 709), De laude virg. 42 (PL 89, 142), wenn er schreibt:

> . . . praeceptor et paedagogus noster Gregorius in canone cotidiano, quando missarum sollemnia celebrantur, pariter copulasse (Agatham et Luciam) cognoscitur, hoc modo in catalogo martyrum ponens: F e l i c i t a t e A n a s t a s i a A g a t h e L u c i a[103]

[97] Vgl. CLLA Nr. 780.

[98] Vgl. A. Ebner, Iter italicum 248. Das Sakramentar von Monza (ed. Dold–Gamber 881) liest: »Hic recitantur nomina defunctorum«.

[99] Vgl. Andrieu, Ordines Romani II, 301.

[100] Vgl. V. L. Kennedy, The Saint of the Canon of the Mass (= Studi d'antichità cristiana 14, Vaticano 1938) 141–188; Ebner, Iter italicum 423 f.

[101] Das in Klammern stehende »felicitate« ist bei uns von einer anderen Hand, vermutlich vom Korrektor, über der Zeile nachgetragen. In der gregorianischen Redaktion des Canon folgt interessanterweise nach »caecilia« unmittelbar »anastasia«. Ob hier bereits ein Einfluß vorliegt?

[102] Ebner, Iter italicum (28, 171) 428 nennt die Codices in Florenz, Laur. Aed. 111 aus dem 10. Jh. und Rom, Vitt. Em. Sess. 136 aus dem 11. Jh.

[103] Vgl. Kennedy, The Saints of the Canon 170.

Eugenia wird von ihm nicht erwähnt, wie es auch in Sto fehlt; doch zitiert Aldhelm offensichtlich nicht die vollständige Heiligen-Reihe des »Nobis quoque«.

Bemerkenswert ist, daß der Angelsachse der Ansicht war, der von ihm zitierte Canon-Text gehe auf Gregor d. Gr. zurück[104]. Man hat deshalb in dieser Stelle das älteste Zeugnis für das Sacramentarium Gregorianum sehen wollen[105]. Es wird von Aldhelm jedoch nur gesagt, daß im gregorianischen Canon die zitierte Reihenfolge der weiblichen Heiligen vorkommt.

In dieser Hinsicht irrt freilich Aldhelm. Im Canon des Regensburger Fragments, der allem Anschein nach, wie das Zusammengehen mit dem Zitat nahelegt, mit dem von Aldhelm gebrauchten übereingestimmt hat, liegt, wie wir sahen, eine vorgregorianische Redaktion vor, auch wenn sie die bekannte Einfügung Gregors »Diesque nostros« enthält. Der Angelsachse war vermutlich wegen des Vorhandenseins dieser Einfügung in dem ihm bekannten Canon-Text der Ansicht, daß es sich dabei um den Canon des Papstes Gregor handle.

Das Sakramentar des Aldhelm hat, wenn nicht alles täuscht, dem gleichen Typus angehört wie das Regensburger Bonifatius-Meßbuch. Es geht wie dieses, wie wir erschließen können, auf eine Handschrift zurück, die i. J. 668 durch Hadrian, dem vormaligen Abt des Inselklosters Nisida (Nisidanum) bei Neapel, neben andern liturgischen Büchern nach England mitgebracht worden war[106]. Darüber wurde andernorts ausführlich gehandelt[107].

Unser (römischer) Canon braucht jedoch nicht schon dem Exemplar des Abtes Hadrian angehört zu haben, wenn dies auch wahrscheinlich ist. Das Fragment eines weiteren angelsächsischen Sakramentars läßt den Vorgang der Änderung erahnen. Es befindet sich in diesem, jetzt im Kloster St. Paul in Kärnten aufbewahrten Einzelblatt[108], vor den »Ora-

---

[104] Auch Jungmann, Missarum Sollemnia II, 309 spricht in diesem Zusammenhang von der »glaubwürdigen Nachricht bezüglich der beiden Martyrerjungfrauen aus Sizilien, daß Gregor d. Gr. sie in den Kanon gesetzt habe.«

[105] Vgl. F. Probst, Die ältesten römischen Sacramentarien und Ordines (Münster 1892) 300.

[106] Diese These hat neben G. Morin, in: Rev. bénéd. 8 (1891) 482 f. auch J. Chapmann, Notes on the Early History of the Vulgate Gospels (Oxford 1908) 146–151 vertreten.

[107] Vgl. K. Gamber, Das altkampanische Sakramentar, in. Rev. bénéd. 79 (1969) 329–342; vgl. auch oben S. 27 f.

[108] Vgl. Gamber, Das altkampanische Sakramentar 332–339.

tiones et praeces ieiuniorum diebus« ein eigenartige Rubrik. Sie hat folgenden Wortlaut:

> (In) hoc loco canon sequitur. quam ideo contempsi scribere quia tam (. . . est?) longus. sicut in romana ecclesia (. . .)[109] scripsi.

Ein früherer Bearbeiter des Sakramentars – wohl kaum der Schreiber des Meßbuches, aus dem das Fragment stammt – wollte damit zum Ausdruck bringen, daß in seiner Vorlage an dieser Stelle ein Canon vorhanden war, der nicht mit dem der römischen Kirche übereinstimmte[110]. Deshalb habe er ihn auch nicht abgeschrieben (»contempsi scribere«), er habe vielmehr den Canon der römischen Kirche übernommen. Da er aber davon spricht, er habe diesen Text bereits (oben) abgeschrieben, dürfen wir vermuten, daß er ihn, ähnlich wie dies in Bo und später im Sacramentarium Gregorianum (Hadrianum) der Fall ist, an die Spitze des Meßbuches gestellt hat[111].
Auf eine solche Redaktion des kampanisch-angelsächsischen Sakramentars, die den gegebenen liturgischen Verhältnissen nach Gregor d. Gr. durch die Übernahme des römischen Canon missae Rechnung trägt, dürfte unser Regensburger Bonifatius-Meßbuch zurückgehen. Vermutlich hat auch hier der Canon imAnschluß an das Kalendar an der Spitze des Sakramentars seinen Platz gehabt. Da auch die beiden anderen bisher bekannten Doppelblätter Teile der ersten Lagen der ehemaligen Handschrift darstellen, ist die Wahrscheinlichkeit groß, daß das neue Doppelblatt ebenfalls aus dem Anfang des Meßbuches stammt.
Der Bearbeiter der Vorlage des kampanisch-angelsächsischen Sakramentars von St. Paul hat dennoch, ohne es sicherlich zu wollen, einen Teil des ursprünglich an dieser Stelle vorhandenen Canon missae abgeschrieben und zwar den Schluß desselben mit der »Benedictio creaturae

---

[109] Vielleicht stand hier »utitur«.

[110] L. Eizenhöfer, Zu dem angelsächsischen Sakramentarfragment von St. Paul in Kärnten, in: Rev. bénéd. 80 (1970) 291–293 zweifelt, ob eine solche Rubrik in einem Sakramentar überhaupt denkbar sei, vor allem wegen des Gebrauchs der 1. Person Singular (S. 292). Zugegeben, die Verwendung der 1. Person Singular in der Rubrik eines Liturgiebuchs ist ungewöhnlich, es finden sich jedoch nicht selten in nicht-liturgischen Handschriften ähnliche Hinweise eines späteren Bearbeiters oder Schreibers.

[111] In MFr steht der Canon im Anschluß an die 4 Werktagsmessen; das 2. dieser Formulare findet sich teilweise in der »Orationes et preces ieiuniorum diebus« überschriebenen Messe des Blattes von St. Paul, die der Canon-Notiz folgt.

uuae«, einer bekannten Canon-Einfügung[112], die mit »Per quem haec omnia ...« schließt, und anschließend ein »Libera«-Gebet, das »Post orationem« (sc. dominicam) überschrieben ist[113]. Es ist sonst nicht überliefert. Die Formel stimmt nur in ihrer ersten Hälfte mit dem Text in unserm Regensburger Fragment überein:

Libera nos dne qs ab omni malo praeterito praesenti et futuro. et dirige omne bonum ad societatem caelestium gaudiorum. per

Ursprünglich scheint es, wie im gallikanischen so auch im römischen Ritus, verschiedene Formen des »Libera« gegeben zu haben, von denen eine im Leonianum (ed. Mohlberg 483) erhalten geblieben ist.

Wir kommen nun zu weiteren rubrikalen Angaben in unserm Fragment. Sie stehen unmittelbar nach der Canon-Doxologie (»Per ipsum ...«). Der 1. Teil der Rubrik (»Respondit populus Amen«) ist auch in andern Sakramentaren zu finden, gleichlautend (auch hier wieder) in P, kürzer in Pr und in OrdS, wo es lediglich heißt: »Respondit Amen.« Diese Fassung finden wir auch in einem frühen Gregorianum[114], während im Hadrianum »respondit« fehlt.

Der 2. Teil der Rubrik ist singulär: »Et sacerdos dicit. Sacramenta confracta dicit«. Das fehlerhafte »sacramenta confracta« ist gleichbedeutend mit »sacramentis confractis« bzw. »sacramento confracto«, wie eine Stelle bei Gregor von Tours nahelegt[115]. Zu beachten ist vor allem die Tatsache, daß die Brechung der Hostie bereits vor dem Paternoster erfolgt, während dieser Ritus in den bekannten römischen Meßbüchern seinen Platz regelmäßig erst danach hat[116].

[112] Sie findet sich sowohl im Gelasianum (V 1603) als auch im Gregorianum (ed. Lietzmann 138,4). In letzterem geht der Formel voraus: »Intra quorum nos consortio (!) non aestimator meriti sed ueniae qs largitor ammitte. per xpm dnm nrm«.
[113] Dieselbe Überschrift regelmäßig im Missale Gothicum.
[114] Im Palimpsest-Sakramentar von Arnstein (CLLA Nr. 722, ed. Dold p. 40). Über das Alter der Handschrift sowie über den Typus gibt es verschiedene Meinungen. Um 800 dürfte jedoch nicht zu hoch gegriffen sein. Jedenfalls handelt es sich nicht um eine Abschrift des Hadrianum, das Ende des 8. Jh. als Geschenk von Papst Hadrian an den Königshof in Aachen gekommen war, da einige Unterschiede zu diesem bestehen. So sind z. B. die Präfationen der einzelnen Vigilmessen in den Festtagsmessen nicht mehr ausgeschrieben, wie dies in den reinen Hadriana-Handschriften der Fall ist.
[115] Gregor, De glor. mart. I 86 (PL 71, 782 B): »... c o n f r a c t o dominici corporis s a c r a m e n t o«.
[116] Vgl. B. Capelle, Le rite de la fraction dans la messe romaine, in: Rev. bénéd. 53 (1941) 5–40.

Auffällig ist ferner das zweimalige »dicit«. Hier muß kein Schreibfehler vorliegen, wie man auf den ersten Blick vermuten könnte. Nach dem ersten »dicit« scheint vielmehr etwas ausgefallen zu sein, allem Anschein nach ein Gebet. Aber welches?

Es bieten sich vor allem zwei Texte an: erstens eine Formel, die ähnlich gelautet haben könnte wie im ambrosianischen Ritus (»Commixtio consecrati corporis . . .«)[117], wo heute noch die Fractio panis, aber auch die Immixtio vor dem Paternoster erfolgt, also etwa »Fiat commixtio et consecratio . . .« wie in zahlreichen späteren römischen Meßbüchern nach dem »Pax domini«[118], und zweitens eine Oration, die in Sto an der gleichen Stelle ihren Platz hat, an der bei uns die Rubrik »Et sacerdos dicit« zu finden ist, also unmittelbar vor dem Paternoster. Sie lautet:

> Credimus dne. credimus in hac fractione corporis et effusione sanguinis nos esse redemptos. et confidimus sacramenti huius adsumptione munitos. ut quod spe interim hic tenemus. mansuri in caelestibus ueris fructibus perfruamur. per dnm

Wir werden darauf nochmals zurückkommen. Zuvor ist daran zu erinnern, daß es Papst Gregor war, der die Brechung der Hostie auf ihren späteren Platz nach dem Paternoster verlegt hat. Von der Verlegung des Herrengebets an seine jetzige Stelle gleich nach dem Canon erfahren wir in einem Brief des Papstes an den Bischof Johannes von Syrakus, in dem er diese liturgische Änderung verteidigt[119]:

> Orationem vero dominicam idcirco mox post precem (sc. canonicam)[120] dicimus, quia mos apostolorum fuit, ut ad ipsam solummodo orationem oblationis (= synonym für »precem canonicam«)[121] hostiam consecrarent. Et valde mihi inconveniens visum est, ut precem quam scholasticus composuerat super oblationem diceremus, et ipsam traditionem quam redemptor noster composuit super eius corpus et sanguinem non diceremus[122].

[117] So im Sakramentar von Biasca (ed. Heiming 775).
[118] Vgl. Capelle, Le rite de la fraction 30; Martimort, Handbuch I, 444.
[119] Gregor, Ep. IX, 12 (PL 77, 956 f.).
[120] Vgl. oben Fußnote 12.
[121] Vgl oben Fußnote 14.
[122] Eine eingehende Interpretation der Stelle bei J. R. Geiselmann, Die Abendmahlslehre an der Wende der christlichen Spätantike zum Frühmittelalter (München 1933) 209–217. Kurze Zusammenfassung der bisherigen Ansichten bei Jungmann, Missarum Sollemnia II, 337 f. Neuerdings hat sich I. Furberg, Das Pater noster in der Messe (= Bibliotheca Theologiae practicae

Nach den Worten Gregors haben die Apostel allein durch die »oratio oblationis«, also durch das Eucharistiegebet, konsekriert[123], alles andere, was darauf folge, sei späterer Zusatz. Dazu gehöre ein Gebet, das ein Gelehrter verfaßt habe (»quam scholasticus composuerat«). Diese Oration hat allem Anschein nach der Papst damals abgeschafft und an deren Stelle das Gebet des Herrn (»quam redemptor noster composuit«) unmittelbar nach dem Canon, also noch vor der Brotbrechung, sprechen lassen.

Das von Gregor erwähnte Gebet eines »scholasticus« könnte die ausgefallene Formel sein, von der im Regensburger Fragment nur noch die Einführungsrubrik erhalten geblieben ist. Wegen der nahen Verwandtschaft unseres Textes zu dem in Sto, auf die oben immer wieder verwiesen werden konnte, darf man annehmen, daß diese ausgefallene Formel das eben zitierte Gebet »Credimus dne ...« war. Es hat nämlich hier, wie gesagt, seinen Platz unmittelbar vor dem Paternoster.

Man könnte einwenden, daß es sich bei dieser Formel um ein Gebet aus der gallikanischen Liturgie handelt, da es fast wörtlich auch im Missale Gothicum (ed. Mohlberg 516) vorkommt und da ferner auch sonst in Sto gallikanische Formeln zwischen rein römischen Gebeten zu finden sind.

Dieser Einwand ist durchaus ernst zu nehmen. Man kann ihn jedoch mit dem Hinweis entkräftigen, daß auch in anderen gallikanischen und irischen Meßbüchern Formeln römischen Ursprungs Aufnahme gefunden haben und daß solche gerade im Missale Gothicum sehr zahlreich sind. Dazu kommt noch, daß hier auf das Gebet »Credimus dne« unmittelbar die nicht-gallikanische, sondern römische, näherhin unsere vorgregorianische Einleitung zum Paternoster »Diuino magisterio edocti ...« (517) folgt und daß auch die Formel »Post communionem« (519) deut-

---

21, Lund 1968) 63–111 abermals eingehend mit der »Vaterunser-Reform Gregors« befaßt. Ich kann ihm jedoch nicht folgen, wenn er S. 76 die Zusammengehörigkeit von »orationem oblationis« leugnet. Selbst wenn diese nicht vorauszusetzen wäre, so läge doch der gleiche Sinn vor, weil auch »oratio« allein, wie bereits O. Casel, in: JLW 4 (1924) 176 bemerkt hat, den Canon bedeuten kann (vgl. oben Fußnote 14 und unten Fußnote 123). Da die Bezeichnung »oratio oblationis« um einige hundert Jahre älter ist als Gregor, besteht die Schwierigkeit, die Furberg 77 f. hinsichtlich eines ursprünglich griechischen Ausdruckes sieht, offensichtlich nicht.

[123] Auch Ambrosius hat noch dem Eucharistiegebet als solchem und nicht allein den Worten des Einsetzungsberichts konsekratorische Kraft zugeschrieben; vgl. oben Seite 57 f.

lich römischen Gebetsstil verrät[124]. Es scheint demnach der gesamte Orationen-Komplex aus einem römischen Liturgiebuch entnommen zu sein. Zu einer letzten Sicherheit in dieser Frage können wir freilich nicht kommen.

Bei der Formel »Credimus dne« in Sto bzw. im Missale Gothicum handelt es sich um ein Beispiel für das schon in der frühen Liturgie übliche Brotbrechungsgebet (εὐχὴ τῆς κλάσεως), wie es u. a. in der alten koptischen Liturgie vorhanden war. Die Überschrift »Brotbrechungsgebet« wird dort heute noch zum Einleitungsgebet des Paternoster gebraucht[125]. Es war auch im gallikanischen Ritus in Resten erhalten, so in der »Collectio ad panis fractionem« im Missale Gothicum (ed. Mohlberg 272)[126]. G. Gaßner meint, das »Fehlen (dieses Gebetes) in der römischen Liturgie scheint man noch nach Gregor gespürt zu haben. Denn als Gebet zur Brechung des Brotes führte Sergius das Agnus Dei ein[127].«

Das andere neben »Credimus dne« in Frage kommende Gebet, nämlich die Formel »Fiat commixtio et consecratio . . .« hat erst in der Zeit nach Gregor in die römische Messe Eingang gefunden und dürfte schon deshalb für unsere Untersuchung ausscheiden[128]. Die Formel fehlt noch in der ältesten Fassung der Papstmesse im Ordo Romanus I, wo die Brechung der Hostie nach dem Friedenskuß angesetzt ist (n. 97)[129]. Sie kann auch deshalb nicht gemeint sein, weil sie ein Gebet zur Immixtio darstellt und kein solches zur Fractio. Und nur davon ist in der Rubrik des Regensburger Fragments die Rede (»sacramenta confracta«).

[124] Eine Abhängigkeit von einigen mozarabischen »Credimus«-Gebeten, die zur Einleitung des Glaubensbekenntnisses (»Credimus«) nach dem Einsetzungsbericht dienen (z. B. Liber Mozarabicus ed. Férotin 70), scheint ebenfalls nicht zu bestehen, da diese keinerlei Beziehung zum Brotbrechungsakt besitzen.

[125] Vgl. Jungmann, Missarum Sollemnia II, 337 Anm. 10; K. Gamber, in: Ostkirchl. Studien 22 (1973) 326.

[126] Vgl. K. Gamber, in: Fischer–Wagner, Paschatis Sollemnia (Freiburg 1959) 165 f.

[127] G. Gaßner, Das Selbstzeugnis Gregors d. Gr. über seine liturgischen Reformen, in: JLW VI (1926) 218–223, hier 222.

[128] A. Baumstark, Missale Romanum (Eindhoven–Nijmegen 1929) 13 f. vermutet, daß die von Marius Victorinus (PL 8, 1094 D) genannte »oratio oblationis«, aus der er einen Satz wörtlich anführt, hier ihren Platz gehabt hat. Es handelt sich jedoch, wie ich zeigen konnte (Missa Romensis 13 ff.), um ein Gebet nach dem Paternoster. An späterer Stelle spricht Victorinus in exakterer Form davon, daß das von ihm teilweise zitierte Gebet »in oblatione dicitur« (PL 8, 1063 B), also innerhalb der Messe, seinen Platz hat.

[129] Vgl. Andrieu, Ordines Romani II, 98; vgl. B. Capelle, Le rite de la fraction dans la messe romaine, in: Rev. bénéd. 53 (1941) 5–40, hier 25.

Wann die Immixtio im römischen Ritus eingeführt wurde, wissen wir nicht[130]. Wir müssen jedenfalls drei Arten einer solchen Immixtio unterscheiden: die eines Teils der in der gegenwärtigen Messe konsekrierten Hostie in den konsekrierten Kelch, ferner die des sog. Fermentum aus einer vorausgegangenen Meßfeier in diesen[131] und schließlich die in Ägypten und im (wohl ravennatischen) Ordo Romanus IV vorkommende Immixtio eines konsekrierten Partikels in einen nicht-konsekrierten Kelch mit Wein, der für die Kommunion des Volkes verwendet wurde[132], ein Brauch der in der bisherigen römischen Karfreitagsliturgie erhalten geblieben war[133].

Die singuläre Rubrik »sacramenta confracta dicit« im Regensburger Fragment beweist erneut, daß unser Canon-Text trotz des eingefügten »Diesque nostros« die vorgregorianische Redaktion bewahrt hat. Deutlich vorgregorianisch ist auch die Einleitungsformel zum Paternoster, von der oben schon kurz im Zusammenhang mit dem Vorkommen der »Credimus dne«-Formel im Missale Gothicum die Rede war, sowie der anschließende Embolismus, das »Libera«-Gebet. Hier sind die Abweichungen gegenüber der gregorianischen Redaktion besonders deutlich. Hingewiesen sei auf die Einzahl »ab omni malo«[134] und auf das Fehlen der Namen der Gottesmutter und des heiligen Andreas. Letzterer wurde (spätestens) unter Papst Gregor in den Embolismus eingefügt[135].

Was im Regensburger Bonifatius-Meßbuch auf das »Libera«-Gebet noch gefolgt ist, wissen wir leider nicht, da das Fragmentblatt in der Schlußformel abbricht. Möglicherweise standen hier außer einer Rubrik ähnlich der in P (ed. Mohlberg 893) nur mehr die auch in Sto und Bo erscheinende Oration »Gratias tibi agimus ...«[136], sodaß also nicht viel vom restlichen Canon missae verloren gegangen wäre. Eine Immixtio-

---

[130] Vgl. M. Andrieu, Immixtio et consecratio (Paris 1924).

[131] Vgl. J. A. Jungmann, Fermentum, in: Liturgisches Erbe und pastorale Gegenwart (Innsbruck 1960) 379–389.

[132] Vgl. K. Gamber, Der Ordo Romanus IV, in: Römische Quartalschrift 66 (1971) 154–170, hier 168.

[133] In einem beneventanischen Plenarmissale, jetzt in Berlin, Cod. lat. fol. 920 aus der 1. Hälfte des 12. Jh., findet sich am Karfreitag die Rubrik: »Post haec tollat particulum de corpore dni. Et mittit in calicem nichil dicens. et sic communicent omnes cum silentio« (fol. 123r).

[134] Sie findet sich auch im »Libera« des mehrmals erwähnten Fragments in St. Paul und in der Formel L 483.

[135] Vgl. J. Beran, Hat Gregor d. Gr. dem Embolismus der römischen Liturgie den Namen des hl. Andreas beigefügt?, in: Ephem. lit. 55 (1941) 81–87.

[136] Zu dieser Oration vgl. Missa Romensis 41–46.

Formel fehlt in Bo bezeichnenderweise ganz, in Sto scheint sie sekundär zu sein.

Ein Wort noch zum Fehlen der Kreuzzeichen im Canon[137] des Regensburger Fragments[138]. Diese Tatsache scheint ein Hinweis dafür zu sein, daß die ehemalige Handschrift vor dem Jahr 751 entstanden ist. Wir besitzen nämlich einen Brief des Papstes Zacharias aus diesem Jahr, in dem dieser eine Anfrage des Bonifatius hinsichtlich der im Canon vom Priester zu vollziehenden Kreuzzeichen wie folgt beantwortet[139]:

> Nam et hoc flagitasti a nobis sanctissime frater in sacri canonis praedicatione in locis cruces facere debeantur tuae significemus sanctitati? Votis autem tuis clementer inclinati, in rotulo praedicto Lul religioso presbytero tuo per loca signa sanctae crucis fieri debeant infiximus.

Auf einem Rotulus mit dem römischen (gregorianischen) Canon, den der Papst an Bonifatius durch den Priester Lul gesandt hat, waren demnach an den betreffenden Stellen die Kreuzzeichen angebracht[140], während im angelsächsischen Meßbuch, das Bonifatius bis dahin benützt hat und zu dem das Regensburger Exemplar gehört, solche offensichtlich noch gefehlt haben.

Um dem Brauch der römischen Kirche zu folgen – eine Forderung, die bereits von Innocenz I (402–417)[141] und dann in stärkerem Maße von den Päpsten des 8. Jh. erhoben wurde[142] – genügte es damals, wie es

---

[137] Vgl. J. Brinktrine, Die Kreuzzeichen im Kanon, in: Die heilige Messe (³Paderborn 1950) 325–333; L. Eisenhofer, Handbuch der kathol. Liturgik II (Freiburg 1933) 171 f.

[138] In Bo findet sich von erster Hand je ein Kreuzzeichen bei »haec dona«, »Quam oblacione«, »adscriptam«, »ratam«, »benedixit« (zweimal), »hostiam inmaculatam«, »panem scm«, »benedices«. In MFr fehlen wie bei uns Kreuzzeichen im Canon ganz, dagegen weist das Palimpsest-Meßbuch in Montecassino (um 700), das die gregorianische Fassung des Canon wiedergibt, bereits Kreuzzeichen auf; vgl. oben Fußnote 37.

[139] Vgl. MG, Epist. mer. I (Berlin 1892) 372, Ph. H. Külb, Sämtliche Schriften des hl. Bonifatius (Regensburg 1859) I, 256.

[140] Es kann sich aber auch um den Ordo VII: »Qualiter quaedam orationes et cruces in Te igitur agendae sunt« handeln; vgl. Andrieu, Ordines Romani II, 282–305.

[141] In seinem Brief an Bischof Decentius von Gubbio (PL 20, 551).

[142] So wird im Capitulare, das i. J. 716 von Papst Gregor II der nach Bayern gesandten Kommission mitgegeben wurde, eigens verlangt, daß sich die bayerischen Priester bei der Feier der heiligen Messe und im Chorgebet »secundum traditam apostolicae sedis antiquitatis ordinem« (n. 2) richten sollten (PL 89, 532).

scheint, den Meßritus von Rom zu beobachten. Vor allem aber wurde darauf gesehen, daß man den römischen Canon verwendet hat, anscheinend um die Sicherheit der Konsekration zu gewährleisten und vielleicht auch um seine Rechtgläubigkeit zu dokumentieren.

Der Canon steht deshalb innerhalb einer »Missa romensis cottidiana« an der Spitze des gallikanischen Bobbio-Missale und am Schluß des ebenfalls gallikanischen Missale Gothicum[143], beide aus dem Anfang des 8. Jh. Ebenso hat Papst Vigilius (538–555) an Profuturus, Bischof von Braga (in Galäcien) lediglich den Canon missae und nicht etwa ein ganzes Meßbuch übersandt[144].

*

Durch das neu aufgefundene Doppelblatt eines Bonifatius-Meßbuches – das dürfen wir abschließend sagen – ist neues Licht nicht nur in die Frage der Gestalt des römischen Canon bei den angelsächsischen Missionaren, sondern auch in der Frage einer vorgregorianischen Redaktion desselben gekommen. Es wurde erneut die Meinung bestätigt, daß die früher bisweilen als »irische Überlieferung« bezeichnete Fassung des Canon[145] im wesentlichen diese ältere römische Tradition darstellt.

Ihr Vorkommen beschränkt sich zudem nicht auf Irland (Zeugen: Sto und IrS), sie findet sich auch bei den Angelsachsen (Adelhelm und unser Fragment), ferner in Gallien (MFr) und in Oberitalien (Bo). Der vorgregorianische Canon hat seine Spuren in den Gelasiana und z. T. sogar noch in relativ späten Meßbüchern hinterlasesn. Man findet ihn überall dort, wo die römische Liturgie eingeführt bzw. verwendet worden ist. Handschriftliche Zeugen aus Mittelitalien und aus Rom selbst fehlen aus der frühen Zeit ganz.

Da verschiedene Lesarten der vorgregorianischen Redaktion auch, wie gesagt, in den Gelasiana vorkommen und da man nicht annehmen kann, daß sie nachträglich in diesen eingeführt wurden, muß das sog. Gelasianum noch vor der des Papstes Gregor d. Gr. redigiert worden sein und

---

[143] Leider ist nur mehr der Beginn der »Missa cottidiana rominsis« erhalten; auch im mozarabischen Liber ordinum leitet diese römische Messe den 2. Teil des Liturgiebuchs ein; vgl. CLLA Nr. 391.

[144] Vgl. J. O. Bragança, A Liturgia de Braga, in: Miscellanea Férotin (Barcelona 1965) 259–281, wo auf PL 69, 18 verwiesen wird: »Quapropter et ipsius c a n o n i c a e p r e c i s textum direximus subter adiectum, quem deo propitio ex apostolica traditione suscepimus.«

[145] Botte, Canon 11 nennt sie »le croupe gallican«.

nicht, wie A. Chavasse meint[146], erst im 7. Jh. als Meßbuch für die Titelkirchen in Rom. Hier hätte man sicher die gregorianische Fassung des Sakramentars übernommen.

Daß der Canon in den Gelasiana nicht mehr in allen Punkten die vorgregorianische Redaktion wiedergibt, hängt damit zusammen, daß er wahrscheinlich bald nach 600 eine Überarbeitung nach dem Text Gregors erfahren hat[147]. Dabei wurde jedoch dieser neue Text offensichtlich nicht einfach übernommen. Dies zeigen deutlich stehen gebliebene Lesarten aus der älteren Redaktion des Canon.

Daß auch in der Folgezeit in den einzelnen Handschriften weitere Angleichungen an den Canon-Text Gregors vorgenommen worden sind, wird durch den Umstand deutlich, daß nicht mehr in allen Gelasiana-Handschriften, wie wir sahen, die gleichen alten Lesarten vorkommen. Nicht einmal im Codex V, der unter diesen Meßbüchern am ältesten und ursprünglichsten ist, sind sie mehr in ihrer Gesamtheit zu finden. Weit zahlreicher sind die dagegen noch in Pr, dem Regensburger Tassilo-Sakramentar.

In welcher Weise die spätere Angleichung an den gregorianischen Text erfolgt ist, wird am deutlichsten im Bobbio-Missale (Bo), wo ein Korrektor zahlreiche Lesarten der vorgregorianischen Redaktion getilgt und durch die neue Fassung ersetzt hat. Wenn ein späterer Schreiber den Canon dieses Meßbuches abgeschrieben hätte, wäre bei Beachtung aller Korrekturen weitgehend die gregorianische Fassung herausgekommen. Auch unser Fragment zeigt an einer Stelle eine solche Anpassung an diese Fassung, nämlich in der Hinzufügung des »qs« zu Beginn des »Libera«-Gebets. Es wurde von einer späteren Hand nachträglich über der Zeile eingefügt, ähnlich wie dies auch im Stowe-Missale an dieser Stelle erfolgt ist. Sonst sind bei uns, wenn man von der Hinzufügung »dne« im »Memento«-Gebet absieht, so gut wie keine Angleichungen an die gregorianische Rezension zu erkennen – außer natürlich der Hinzufügung des »diesque nostros« im »Hanc igitur«, die in keiner erhaltenen Canon-Handschrift fehlt.

---

[146] A. Chavasse, Le sacramentaire gélasien. Sacramentaire presbyteral en usage dans le titres romains au VIIe siècle (= Bibliothèque de Theologie IV, 1 Paris 1957) passim, dazu: C. Coebergh, Le sacramentaire gélasien une compilation de clercs romanisants du VII siècle, in: ALW VII (1961) 45–88.

[147] Diese Überarbeitung hat so gut wie sicher in Ravenna stattgefunden, aus welcher Metropole auch die älteste handschriftliche Bezeugung der gregorianischen Redaktion erhalten ist (um 700); vgl. oben Fußnote 37.

Wir können deshalb sagen, daß das Regensburger Fragment weitgehend die vorgregorianische Fassung des römischen Canon missae darstellt und deshalb einen wichtigen Zeugen für diese abgibt. Durch den Neufund gewinnen zudem, wie wir sahen, einige bisher wenig beachtete Varianten in den bereits bekannten Handschriften neuen Wert.

Zum Sacramentarium Gregorianum

*Der fränkische Anhang**

Die jüngste Sakramentarforschung hat zu der Erkenntnis geführt, daß jenes Sakramentar, das Papst Gregor d. Gr. (590–604) zu Beginn seines Pontifikats zusammengestellt hat, das sog. Gregorianum (= Gr), nur für den päpstlichen Stationsgottesdienst bestimmt war[1]. Daß dieses Meßbuch schon bald auch außerhalb Roms Verwendung gefunden hat, lag sicher nicht in der Absicht Gregors[2].

Verschieden waren die Versuche, dieses römische Stationsmeßbuch den Bedürfnissen der einzelnen Kirchen außerhalb Roms anzupassen. Die früheste derartige Anpassung dürfte noch zu Lebzeiten Gregors in Ravenna erfolgt sein. Dabei wurde das Gr mit dem bisher hier gebrauchten sog. Gelasianum[3] sehr glücklich zu einem neuen Meßbuch verschmolzen, dem sog. Gelasianum mixtum[4].

In Ravenna erfolgte bereits etwa 100 Jahre später, also um 700, eine abermalige Bearbeitung des Gelasianum mixtum, bei der das gregorianische Element noch stärker herausgearbeitet erscheint. Sie liegt im Lektionar-Sakramentar von Montecassino, einer Palimpsest-Handschrift aus dieser Zeit, vor. Leider enthält sie nicht mehr den vollständigen Text[5].

Hier sind nun weitere, jüngere Versuche zu nennen, die ebenfalls eine Anpassung des Gr an außerrömische Verhältnisse darstellen. Bei diesen jüngeren Bearbeitungen wurde, wohl aus Pietät gegen den hl. Gregor, das von ihm redigierte Sakramentar als solches unangetastet gelassen. Die notwendigen Ergänzungen hat man vielmehr in einem eigenen Anhang (Appendix) zusammengestellt.

---

* Erstmals erschienen in: Sacris erudiri 21 (1972/73) 267–289.
[1] Vgl. H. Lietzmann, Auf dem Wege zum Urgregorianum, in Jahrbuch für Liturgiewissenschaft 9 (1929) 132–138; K. Gamber, Wege zum Urgregorianum (Texte und Arbeiten, 46, Beuron 1956).
[2] Wie verschiedene Aussprüche Gregors beweisen; vgl. K. Gamber, Missa Romensis (Studia patristica et liturgica 3, Regensburg 1970) 89–90.
[3] Vgl. Missa Romensis 107–115.
[4] Vgl. Missa Romensis 122–128.
[5] Vgl. K. Gamber, Codices liturgici latini antiquiores (Spicilegii Friburgensis Subsidia 1, 2. Aufl., Freiburg/Schweiz 1968) Nr. 701; im folgenden »CLLA« abgekürzt.

Der fränkische Anhang, dessen Redaktion bisher Alkuin zugeschrieben wurde[6], war nicht die einzige derartige Ergänzung, die das Gr im 8. Jh. erfahren hat. Noch kaum erforscht sind die Anhänge einiger oberitalienischer Gregoriana, zu denen auch der Codex Tridentinus (CLLA Nr. 724) aus der Zeit um 825 gehört[7]. Eine Arbeit über die beiden Veroneser Gregoriana (CLL Nr. 725/726) soll folgen[8].

1. Die Hypothese von J. Deshusses

Die folgende Untersuchung beschränkt sich auf den fränkischen Anhang zum Gr (= GrA) und versucht, Zeit und Ort der Redaktion zu bestimmen, vor allem im Hinblick auf die durch J. Deshusses erfolgte Zuweisung dieses Appendix an Benedikt von Aniane († 821), den Gründer der Klöster Aniane (in Aquitanien) und Cornelimünster[9].

Die bisherige Anschauung war die, daß Alkuin, der Hoftheologe Karls d. Gr., in den Jahren zwischen 801 und 804 das gegen Ende des 8. Jh. von Papst Hadrian I (772–795) an König Karl übersandte Gr, das nach seinem Absender meist »Hadrianum« (= H)[10] genannt wird, mit einem umfangreichen Anhang versehen hat. Bei dessen Redaktion habe er fast ausschließlich die (fränkischen) Gelasiana saec. VIII benützt.

[6] Wichtigste Literatur zur Frage: S. Bäumer, Über das sog. Sacramentarium Gelasianum, in: Historisches Jahrbuch 14 (1893), 251–301; G. Manz, Ausdrucksformen der lateinischen Liturgiesprache (Texte und Arbeiten, 1. Beiheft, Beuron 1941) 29–42: Zu Alcuins Ausdrucks- (und Arbeits)weise bzw. seine Quellen (= Manz); E. Bourque, Étude sur les sacramentaires romains, II, 2, Le Sacramentaire d'Hadrien, Le Supplément d'Alcuin et les Grégoriens mixtes (Studi di Antichità Cristiana 25, Roma 1958) vor allem 196 ff. (= Bourque); O. Heiming, Aus der Werkstatt Alkuins, in: Archiv für Liturgiewissenschaft IV, 2 (Regensburg 1956) 341–347; J. Deshusses, Le »Supplément« au Sacramentaire grégorien: Alcuin ou Saint Benoît d'Aniane?, ebd. IX, 1 (Regensburg 1965) 48–71 (= Deshusses).
[7] Vgl. Missa Romensis 137–150.
[8] Die Sonntagsmessen dieser beiden Codices sind herausgegeben von A. Dold – K. Gamber, Das Sakramentar von Salzburg (Texte und Arbeiten, 4. Beiheft, Beuron 1960) Anhang I.
[9] Vgl. Deshusses, a.a.O. (Fußnote 6); Nicolai, Der hl. Benedict, Gründer von Aniane und Cornelimünster (Köln 1865).
[10] Herausgegeben von H. Lietzmann, Das Sacramentarium Gregorianum nach dem Aachener Urexemplar (Liturgiew. Quellen und Forschungen 3, Münster 1921) (Neudruck 1958).

Die angenommene Zeit zwischen den Jahren 801 und 804, dem Todesjahr Alkuins, ergibt sich aus der Absage, die dieser 801 in einem Brief an Eanbald, den Erzbischof von York, auf dessen Bitte um die Redaktion eines neuen Meßbuchs gemacht hat[11]. Es ist jedoch wenig wahrscheinlich, daß Alkuin seine Meinung so rasch, nämlich schon in den nächsten zwei bis drei Jahren, geändert haben sollte[12].

Aus diesen und anderen Gründen hat der verdiente Sakramentarforscher Dom Deshusses den Nachweis zu erbringen versucht, daß es nicht Alkuin, sondern Benedikt von Aniane war, der den bekannten Appendix zusammengestellt hat. Als Zeitpunkt der Redaktion wird von ihm das 1. Jahrzehnt des 9. Jh. angenommen[13].

Die Gründe, die Deshusses für seine Hypothese vorbringt, scheinen auf den ersten Blick recht einleuchtend zu sein. Die Annahme einer Redaktion durch Abt Benedikt wird jedoch bereits durch die handschriftliche Überlieferung etwas in Frage gestellt. Es ist jetzt nämlich ein Fragment gefunden worden, das nach Mitteilung von Prof. B. Bischoff aus dem Anfang des 9. Jh. stammt[14], also etwa aus der gleichen Zeit, in die von Deshusses die Redaktion des GrA verlegt wird.

---

[11] Vgl. Deshusses 59; Bourque 171.

[12] Eine Autorschaft des Alkuin (Albinus) hinsichtlich des GrA erwähnt lediglich eine recht späte Notiz, nämlich im Micrologus des Bernold von Konstanz († 1100); vgl. PL 151, 1020. Weiter wurde bisher als Beweis herangezogen eine Angabe im Bücherverzeichnis von Saint-Riquier (Centula) in der Picardie v. J. 831, in dem unter den »libris qui ministerio altaris deserviunt« auch ein »missalis gregorianus et gelasianus temporibus ab Albino ordinatus« aufgezählt wird; vgl. Bourque 151. Während Deshusses 65 in dieser Angabe das kleine Meßbuch Alkuins mit den Wochentagsmessen sehen will, ist eher an eine Redaktion des (oberitalienischen) Gelasianum mixtum durch Alkuin zu denken, wie sie im bekannten Sakramentar von Angoulême (CLLA Nr. 860) vorliegt; vgl. Ch. Hohler, in: The Journal of Ecclesiastical History 8 (1957) 222–226.

[13] Vgl. Deshusses 58 und 65; jedenfalls aber noch, wie er meint, vor dem Jahr 810, dem (mutmaßlichen) Zeitpunkt der Niederschrift des Meß-Libellus von Gellone, in dem zu Beginn zwei Formulare erscheinen (»Pro regibus« und »Missa monachorum«), die ebenfalls in GrA vorkommen; vgl. R. Amiet, Le plus ancien témoin du supplément d'Alcuin, in: Ephem. lit. 72 (1958) 97–110. Die unmittelbare Herkunft der beiden Formulare aus GrA ist jedoch keineswegs erwiesen, da sie auch im Gelasianum erscheinen; vgl. auch CLLA Nr. 705.

[14] Im Brief an den Verfasser vom 9. Juli 1967. In einem Brief vom 15. 12. 1969 äußerte sich Prof. Bischoff auf Anfrage nochmals und meinte: »Für das Fragment hielt ich eine Entstehung vor 800 für ganz ausgeschlossen. ›Saec. IX in.‹ aber zwar enger gemeint als ›saec. IX¹‹, läuft jedoch praktisch auf

Es ist aber in der ganzen Sakramentargeschichte so gut wie kein Fall bekannt, daß die Redaktion eines Liturgiebuchs zeitlich so nah mit der ersten handschriftlichen Bezeugung zusammenfällt, wie es hier der Fall wäre. Dies widerlegt zwar die Ansicht von Deshusses noch nicht, bringt jedoch bereits einen Unsicherheitsfaktor hinein.

Wir sind aber, was den Zeitpunkt der Redaktion des fränkischen Anhangs zum Gr betrifft, auf die handschriftliche Überlieferung allein nicht angewiesen. Prüfen wir zuerst einmal die Gründe, die Deshusses bewogen haben, die Redaktion des GrA dem Abt Benedikt zuzuschreiben.

Vor allem sind dies nach seiner Meinung deutliche Beziehungen, die zwischen dem Prolog »Hucusque . . .«, mit dem in den Handschriften unser GrA eingeleitet wird[15], und dem Prolog zur Concordia Regularum des Benedikt von Aniane bestehen. Deshusses ist (S. 67–69) der Ansicht, beide Prologe müßten vom gleichen Verfasser stammen. Doch läßt sich dies in keiner Weise aus dem Vergleich zwischen beiden Texten schließen.

Im Gegenteil: eine literarische Abhängigkeit, auch wenn sie nicht so weitgehend ist wie zwischen den Prologen »Hucusque« und »Hunc codicem«, mit welch letzterem der Anhang zum Lektionar Alkuins eingeleitet wird, die Deshusses in seiner Untersuchung (S. 66) ebenfalls zum Vergleich heranzieht, schließt fast immer eine Abfassung durch denselben Verfasser aus.

Es ergibt sich aus der nicht zu leugnenden Abhängigkeit zwischen dem Prolog Hucusque und dem Prolog zur Concordia Regularum mit Sicherheit nur, daß der Verfasser dieser Schrift, also Benedikt von Aniane, den Prolog zum GrA gekannt hat.

Noch weniger kann man Deshusses folgen wenn er eine Abhängigkeit des Prologs Hucusque vom 2. Prolog zur Concordia Regularum, der in Versen abgefaßt ist, sehen will, wobei er letzteren, zusammen mit dem

das I. Drittel IX. Jhs. hinaus«. – Auf welchem Weg das Fragment in die B. Staatsbibliothek München gelangt ist, wissen wir nicht. Es ist nur soviel bekannt, daß es einem Buch entnommen wurde, dessen Besitzer »Jeorius Flöß« hieß (sein Name steht auf dem Fragmentblatt).

[15] Die älteste Druckausgabe des Prolog Hucusque findet sich bei Pamelius, Liturgicon Ecclesiae Latinae II (1571) 288; später abgedruckt bei Muratori, Liturgia Romana Vetus II (1748) 271–272; MGH, Epistolae karolini aevi III (1899) 579–580; H. W. Wilson, The Gregorian Sacramentary (London 1915) 145–146; DACL VI, 2 (1925) 1793–94; Bourque 178–88; ausführlicher Kommentar bei E. Bishop, Liturgica Historica (Oxford 1918) 50–53.

1. Prolog, ebenfalls als zeitlich vor unserm Prolog zum GrA entstanden betrachtet. Der in beiden Fällen gleiche Gedanke (velut flores pratorum vernantes carpere et in unum congerere), den Deshusses als Beweis heranzieht, ist jedoch nicht gerade originell.

Es besteht also, wie bereits Bourque erkannt hat (S. 153–154), deutlich eine literarische Abhängigkeit zwischen den genannten Prologen. Während Deshusses an einen und denselben Verfasser, nämlich Benedikt von Aniane, denkt, ist dies nach unserer Ansicht in keiner Weise evident[16].

Diese literarische Abhängigkeit setzt jedoch voraus, daß der fränkische Anhang zum Gr, der mit dem Prolog Hucusque eingeleitet wird, zu Beginn des 9. Jh. im südlichen Frankenreich, näherhin in Aniane (bei Gellone), wo damals Benedikt Abt war, liturgisch gebraucht wurde.

Die handschriftliche Überlieferung scheint dies zu bestätigen. So besitzen wir zwei Gr-Handschriften, von denen die eine in Lyon, die andere in Arles beheimatet war (CLLA Nr. 730 und 744) und deren Entstehung im 1. oder 2. Viertel des 9. Jh. liegt. Sie sind die ältesten Codices überhaupt, die den GrA vollständig enthalten. Zu diesen Voll-Handschriften tritt nun unser neues Fragment, das nach B. Bischoff ebenfalls aus dem südlichen Frankreich stammt.

2. Das älteste Fragment des fränkischen Anhangs

Das im folgenden veröffentlichte Fragment bildet ein an allen Seiten beschnittenes Einzelblatt (ca. 19,5 × 14 cm). Es wird als Clm 29163 f in der Bayerischen Staatsbibliothek München aufbewahrt. Die wohlgeformten Buchstaben und die großen, kunstvollen Initialen mit Flechtbandmustern lassen auf eine gute Schreibschule schließen.

Die Schrift zeigt noch Doppelformen (*d,s*) und Ligaturen (*ae, re, ro, ec, et, ct, st*), ferner nach unten gezogene *r* und *g* (letzteres in unzialer

---

[16] So haben auch E. Bishop, Liturgica Historica (1918) 334 ff. und Bourque 154 eine Abhängigkeit des Benedikt von Aniane vom Prolog Hucusque angenommen und nicht umgekehrt. Eine weitere Schwierigkeit für seine These wurde von Deshusses selbst gesehen, wenn er p. 69 schreibt: »Mais, il faut le répéter, ce ne sont là que conjectures, qui se trouveront confirmées ou infirmées le jour ou l'on aura précisé la chronologie littéraire du saint abbé d'Aniane«. Wobei auch hier wieder unser Fragment, dessen Niederschrift zu Beginn des 9. Jh. liegt, eine Rolle spielen dürfte.

Form). Das *e* ist durch einen Verbindungsstrich fast immer mit dem nachfolgenden Buchstaben verbunden; als Schluß-*e* wird der Verbindungsstrich, ähnlich wie beim Schluß-*t* und -*r*, zu einem nach oben gezogenen Ansatz geformt. Das *h* und *l* haben gelegentlich oben einen langgezogenen Anstrich.

Die Abkürzungen entsprechen denjenigen, wie wir sie in den liturgischen Codices der gleichen Zeit vorfinden. Eigens erwähnt seien hier nur: a&ni = aeterni, omis = omnis, ecla = eclesia (mit nur einem *c*). Die ursprüngliche Zeilenzahl betrug 23; davon fehlen jetzt 5.

Wir veröffentlichen das Fragmentblatt zeilengetreu, wobei die nicht mehr vorhandenen Teile in Kursivdruck ergänzt werden. Der Text beginnt mitten in der Secreta der »Missa in anniuersario dedicationis basilicae«. Die zu Beginn fehlenden Worte lauten: »Annue qs dne precibus nris. ut quicumque intra templi huius cuius anniuersarium dedicationis diem celebramus ambi(tum) ...«.

[recto]

1   *tum* con*t*inemur.   pl*en*a *tibi atque* per*fecta corporis et animae deuotio*ne placeamus.   ut dum praesentia uota reddimus

3   *ad aeterna* praemia te adiuuante uenire mereamur ; per P.COM.

5   D*s q*ui eclesiam tuam sponsam uocare dignatus es. ut quae *hab*erent gratiam per fidei deuotionem.   haberet etiam ex no *mine pi*etatem.   da ut omnis haec plebs nomini tuo seruiens

7   *huius u*ocabuli consortio digna esse mereatur.   eclesia tua in tem *plo cuius* anniuersarius dedicationis dies caelebratur tibi

9   *collecta* te timeat. te diligat. tequae sequatur. ut dum *iugiter* per uestigia tua graditur. ad caelestia promissa te ducen

11   te *peruen*ire mereatur.   qui uiuis et regnas cum do patre ; AD

POPULUM

D*s q*ui de uiuis et electis lapidibus aeternum maiestati tuae con

13   *dis* habitaculum.   auxiliare populo supplicanti.   ut quod *eclesia tu*ae corporalibus proficit spatiis. spiritualibus amplificetur

15   *augm*entis.   per dnm   MISSA PRO REGIBUS ; LXIII

D*s* regnorum omnium et xpiani maxime protector impe

17   *r*ii.   da seruis tuis regibus nris illis triumphum uirtutis tuae

scienter excolere. ut qui tua constitutione sunt prin

19   cipes *tuo semper munere* sint *potentes. per SECRETA*

S *uscipe dne preces et hostias eclesiae tuae pro salute famu*

21   *li tui illius supplicantis. et in protectione fidelium popu*

lorum antiqua brachii tui operare miracula. ut superatis
23 *pacis inimicis secura tibi seruiat xpiana libertas. per*

Formelnachweis (zu den Sigla vgl. CLLA S. 14–16): Zeile 1–3 =GrA LXII, 2 (Codex O: LXIIII, 2); cf. M 860; Rh 22,2; G 362,2. – Zeile 4–11 = GrA LXII, 3; cf. M 861; Rh 22,4; G 362,4. – Zeile 12–15 = GrA CXII, 4; cf. Rh 22,5; G 362,5. – Zeile 16–19 = GrA LXIII, 1; cf. V 1505 (weitere Hand-Schriften bei Siffrin, *Konkordanztabellen*, II, p. 193). – Zeile 20–23 = GrA LXIII, 2; cf. V 1507.

Varianten: Zeile 5: haberent] irrtümlich statt: haberet. – Zeile 7: eclesia] sonst zuvor ein: et. – Zeile 16: xpiani GrA] romani V. – Zeile 18: qui GrA] vielleicht von gleicher Hand überschrieben: cuius = V. – Zeile 19: tuo GrA] eius V.

[verso]

1 H*anc igitur oblationem famuli tui illius* quam *tibi mini*
   sterio officii sacerdotalis offerimus. pro eo quod in ipso potes*ta-*
   tem
3 imperii conferre dignatus es propitius et benignus adsu*me et exo*
   ratus nra obsecratione concede. ut maiestatis tuae prote*ctione con*
5 fidens. et aeuo augeatur et regno.   per dnm AD COMPL

   D*s* qui ad praedicandum aeterni regis euangelium ro*manum im*
7   perium praeparasti. praetende famulis tuis principibus *nris arma*
                                                                  cae
   lestia. ut pax eclesiarum nulla turbetur tempestate be*llorum. per*

9 LXIII ;   MISSA COTIDIANA PRO REGE ;

   Q*s* omps ds ut famulus tuus ille. qui a tua *miseratione*
11   suscepit regni gubernacula. uirtutem etiam omi*um percipia*
   incrementa. quibus decenter ornatus et uitiorum m*onstra de*
13 uitare. et ad te qui ueritas et uita es gratiosus ua*leat per uenire. per*

   M*unera dne qs oblata scifica. ut et nobis unigeni*ti tui corpus et*
15   sanguis fiant. et illi regi ad obtinendam animae corporis*que*
                                                              salutem et
   peragendum iniunctum officium te largiente usquequaque profi*ciat.*
                                                                  per
17 H*aec dne oratio salutaris famulum tuum illum ab omnibus tuea*tur*
                                                                  ad
   uersis. quatenus et ecclesiasticae pacis obtineat tranquillit*atem*
19 et post istius temporis decursum ad *aeternam perueniat haereditatem.*
                                                                  per

Formelnachweis: Zeile 1–5 = GrA LXIII, 3; cf. V 1508. – Zeile 6–8 = GrA LXIII, ; cf. V 1509. – Zeile 10–13 GrA LXIIII, 1; cf. Gr (ed. Gamber) 866;

F 1921. – Zeile 14–16 = GrA LXIIII, 2; cf. Gr 867; F 1922. – Zeile 17–19 = GrA LXIIII, 3; cf. Gr 868; F 1924.

Varianten: Zeile 2: in ipso GrA] in ipsum V. – Zeile 6: ad praedicandum GrA] praedicando V.

In erster Linie ist nun zu zeigen, daß es sich bei unserm Fragment tatsächlich um ein solches des fränkischen Anhangs zum Gr (= GrA) handelt. Dieser Nachweis ist nicht schwer zu erbringen, da sowohl die Formularfolge als auch die einzelnen Orationen genau mit den bekannten Handschriften des GrA übereinstimmen. Dazu kommt noch, daß in unserm Fragmentblatt bei einem dieser Formulare, nämlich beim dritten, deutlich die Formular-Zahl (L)XIIII zu lesen ist. Weniger deutlich ist diese in der Überschrift des vorausgehenden Formulars (LXIII) zu erkennen[17].

Nun muß man wissen, daß in den meisten bekannten Handschriften des GrA die 146 Formulare des 1. Teils durchnumeriert und mit einer Kapitel-Übersicht zu Beginn versehen sind, während der 2. Teil (mit den Präfationen und Benedictiones episcopales) eigenartigerweise eine solche Numerierung vermissen läßt. Diese Beobachtung hat im Zusammenhang mit anderen Überlegungen Deshusses (S. 51–52) zu der Meinung geführt, daß der 2. Teil des GrA vom Redaktor bereits vor dem 1. Teil zusammengestellt worden sei. Doch darüber später.

Auch in Kleinigkeiten, vor allem in den charakteristischen Lesarten, stimmt unser Fragment mit den jüngeren Handschriften überein, so u. a. im ausgeschriebenen Gebetsschluß »qui uiuis et regnas cum deo patre« in der 2. erhaltenen Formel von Formular I und in der Wendung »xpiani imperii« (statt: romani imperii) in der 1. Formel von Formular II.

Altertümlich mutet bei uns die Überschrift »Ad populum« (statt: Super populum) an. Wir finden sie fast nur im (ravennatischen) Gelasianum und in den älteren Gelasiana mixta[18]. Das Gebet nach der Kommunion ist in Formular I, ebenfalls wie im Gelasianum, mit »Post communionem«, im Formular II dagegen, wie im Gregorianum, »Ad complendum«

[17] Die Zählweise unseres Fragments stimmt mit der des Reginensis 337 (CLLA Nr. 730) und des Pamelius-Sakramentars (CLLA Nr. 746) überein. Im Ottobonianus 313 (CLLA Nr. 740) sind die Nummern wegen der Einfügung einer »Item benedictio cerei« gleich zu Beginn um zwei Zahlen verschoben; vgl. auch R. Amiet, Le prologue Hucusque et la table des Capitula du Supplément d'Alcuin au sacramentaire grégorien, in: Scriptorium 7 (1953) 177–209.
[18] Vgl. Missa Romensis 204–206.

überschrieben. Diese kleinen Unterschiede, die auf verschiedene vom Redaktor benützte Vorlagen zurückgehen, sind in den späteren Handschriften meist zugunsten des im Gr verwendeten Titels »Ad complendum« ausgeglichen.

Weiterhin ist hier kurz auf den Inhalt der Formulare LXIII und LXIIII des Appendix (bei uns Formular II und III) einzugehen, weil der Wortlaut dieser Gebete in der Argumentation von Deshusses eine Rolle spielt (S. 63). Dabei bemerkt er zurecht, daß in diesen Gebeten jede Anspielung auf den Imperator-Titel, den Karl nach 800 geführt hat, fehlt und daß stattdessen in Formular II von »reges« und in Formular III durchweg nur vom »rex« die Rede ist.

Deshusses verweist auf einige Handschriften, zu denen auch das oben erwähnte Gr von Arles gehört (CLLA Nr. 744), die hier statt des sonst üblichen unbestimmten »ille« den Namen »hludowicus« aufweisen. Unter diesen Handschriften sind auch solche, die erst nach dem Tod Ludwigs des Frommen – denn nur er kann gemeint sein – entstanden sind.

Da aber Ludwig bereits von 781 an König von Aquitanien war und das Kloster Aniane im südlichen Teil Aquitaniens liegt, wollte Deshusses hier Zusammenhänge sehen. Er vermutete, daß die Hinzufügung »hludowicus« bereits auf das Original zurückgeht.

Nun fehlt aber in unserm Fragment, das den ältesten Zeugen des GrA darstellt und zudem noch aus dem südlichen Teil des Frankenreichs stammt, ganz deutlich der Name Ludwigs. Es ist daher anzunehmen, daß die namentliche Nennung des König in der Urschrift gefehlt hat und die Einfügung erst in der Zeit erfolgt ist, als Ludwig Nachfolger seines Vaters Karl geworden war.

Was die Mehrzahl »reges« im Formular II betrifft, so stellt sie deutlich eine Übernahme aus der gelasianischen Vorlage dar. Das sog. Gelasianum ist aber nach den neueren Untersuchungen in Ravenna, der Stadt des byzantinischen Exarchen, entstanden[19].

In der Geschichte des byzantinischen Reichs haben vom 5. Jh. an immer wieder mehrere βασιλεῖς gleichzeitig regiert, was die Mehrzahl »reges« im betreffenden Formular des Gelasianums durchaus erklärt. So finden wir auch in dem ebenfalls in (der Gegend von) Ravenna entstandenen Lektionar-Sakramentar von Montecassino (CLLA Nr. 701) in den Orationes sollemnes des Karfreitag statt der sonst üblichen Ein-

---

[19] Vgl. oben Fußnote 3.

zahl die Mehrzahl »pro xpianissimis imperatoribus«[20]. Das Gleiche gilt für eine Reihe von Handschriften des Gelasianum mixtum, das ja ebenfalls in Ravenna ausgebildet sein dürfte.

Daß aber der Redaktor des fränkischen Anhangs zum Gr das primär für byzantinische Verhältnisse passende Formular »Pro regibus« in sein Meßbuch aufgenommen hat, könnte seinen besonderen Grund haben. Vielleicht weil in der Heimat des Redaktors damals mehrere »reges« gleichzeitig die Krone trugen. Dies trifft, was die Zeit kurz vor 800 betrifft, für das Frankenreich insofern zu, als damals neben König Karl ab 781 auch dessen Söhne Ludwig und Pippin den Königstitel führten. Ludwig war, wie bereits angedeutet, König von Aquitanien, Pippin König von Italien (781–810)[21].

Es wäre jedoch sicher voreilig, schon daraus den Schluß ziehen zu wollen, der fränkische Anhang zum Gr sei in der kurzen Zeit zwischen 781, der Königskrönung Ludwigs und Pippins, und 800, der Kaiserkrönung Karls, zusammengestellt worden, obschon für diese Annahme auch die Tatsache zu sprechen scheint, daß innerhalb des gleichen Zeitraums die Übersendung des Hadrianum an den karolingischen Königshof erfolgt ist[22].

3. Die mutmaßliche Ausbildung des GrA in Lerin

Nach bisheriger Anschauung stellt, wie eingangs gesagt, der GrA eine Ergänzung Alkuins zum Hadrianum dar, um dieses römische Meßbuch für die liturgischen Verhältnisse im Frankenreich verwendbar zu machen. Gegen diese Vermutung spricht jedoch, wie ebenfalls bereits er-

---

[20] Vgl. A. Dold, Vom Sakramentar, Comes und Capitulare zum Missale (Texte und Arbeiten 34, Beuron 1943) 24–26.

[21] Erwähnt sei hier die sog. Nota historica im Prager Sakramentar aus dem Ende des 8. Jh. (CLLA Nr. 630), wo fol. 83ᵛ neben »karalus rex« und »fastraat regina« ein »pipinus rex« und »ludiuuiic rex« angeführt wird; vgl. A. Dold – L. Eizenhöfer, Das Prager Sakramentar (Texte und Arbeiten 38–42, Beuron 1949) 17–28.

[22] Der Zeitpunkt der Übersendung steht nicht fest. Während man bisher an die Jahre zwischen 784 und 791 dachte (vgl. Bourque 97), spricht meiner Ansicht manches dafür, daß diese erst 794/95, als nämlich Karl wieder für längere Zeit in Aachen war, erfolgt ist.

wähnt, daß noch i. J. 801 Alkuin nichts von einem solchen Anhang zum Hadrianum zu wissen scheint.

In Wahrheit dürfte Alkuin, der seit 796 im Martinskloster in Tours als Abt lebte, wohl nie den später nach ihm genannten Appendix zu Gesicht bekommen haben. Dieser war nämlich, wie es scheint, bis zum Tod des Abtes i. J. 804 nur in einem eng begrenzten Gebiet des Frankenreichs, und zwar im Süden, in liturgischem Gebrauch. Unser Fragment, das ebenfalls im Süden entstanden ist, bildet den ältesten Zeugen (Anfang des 9. Jh.).

Die Annahme liegt nahe, daß ebenda auch der Ort der Redaktion des GrA zu suchen ist. In erster Linie möchte man an die alte Metropole Arles denken. Von hier stammt auch eine sehr frühe Vollhandschrift mit dem Appendix (CLLA Nr. 744).

Die Kathedrale von Arles kann jedoch nicht der Ort sein, an dem der Redaktor gearbeitet hat. Der Inhalt des GrA zeigt nämlich deutlich, daß das Meßbuch für klösterliche Verhältnisse bestimmt war. Man beachte in dieser Hinsicht vor allem die Nummern LXXIII–LXXVIIII und CXXV–CXLII. Texte für bischöfliche Funktionen sind, von den Formularen für die Niederen Weihen am Schluß des Appendix abgesehen, so gut wie keine vorhanden.

Es ist daher naheliegend, an das ebenfalls im Süden Frankreichs gelegene und damals in Blüte stehende Inselkloster Lerin (Lirina) zu denken. Lerin, heute Saint-Honorat, ist die zweitgrößte in einer Gruppe kleiner Inseln an der südöstlichen Küste Frankreichs (zwischen Nizza und Toulon), in der Nähe der alten Bischofsitze Marseille und Fréjus. Um 690 soll das Kloster unter dem Abt Amandus 3700 Mönche beherbergt haben. Man könnte deshalb Lerin, wozu auch das 616 durch den hl. Nazarius gegründete Frauenkloster St. Stephan zu Arluc gehörte, den abendländischen Athos nennen[23].

Wir gehen im folgenden von der Annahme einer Redaktion des GrA im genannten Kloster aus und prüfen nach, ob der Inhalt des Appendix, vor allem dessen Prolog, dies bestätigt.

Im Prolog Hucusque, der in einer Reihe von Gr-Handschriften den ursprünglichen Text des Sakramentars abschließt und zum Appendix überleitet, spricht der Redaktor davon, daß er in seinem Meßbuch Formulare, »quaecumque nostris temporibus necessaria esse perspeximus«,

[23] Vgl. Pfülf, in: Wetzer und Welte's Kirchenlexikon VII, 1828–31.

vereinigt habe, die bereits »in aliis sacramentorum libellis« vorhanden waren.

Welches waren nun die einzelnen Liturigebücher, die der Redaktor bei seiner Arbeit verwendet hat? Mit dieser Frage haben sich schon früher die Forscher beschäftigt, sodaß hier hinsichtlich Einzelheiten auf deren Arbeiten verwiesen werden kann[24]. Diese haben gezeigt, daß in erster Linie ein Gelasianum mixtum als Vorlage gedient hat. Aus einem solchen stammt vor allem die Reihe der Sonntagsmessen, wie nicht nur das als 3. Sonntag nach Pfingsten eingefügte Formular »Deprecationem« – es ist überflüssig, da es bereits im Gr (H 118) erscheint –, sondern auch charakteristische Lesarten beweisen.

Aus einem Gelasianum mixtum stammt ferner eine Präfationsreihe, die in der Mehrzahl der Handschriften dem Appendix angefügt ist. Dabei wurde vom Redaktor die ursprüngliche Folge der Präfationen in der Vorlage unverändert gelasesn. Deshusses vermutet daher (S. 51–52), unser Redaktor habe diese Sammlung vor der Redaktion des eigentlichen Appendix zusammengestellt, und zwar nicht als Anhang für ein Gr, sondern für ein Gelasianum mixtum.

Die handschriftliche Überlieferung der Gelasiana mixta bestätigt diese Vermutung jedoch nicht, da in den älteren Codices die Präfationen regelmäßig einen festen Bestandteil der einzelnen Formulare bilden und daher ein Anhang mit Präfationen gar nicht notwendig war.

Es bedarf einer eigenen Untersuchung, die hier nicht durchgeführt werden kann, ob dieser Redaktor zugleich der Verfasser bzw. Überarbeiter eines Großteils dieser Präfationen und der darauf folgenden Benedictiones episcopales ist. Bisher war man jedenfalls zumeist dieser Meinung[25].

Hier kann nur darauf hingewiesen werden, daß diese Texte nicht nur in einigen Handschriften des GrA, sondern auch in einer Anzahl weiterer Liturgiebücher vorkommen; die Präfationen vor allen im Gregorianum mixtum, das vermutlich in Rom, und zwar schon im 7. Jh. ausgebildet worden ist[26], sowie in mittel- und oberitalienischen Plenarmissalien.

Es ist geradezu unmöglich, daß in allen diesen Fällen eine Abhängigkeit

[24] Vgl. Manz 29–42; Heiming, Aus der Werkstatt Alkuins (vgl. oben Fußnote 6) 341–347; Bourque 196–230; Deshusses 49–58.

[25] Vgl. Deshusses 58 (oben): »... sont l'œuvre d'un même artisan«.

[26] Vgl. Missa Romensis 168–169.

vom fränkischen Anhang zum Gr vorliegt, wie die bisherige Forschung, der freilich gerade die frühen italienischen Plenarmissalien noch nicht bekannt waren, angenommen hat. Dazu kommt aber noch folgendes: Es ist gar nicht sicher, daß die genannte Präfationsreihe, der übrigens abermals ein kurzer Prolog »Haec studiose ...« vorangeht[27], der ursprünglichen Fassung des Appendix angehört. Es spricht vielmehr einiges dafür, daß die Präfationen, die im Appendix der Sakramentare von Arles und Lyon (CLLA Nr. 744 bzw. 730) zu finden sind, auf die Sammeltätigkeit unseres Redaktors zurückgehen. Die Quelle, die er dabei benützt hat, ist uns nicht bekannt. Jedenfalls sind hier die Präfationen weniger zahlreich; sie entsprechen genau der Ordnung des Gregorianum, während die größere Sammlung, wie gesagt, der Ordnung in den Gelasiana mixta entspricht. Gerade diese Tatsache, die dem Zweck der Ergänzung des Gr nicht gerecht wird und so gut wie keine Redaktionsfähigkeit zu erkennen gibt, scheint gegen die Annahme, daß sie der ursprünglichen Fassung des GrA angehört hat, zu sprechen[28].

Ein Gelasianum mixtum war jedoch nicht die einzige Quelle, die der Redaktor benützt hat. Eine weitere war, wie schon G. Manz zeigte, ein wisigotisch-spanisches Liturgiebuch. Aus diesem stammen vor allem einige Gebete der Totenliturgie[29]. Vielleicht auch einige (oder alle?)

---

[27] Text bei Muratori II, 291; Deshusses 49; eine abgewandelte Fassung bei A. Ebner, Iter Italicum (Freiburg 1896) 30. – Es sind übrigens, wenn wir einmal von GrA absehen, in den einzelnen Handschriften bzw. Sakramentartypen mehrere Sammlungen von Präfationen überliefert. Die älteste dürfte im Sakramentar von Prag (ed. Dold–Eizenhöfer Nr. 234) vorliegen. Auch der bereits erwähnte Codex Tridentinus weist eine eigene Sammlung von »Contestationes« auf; vgl. Missa Romensis 145. Eine weitere derartige Sammlung findet sich im Cod. Rh 95 (fol. 121r–124v) in Zürich; vgl. K. Gamber, Sakramentartypen (Texte und Arbeiten 49–50, Beuron 1958) 146 n. 2.

[28] Es darf nicht ganz ausgeschlossen werden, daß der Anhang ursprünglich nur aus den numerierten Formularen bestanden hat, daß also die Präfations- und Benedictiones-Sammlung noch nicht dazugehört hat. Dafür scheint zu sprechen, daß im Sakramentar von Senlis (CLLA Nr. 745) der Prolog bereits bei »edita patribus« abbricht, er also nur den Text zeigt, wie er bei Lietzmann, Das Sacramentarium Gregorianum, p. XIX zu finden ist. Es fehlt damit die Erwähnung der beiden genannten Sammlungen ohne Nummern. Im Pamelius-Sakramentar (CLLA Nr. 746) findet sich eigenartigerweise nur der 1. Teil des GrA, obwohl der Prolog seinem Wortlaut nach vollständig ist.

[29] Vgl. Manz 41–42. Genannt werden kann hier auch der zweimal vorkommende Ausdruck »illatio«, der in spanischen Sakramentaren als Bezeich-

Benedictiones episcopales (vgl. Manz 36–41), die freilich in den Handschriften, ähnlich wie die Präfationen, ebenfalls in zwei verschiedenen Typen erscheinen.

Nun ist aber bezeichnend, daß die Schrift unseres Fragments, wie B. Bischoff festgestellt hat, deutlich wisigotischen Einfluß zu erkennen gibt. Dies läßt darauf schließen, daß der Ort der Niederschrift der ehemaligen Handschrift, aus der unser Fragmentarblatt stammt, und der Ort der Redaktion des GrA entweder zusammenfallen oder aber nicht weit voneinander entfernt liegt.

Als eine dritte Quelle hat Bourque (S. 224–226) ein mailändisches Sakramentar vermutet[30]. Es handelt sich dabei vor allem um die Präfationen an den Werktagen der Quadragesima in der umfangreichen Sammlung. Sehr wahrscheinlich stammt jedoch die Vorlage dieser Präfationen nicht aus Mailand, sondern aus der Gegend von Vercelli. Von hier sind nämlich einige späte Gelasiana mixta erhalten – frühe Handschriften fehlen ganz –, in denen die betreffenden Präfationen zu finden sind[31].

Daraus ergibt sich aber für unsere Untersuchung die Vermutung, daß das Gelasianum mixtum, das der längeren Präfationsreihe als Vorlage gedient hat, aus dem westlichen Teil Oberitaliens, näherhin aus der Gegend von Vercelli, stammt. Das mailändische Sakramentar scheint seinerseits bei der Einführung der bis gegen 800 noch fehlenden Ferialmessen der Quadragesima ebenfalls ein Gelasianum mixtum aus den nahen Vercelli benützt zu haben[32]. Von einer mailändischen Quelle für den GrA scheint demnach, wie auch Deshusses (S. 70) mit Recht annimmt, nicht die Rede zu sein.

Wir dürfen aus dem Gesagten schließen, daß unser Redaktor auch hinsichtlich der Präfationen (und Benedictiones episcopales) sich nicht

---

nung für die Präfation zu finden ist; vgl. Manz 34. Es darf jedoch nicht verschwiegen werden, daß es sich hier um die längere Präfations-Sammlung handelt, was an sich wiederum für ihre Ursprünglichkeit zu sprechen scheint. Es ist jedoch streng genommen aus dieser Tatsache nur der Schluß erlaubt, daß die Redaktion dieser Präfations-Sammlung im Gebiet des gallischen Teils des alten Wisigotenreichs erfolgt ist.

[30] Dagegen: Heiming, Aus der Werkstatt Alkuins 346–347; Deshusses 69–70.

[31] Vgl. K. Gamber, Ein oberitalienisches Sakramentarfragment in Bamberg, in: Sacris Erudiri 13 (1962) 360–367.

[32] Zur Einfügung der Ferialtage der Quadragesima ins Mailänder Meßbuch vgl. O. Heiming, Aliturgische Fastenferien in Mailand, in: Archiv für Liturgiewissenschaft II (Regensburg 1952) 44–60.

selbst schöpferisch betätigte, sondern, wie er in seinem Prolog sagt, auch hier aus dem schöpfte, was er »in aliis sacramentorum libellis« vorgefunden hat. Dazu kommt noch die oben bereits angeschnittene Frage, welche Präfationssammlung überhaupt ursprünglich dem GrA angehört hat: die kurze, dem Gr konforme, die in einigen südfranzösischen Handschriften erscheint, oder die umfangreiche, in den jüngeren Codices auftretende, von der eben die Rede war.

Kaum beachtet wurde bis jetzt eine vierte Quelle. Auf sie gehen die »Missae cotidianae«, die Formulare des Commune sanctorum und einige Votivmessen, so z. B. die oben besprochene »Missa cotidiana pro rege«, zurück. Diese Formulare finden sich nämlich nicht in den bisher genannten Meßbüchern, sie erscheinen jedoch in den ravennatischen Sakramentaren des 7./8. Jh. Leider sind diese nur sehr fragmentarisch auf uns gekommen[33].

Die Beziehungen zwischen dem GrA und dem oben schon mehrmals erwähnten Lektionar-Sakramentar von Montecassino, einem dieser ravennatischen Liturgiebücher, wurden schon bisher gesehen, genauso wie die Abhängigkeit vom Gelasianum mixtum[34]. Dies führte jedoch zu falschen Schlüssen hinsichtlich des Zeitpunkts der Niederschrift des Lektionar-Sakramentars, der nach Meinung der Paläographen bereits um 700 anzusetzen ist[35].

Der Redaktor des GrA hat also deutlich ganz verschiedene Typen von Liturgiebüchern benützt, vor allem ein fränkisches bzw. oberitalienisches Gelasianum mixtum, ein wisigotisches und ein ravennatisches Liturgiebuch. Diese Tatsache legt abermals die Ausbildung des GrA in einem bedeutenden kirchlichen Zentrum nahe, weil nur dort so verschiedene Typen zur Verfügung gestanden haben können. Da es sich aber, wie wir oben schon sahen, dabei um ein Kloster gehandelt haben

---

[33] Diese wiederum dürften, wenigstens z. T., von einem Anhang zum Gr abhängig sein, wie er dem Urexemplar Gregors d. Gr. angehört hat. Dieser Anhang ist nur in der einzigen und dazu noch sehr späten Handschrift, die verständlicherweise nicht mehr in allem die ursprüngliche Fassung darstellt, erhalten. Leider erlaubt der fragmentarische Charakter der frühen ravennatischen Meßbücher keine sicheren Schlüsse. Es ist jedoch auffällig, daß in jedem dieser kleinen Fragmente Formulare erscheinen, die typisch für den von uns vermuteten Anhang Gregors sind. Zu dieser Frage vgl. K. Gamber, Sacramentarium Gregorianum II. Appendix, Sonntags- und Votivmessen (Textus patristici et liturgici 6, Regensburg 1967) mit weiterer Literatur zur Frage.

[34] Vgl. Dold, Vom Sakramentar, Comes und Capitulare 8–12, 33–35.

[35] Vgl. E. A. Lowe, Codices latini antiquiores III, Nr. 376: »Uncial saec. VII/VIII, written doubtless in Italy«.

muß, das im südlichen Teil des Frankenreichs gelegen war, kann es sich fast nur um das von uns vermutete Lerin handeln, weil nur dieses zugleich als ein bedeutsames Zentrum zu gelten hat.

Diese Insel unterstand von 477 an dem Wisigotenreich und kam dann 536 zum Frankenreich. Damit müssen jedoch die kulturellen Beziehungen zu Spanien nicht plötzlich abgebrochen sein. Lerin liegt außerdem nicht weit von Oberitalien entfernt und war von Rom und Ravenna aus auf dem Schiffsweg relativ leicht zu erreichen.

In Lerin kreuzten sich geistige Einflüsse aus Nord und Süd, Ost und West. Hierher konnten auch leicht Liturgiebücher aus Spanien und Italien gelangen. Woher sollte hingegen der Abt Benedikt in seinem neu gegründeten Kloster Aniane so verschiedenartige Sakramentare, wie sie zur Redaktion des GrA notwendig waren, bekommen haben?

Doch ist noch eine weitere Frage zu klären. Auch dazu kann uns die Annahme helfen, daß der fränkische Anhang zum Gr in Lerin zusammengestellt wurde: Bildet dieser ursprünglich einen Appendix zum hadrianischen oder zu einem vorhadrianischen Gregorianum? Zu dieser Frage regt die frühe Niederschrift unseres Fragments, nämlich schon zu Beginn des 9. Jh., an, also nur wenige Jahre nach der Übersendung des römischen Exemplars des Gr durch Papst Hadrian an den Königshof der Karolinger zu Aachen.

Es wurde bereits andernorts verschiedentlich darauf hingewiesen, daß diese Übersendung nicht der erste und einzige Export des Meßbuches des hl. Gregor nach dem Norden war. Wenn aber, wie die erhaltenen Handschriften zeigen, im 8. Jh. sowohl in Oberitalien als auch in Bayern mehrere vorhadrianische Gr-Handschriften vorhanden waren[36], dann ist doch mehr als wahrscheinlich, daß damals schon eine Gr-Handschrift auch den Weg von Oberitalien (bzw. direkt von Rom) nach Lerin gefunden hat.

Prüfen wir nun nach, ob der Prolog Hucusque in dieser Hinsicht etwas aussagt. An erster Stelle dürfen wir vermuten: Falls unser Redaktor einen Appendix zum Hadrianum zusammengestellt hätte, dann wäre von ihm sicher die kurz zuvor erfolgte Übersendung des Gr durch Papst Hadrian erwähnt worden. Im Prolog ist jedoch kein Wort darüber zu finden.

Dagegen weiß der Redaktor sehr wohl von einigen Veränderungen, die das Gr im Lauf der Zeit erfahren hat, so von der Hinzufügung der

---

[36] Vgl. K. Gamber, Sacramentaria Praehadriana, in: Scriptorium 27 (1973) 3–15.

Feste Mariä Geburt und Himmelfahrt sowie einiger Ferialtage in der Quadragesima. Die genannten Marienfeste wurden, wie wir durch den Liber pontificalis wissen (ed. Duchesne I, 376) durch den Papst Sergius (687–701), die Donnerstagsmessen der Quadragesima nach derselben Quelle (I, 402) durch Papst Gregor II (715–731) eingeführt[37].

Der Redaktor des GrA und Verfasser des Prolog Hucusque weiß aber auch von Fehlern, die sich durch das Abschreiben in den Text des Gr eingeschlichen haben (plerisque scriptorum vitio depravante). Dies alles läßt darauf schließen, daß ihm bei der Arbeit nicht bloß ein einziges Exemplar des Gr zur Verfügung gestanden hat, sondern daß er mehrere Codices zum Vergleich heranziehen konnte.

Im Prolog wird weiter erwähnt, es seien am Schluß des Appendix die im Gr fehlenden Formulare für die Niederen Weihen (ad gradus inferiores) beigegeben worden. Damit ist indirekt gesagt, daß das Gr-Exemplar, dem der Appendix angefügt wurde, die Weihegebete für die Höheren Weihen aufgewiesen hat.

Diese Tatsache scheint an sich dafür zu sprechen, daß es sich bei dem betreffenden Gr um ein Hadrianum gehandelt hat, weil in diesem die genannten Weihegebete zu Beginn des Sakramentars, unmittelbar nach dem Canon, zu finden sind (Formular 2–4 ed. Lietzmann). Zwar haben diese mit einiger Sicherheit noch nicht zum Urexemplar Gregors gehört, sie wurden jedoch spätestens schon zu Beginn des 8. Jh., zusammen mit dem Canon, an die Spitze des Meßbuchs gestellt[38]. Sie sind daher kein charakteristisches Merkmal für das Hadrianum.

Der Prolog Hucusque spricht weiterhin von einer Verbesserung des in den Gr-Handschriften überlieferten Textes (studii nostri fuit artis stilo corrigere).

Bourque hat (S. 191–194) die Unterschiede zwischen dem Text des Ha-

---

[37] Im Prolog heißt es, all diese Formulare seien »virgulis antepositis« kenntlich gemacht worden. Leider lassen jedoch die bekannten Handschriften diese »virgulae« vermissen. Lediglich im Ottobonianus (CLLA Nr. 740) ist ein einziger Fall zu finden; vgl. Wilson, The Gregorian Sacramentary p. XVIII, n. 3; Bourque 180. Dieses fast gänzliche Fehlen der vom Redaktor des GrA im Text des Gr angebrachten »virgulae« läßt ebenfalls darauf schließen, daß die Redaktion schon relativ früh erfolgt ist und daß durch das ständige Abschreiben diese »virgulae« nicht mehr beachtet und übernommen wurden.

[38] Die Weihegebete fehlen noch im Codex Tridentinus (CLLA Nr. 724). Dieses Meßbuch geht auf eine Redaktion des Gr zurück, die vor der Zeit des Papstes Sergius († 701) liegt; vgl. J. Deshusses, Le sacramentaire grégorien de Trente, in: Rev. bénéd. 78 (1968) 261–282; Gamber, Missa Romensis 137 ff.

drianum und dem Text in den Gr-Handschriften, die den Appendix aufweisen, übersichtlich zusammengestellt. Es ist jedoch zweifelhaft, ob alle diese Varianten auf unsern Redaktor zurückgehen. Sie sind nämlich in den verschiedenen Codices uneinheitlich und finden sich zum Teil auch in Gr-Handschriften, wie dem Codex Tridentinus, die auf ein vorhadrianisches Exemplar zurückgehen und mit dem GrA nichts zu tun haben. So besitzt der Codex Tridentinus einen eigenen Appendix, der selbst wiederum mit dem in einigen oberitalienischen Gregoriana verwandt ist[39].

So warten hinsichtlich des GrA und der Textfassung der verschiedenen Gr-Handschriften noch einige Probleme auf eine Lösung. Manche von ihnen konnten deshalb von der Sakramentarforschung nicht gelöst werden, weil man bis jetzt fast alle Codices auf das Hadrianum zurückführen wollte und alle textlichen Unterschiede gegenüber dem Hadrianum auf das Konto Alkuins setzte[40].

Da wir also nicht mehr an den Termin der Übermittlung des Hadrianum gebunden sind, stellt sich für uns von neuem die Frage nach dem Zeitpunkt der Redaktion des fränkischen Anhangs zum Gr.

Als sicheren Terminus post quem ergibt sich aus dem oben Gesagten die Regierungszeit des Papstes Gregor II, der die Donnerstagsmessen der Quadragesima eingeführt hat, und als Terminus ante quem das Jahr 800, der Zeitpunkt der Kaiserkrönung Karls d. Gr., weil die Bezeichnung, »imperator« in den Messen für den Herrscher fehlt. Ein Zeitpunkt, der mit der Niederschrift unseres Fragmentblatts fast zusammenfällt (Beginn des 9. Jh.).

[39] Vgl. Missa Romensis 147–148.

[40] In diesem Zusammenhang ist es nicht ohne Bedeutung, daß es Gr-Handschriften mit dem GrA gibt, die ganz deutlich auf ein vorhadrianisches Exemplar zurückgehen. Zu diesen gehört das schon mehrmals erwähnte Pamelius-Sakramentar. Es stammt von demselben Typus ab, der auch dem Codex Tridentinus zugrundeliegt. Dies beweisen u. a. das »In nomine dni« vor dem Vigil-Formular von Weihnachten, die Alia-Oration der Silvester-Messe, die Gleichheit der Orationen in der Agatha-Messe (Umstellung von H 28,6). Daß es sich beim Pamelius-Sakramentar um eine Redaktion gehandelt hat, deren Typus vor der Zeit Gregors II liegt, beweisen u. a. die Donnerstagsmesse in der 3. Fastenwoche, die aus den Gelasiana mixta genommen ist (S 376, 378, 379, 380), und die Messe für das Fest »Exaltatio scae crucis«, von der nur die 1. Oration mit dem Hadrianum (H 159,1) zusammengeht. Bekanntlich findet sich im Paduanum (CLLA Nr. 880) nur diese eine Oration verzeichnet (ed. Mohlberg 665). Ähnlich wie im Pamelius-Sakramentar liegt der Fall im Sakramentar von Corbie (CLLA Nr. 742); vgl. Bourque 176 mit n. 19.

Wenn die Mehrzahl »reges« in unserm Formular II konkrete Verhältnisse voraussetzt und keine gedankenlose Übernahme aus der gelasianischen Vorlage darstellt, dann wäre aufgrund obiger Überlegungen an die Zeit bald nach 781 zu denken, als Ludwig König von Aquitanien und Pippin König von Italien geworden waren. Es könnten jedoch ebenso gut auch die Verhältnisse nach 754 den Ausschlag gegeben haben, als bei der Krönung Pippins in St. Denis seine beiden Söhne Karl (d. Gr.) und Karlmann ebenfalls die Königskrone erhielten. Wir müssen deshalb die ganze Zeit zwischen 754 und 800 offenlassen.

Zu einer letzten Sicherheit, was den Zeitpunkt der Redaktion betrifft, können wir also nicht kommen, ebenso was den Ort der Redaktion betrifft, wenn auch eine Reihe von Beobachtungen für das Inselkloster Lerin sprechen. Verborgen bleibt für uns auch die Persönlichkeit, die unsern Appendix zusammengestellt hat.

Zur Liturgie des Ambrosius von Mailand*

Unter dem Titel »Gottesdienst im altchristlichen Mailand« hat Josef Schmitz 1975 in etwas überarbeiteter Form seine drei Jahre zuvor der Theol. Fakultät Bonn vorgelegte Dissertation als Buch herausgebracht[1]. Diese trägt den Untertitel: »Eine liturgiegeschichtliche Untersuchung über Initiation und Meßfeier während des Jahres zur Zeit des Bischofs Ambrosius († 397)«.

Neben den großen Werken des Mailänders benützt Schmitz für seine Untersuchung als Hauptquellen die beiden kleinen Schriften »De mysteriis« (= M) und »De sacramentis« (= S). Dabei wird von ihm die immer noch strittige Frage der Autorschaft von S nur in einer einzigen Fußnote (S. XXV) kurz behandelt. Dies erweckt den Eindruck, daß Schmitz seine Arbeit schon fast fertig gestellt hatte, als ihm meine diesbezüglichen Studien zu Gesicht kamen[2]. Bis vor einigen Jahren galt nämlich die Autorschaft des Ambrosius weitgehend als gesichert, nachdem Forscher wie G. Morin, O. Faller, R. H. Connolly, B. Botte u. a. diese als erwiesen angesehen haben[3]. Schmitz glaubte der wissenschaftlichen Exaktheit Genüge geleistet zu haben, wenn er nachträglich in einem eigenen Aufsatz, auf den er bei der Drucklegung seiner Arbeit verweisen konnte, meine Thesen widerlegt hat[4].

Eine wissenschaftliche Streitfrage, die seit Jahrhunderten die Gemüter

---

* Erstmals erschienen in: Zeitschrift für Kirchengeschichte 88 (1977) 309–329.

[1] Erschienen in der Reihe »Theophaneia. Beiträge zur Religions- und Kirchengeschichte des Altertums«, Band 25 (Köln–Bonn 1975).

[2] Vgl. K. Gamber, Die Autorschaft von De sacramentis. Zugleich ein Beitrag zur Liturgiegeschichte der römischen Provinz Dacia mediterranea (= Studia patristica et liturgica 1, Regensburg 1967). Hier werden S. 9 weitere Arbeiten von mir zur Verfasserfrage genannt.

[3] G. Morin, Pour l'authenticité du De sacramentis et de l'Explanatio symboli de S. Ambroise, in: Jahrbuch für Liturgiew. VIII (1928) 86–106; O. Faller, Ambrosius der Verfasser von De sacramentis, in: Zeitschrift für kathol. Theologie 64 (1940) 1–14, 81–101; R. H. Connolly, The De sacramentis a work of St. Ambrose (Downside Abbey 1942); B. Botte, Ambroise de Milan: Des sacrements, Des mystères (= Sources Chrétiennes).

[4] J. Schmitz, Zum Autor der Schrift »De sacramentis«, in: Zeitschrift für kathol. Theologie 91 (1969) 59–69; dagegen Gamber, ebd. 587–589.

der Patristiker bewegt, kann man jedoch nicht so einfach vom Tisch
wischen, wie es der Autor hier tut. Warum ist er nicht auch innerhalb
seiner Arbeit und zwar an Stellen, bei denen es sich von selbst ergeben
mußte, auf die Problematik der Autorschaft eingegangen? Vor allem
dann, wenn M und S nicht den gleichen Ritus vorauszusetzen scheinen
oder sonstige sachliche Unterschiede zwischen beiden Schriften bestehen.

Es dürfte von Nutzen sein, hier nochmals kurz die wichtigsten Tatsachen, die gegen eine Abfassung von S durch Ambrosius sprechen, unter
Verweis auf die entsprechenden Seitenzahlen in meiner Studie »Die
Autorschaft von De sacramentis«, aufzuzeigen. Zuerst sind jedoch die
Argumente zu nennen, die für eine Abfassung von S durch Ambrosius
hauptsächlich angeführt werden: so die handschriftliche Überlieferung,
die S vom 9. Jh. an dem Ambrosius zuweist (S. 18–26)[5], weiterhin sti-
listische Gemeinsamkeiten sowie die Abhängigkeit S von M, wobei man
die nicht zu übersehenden liturgischen und sonstigen Unterschiede durch
die Hypothese zu erklären versucht, in S liege das gesprochene und in
M das literarisch überarbeitete Wort des Ambrosius vor[6]. Es läßt sich
jedoch zeigen, daß S jünger ist als M (S. 29–55).

Die handschriftliche Bezeugung ist ohne Zweifel ein starkes Argument;
dieses ist jedoch in keiner Weise einheitlich. Die ältesten Handschriften
überliefern S nämlich anonym oder unter einem anderen Namen (Augustinus). Erst später hat man S wegen seines gleichen Inhalts an M
angefügt, eine Übung, die hinsichtlich anderer Werke des Ambrosius
bereits von Cassiodor († 580) bezeugt wird, wenn er davon spricht, daß
den Ambrosius-Schriften »De fide« und »De spiritu sancto« eine ähnliche Schrift des Niceta beigesellt werde (S. 19). Wegen der Verbindung von M und S kam es später auch zu einer literarischen Zuweisung
an Ambrosius.

Gegen diesen als Verfasser sprechen vor allem Überlegungen liturgie-
geschichtlicher Art. So entspricht der Ritus in M deutlich dem gallikanisch-oberitalienischen[7], der in S dem römischen Brauch. Dies zeigt

[5] Vgl. O. Faller, Was sagen die Handschriften zur Echtheit der sechs Predigten S. Ambrosii De sacramentis?, in: Zeitschrift für kathol. Theologie 53
(1929) 41–65.
[6] Diese Hypothese hat erstmals F. Probst, Die Liturgie des 4. Jahrhunderts
und ihre Reform (Münster 1893) 232–239, vertreten.
[7] Vgl. K. Gamber, Zur ältesten Liturgie von Mailand, in: Ephem. lit. 77
(1963) 391–395.

sich vor allem im Fehlen der Körpersalbung vor der Taufe in M (S. 34–38), während in S wiederum kein Wort von einer Überreichung des weißen Kleides nach der Taufe gesagt wird (S. 44–45). Der in S zitierte Canon-Text ist afrikanisch-römisch und in Mailand nie gebraucht worden (S. 56–65). Wir werden darauf unten besonders einzugehen haben.

Gegen Ambrosius als Autor von S sowie der den Taufkatechesen in einigen Handschriften vorangehenden Explanatio symboli[8] spricht weiterhin die Tatsache, daß hier Schriften benützt werden, die erst nach dem Tod des Ambrosius verfaßt bzw. herausgegeben worden sind, wie die mystagogischen Katechesen des Cyrill durch Bischof Johannes von Jerusalem (S. 94–95)[9] und der Symbolum-Kommentar des Rufinus von Aquileja (S. 80–86)[10].

Für Niceta von Remesiana († um 420) als Autor von S wurden von mir folgende Beobachtungen angeführt: S erweist sich deutlich als einen Teil der nur bruchstückweise erhaltenen »Instructio ad competentes« dieses Bischofs (S. 72–79); S zeigt außerdem den gleichen Stil wie die bekannten Schriften des Niceta (S. 101–106). Auch eine Reihe sachlicher Übereinstimmungen mit diesen, nicht zuletzt in liturgischer Hinsicht, lassen sich feststellen (S. 107–120).

Hinsichtlich der Abhängigkeit S von M ist zu sagen: Niceta ist in seinen übrigen Schriften ebenfalls von Ambrosius abhängig (S. 95–98), wie er ähnlich andere Autoren benützt, darunter die Katechesen des Cyrill. Auch Ambrosius hat bekanntlich Vorlagen verwendet[11].

Die These von der Autorschaft des Niceta soll jedoch im folgenden unberücksichtigt bleiben. Es werden in der Untersuchung lediglich die Unterschiede zwischen M und S, soweit sie ritueller Art sind, aufgezeigt. Dadurch soll der von Ambrosius in M und in anderen Schriften tatsächlich bezeugte Ritus von Mailand dargelegt werden und zwar unter

[8] Vgl. R. H. Connolly, The Explanatio symboli ad initiandos. A Work of Saint Ambrose (= Texts and Studies, Vol. X, Cambridge 1952).

[9] Die Frage ist noch strittig; vgl. Altaner–Stuiber, Patrologie (Freiburg 1966) 312.

[10] Vgl. K. Gamber, Geht die sog. Explanatio symboli ad initiandos tatsächlich auf Ambrosius zurück?, in: Polychordia. Festschrift Franz Dölger II (Amsterdam 1967) 184–203.

[11] Vgl. O. Hiltbrunner, Die Schrift »De officiis ministrorum« des hl. Ambrosius und ihr ciceronisches Vorbild, in: Gymnasium 71 (1964) 174–189. Auch Augustinus hat Schriften des Ambrosius benützt; vgl. P. Rollero, La Expositio evangelii secundum Lucan di Ambrogio come fonte della esegesi agostiniana (Torino 1958).

Auslassung der immer wieder verwendeten Angaben in S, weil hier deutlich der Ritus einer anderen Kirche beschrieben wird. Dabei werden auch einige neue Argumente, die gegen eine Autorschaft von S durch Ambrosius sprechen, über meine diesbezügliche Studie hinaus, vorgebracht werden.

1. Zur altmailändischen Taufliturgie

Schmitz spricht im 1. Teil seiner Arbeit (S. 3 ff.) zuerst von Termin, Zeit und Ort der Taufe und stellt dabei S. 4 (ebenso S. 70) die Behauptung auf, daß das Baptisterium in Mailand nur einmal im Jahr vom Bischof betreten worden sei. Als Beweis führt er eine Stelle in S (4,1 f.) an. Doch bezieht sich hier der Satz »in quo semel in anno summus sacerdos intrare consuevit« deutlich auf den Hohenpriester des Alten Bundes und das Allerheiligste des Tempels in Jerusalem und nicht, wie Schmitz interpretiert, auf den Bischof und das Baptisterium. Bekanntlich wurde die Taufkapelle mehrmals im Jahr »processionaliter« besucht, so außer an »Pascha annotina« während den einzelnen Tagen der Osterwoche[12], in Rom im Anschluß an die jeweilige Ostervesper, wo nach dem Gregorianum »ad fontes« eine Oration gesprochen wurde[13].

Der Brauch die Taufkapelle »sancta sanctorum« zu nennen (vgl. Schmitz 85), findet sich nur in M (2,5), nicht jedoch in S. Er begegnet uns auch bei Cyrill von Jerusalem (Cat. Myst. 1,11). Im gallikanischen Ritus ist »sancta sanctorum« die Bezeichnung für den Altarraum[14].

Ebenso scheint die Behauptung von Schmitz (S. 15 bzw. 70), daß das Mailänder Baptisterium keine Nebenräume besessen habe, nicht genügend bewiesen zu sein. Die Ausgrabungen, die wegen der Bebauung des Geländes nur zum Teil erfolgen konnten, verbieten die Annahme nicht, daß in Mailand, wie anderswo, so in Jerusalem und Rom, der eigent-

---

[12] Für Aquileja haben wir das Zeugnis der dortigen Evangelienliste; vgl. K. Gamber, Die älteste abendländische Evangelien-Perikopenliste vermutlich von Bischof Fortunatianus von Aquileja († nach 360), in: Münchener Theol. Zeitschrift 13 (1962) 188–190.

[13] Vgl. K. Gamber, Sacramentarium Gregorianum I (= Textus patristici et liturgici 4, Regensburg 1966) 68–71.

[14] Vgl. O. Nußbaum, Sancta sanctorum, in: Römische Quartalschrift 54 (1959) 234–246, hier 238.

liche Taufraum mit der Piscina von Nebengebäuden umgeben war, die zusammen die »baptisterii basilica« gebildet haben. In diesen fand ein Teil der Taufzeremonien statt, so z. B. der Ritus der »apertio«. Skrutinien werden, wie Schmitz S. 67 meint, von Ambrosius nur einmal erwähnt, wobei als Zeugnis die oben bereits genannte Explanatio symboli angeführt wird. Diese in einigen Handschriften mit S verbundene Katechese, die bei der »Traditio symboli« gehalten wurde, stammt jedoch nach allgemeiner Ansicht vom gleichen Verfasser, auf den auch S zurückgeht[15]. Deshalb muß dieses Argument notwendigerweise für die Taufliturgie von Mailand wegfallen. Doch dürfte die Aussage der alten Mailänder Meßbücher, die durch Zeugnisse aus Aquileja bestätigt wird[16], wonach am 3., 4. und 5. Sonntag in der Quadragesima Skrutinien stattgefunden haben, Beweis genug sein für den Brauch dieser drei Skrutinientage schon zur Zeit des Ambrosius (vgl. auch Schmitz S. 69).

Die »Traditio symboli« fand in Mailand, wie S. 70 richtig bemerkt wird, am Sonntag vor Ostern statt. Der S. 72 f. angeführte Wortlaut des Symbolums beruht jedoch allein auf der (falschen) Voraussetzung, daß die eben erwähnte Explanatio symboli auf Ambrosius zurückgeht. Das darin vorkommende Symbolum ist ganz deutlich das der Kirche von Rom[17]. Den Wortlaut des Symbolums, das in Mailand zur Zeit des Ambrosius üblich war, kennen wir nicht.

Verfehlt dürfte auch die Behauptung sein (S. 73), daß das von Hilarius zitierte Glaubensbekenntnis des arianischen Bischofs Auxentius, des Vorgängers des Ambrosius, offiziell im Taufritus verwendet worden sei. Es handelt sich vielmehr, ähnlich wie bei der Professio fidei des Gotenbischofs Ulfila[18], um eine persönliche Glaubensaussage des Auxentius im damaligen Dogmenstreit.

Die »Redditio symboli« (vgl. Schmitz S. 75) erfolgte in Mailand wohl am Karsamstag Morgen. Dies dürfen wir aus einem alten oberitalienischen Taufordo schließen – er wird von Schmitz in seiner Arbeit überhaupt nicht erwähnt –, wo als Zeitpunkt die »hora quarta« angegeben

---

[15] Vgl. Connolly, The Explanatio symboli (oben Nußnote 8) 28–39, der sich immer wieder auf Ähnlichkeiten mit S bezieht.

[16] Vgl. Gamber, Die älteste abendländische Evangelien-Perikopenliste (oben Fußnote 12) 183.

[17] Vgl. Gamber, Die Autorschaft von De sacramentis (oben Fußnote 2) 86–89.

[18] Vgl. Fr. Kauffmann, Aus der Schule des Wulfila (Straßburg 1899) 23.

wird[19]. Dieser Termin ist auch im Gelasianum (»mane«)[20] für Ravenna[21] und im Gregorianum für Rom bezeugt (»in sabbato paschae«)[22]. In Rom war damit die »Redditio orationis dominicae« verbunden. Ob dies auch in Mailand der Fall war, wissen wir nicht.

Der Ritus der »apertio« schloß sich nach dem Gregorianum in Rom unmittelbar dieser »redditio« an. In S 1,2 ist ähnlich von Zeremonien die Rede, die noch von der eigentlichen Taufe und zwar »sabbato« stattgefunden haben. In M 2,3 wird dagegen kein Termin angegeben. Die Stelle »Post haec reserata sunt tibi sancta sanctorum, ingressus es regenerationis sacrarium« (2,5) läßt eher darauf schließen, daß in Mailand der Ritus der »apertio«, ähnlich wie bei Ps-Maximus von Turin[23] und in späteren Liturgiebüchern, so etwa im Sakramentar von Monza[24], unmittelbar mit dem Taufakt verbunden war[25].

Die bei der »apertio« gebrauchte Formel (vgl. Schmitz S. 81 f.) lautete in Rom und allem Anschein nach auch im Ritus, wie er in S beschrieben wird, kurz: »Effeta«, ohne jeden weiteren Zusatz. Der Wortlaut in M läßt auf eine erweiterte Formel schließen: »Effeta quod est adaperire . . .«, wie sie sich auch für andere oberitalienische Kirchen nachweisen läßt[26]. Daß in M und S jeweils eine andere symbolische Deutung dieser Zeremonie gegeben wird, hat auch Schmitz S. 82 f. erkannt, ohne freilich daraus die notwendigen Schlußfolgerungen hinsichtlich der Autorschaft von S zu ziehen.

Im römischen Sacramentarium Gregorianum (Nr. 66 ed. Gamber) folgt

---

[19] Vgl. C. Lambot, North Italian Services of the eleventh Century (= HBS 67, London 1931) 30.

[20] »Sabbatorum die mane reddunt infantes symbolum« (ed. Mohlberg Nr. 419).

[21] Zum ravennatischen Ursprung vgl. K. Gamber, Missa Romensis (= Studia patristica et liturgica 3, Regensburg 1970) 107–115.

[22] Vgl. Gamber, Sacramentarium Gregorianum (oben Fußnote 13) 64.

[23] Ps-Maximus, Tractatus de baptismo 2 (PL 40, 1209); vgl. auch DACL II 326.

[24] Vgl. A. Dold – K. Gamber, Das Sakramentar von Monza (= 3. Beiheft zu den Texten und Arbeiten, Beuron 1957) Nr. 1109 ff.

[25] In S 1,3 heißt es dagegen: »Venimus ad fontem, ingressus es, unctus es«. Unter »fons« ist hier das Baptisterium mit seinen Nebenräumen gemeint. Ambrosius spricht dagegen in M konkret von »regenerationis sacrarium«, also dem eigentlichen Taufraum (»sancta sanctorum«).

[26] Vgl. Dold–Gamber, Das Sakramentar von Monza Nr. 1109: »Effeta quod est adaperire in odorem suauitatis. tu autem effugare diabule. adpropinquauit enim iudicium dei«; anderswo in Oberitalien lautet die Formel: »Effeta per uirtutem Christi«, vgl. Lambot (oben Fußnote 19) 16.

auf den »Effeta«-Ritus unmittelbar die Salbung »de oleo sancto«. Dies dürfte auch für den in S beschriebenen Taufritus zutreffen, wo es 1,4 heißt: »Venimus ad fontem, ingressus es, unctus es«. Eine Formel wird für diese Salbung in S nicht genannt, eine solche fehlt auch im Gregorianum. Da von Ambrosius in M eine Salbung vor der Taufe überhaupt nicht erwähnt wird, ist zu folgern, daß eine solche in der alten Liturgie von Mailand unbekannt war, zumal sie in den älteren gallikanischen Liturgiebüchern ebenfalls nicht erscheint[27]. Auch von hier aus gesehen, kann S nicht auf Ambrosius zurückgehen[28].

Nach der Salbung findet nach dem Zeugnis von S und des Gregorianum die Abrenuntiation der Täuflinge statt. Damit haben in Rom und in der Kirche des Autors von S die Vorbereitungszeremonien am Karsamstag-Morgen ihren Abschluß gefunden.

Wie lagen die Verhältnisse aufgrund des Zeugnisses des Ambrosius in Mailand? In M findet der Ritus der »Apertio« in der Basilika bzw. in den Nebenräumen des Baptisteriums statt. Danach geht man zum »regenerationis sacrarium« (2,5). Schmitz wirft S. 85 ff. die Frage auf, ob zuerst die Abrenuntiation und dann die Taufwasserweihe erfolgt ist oder umgekehrt und entscheidet sich für die letztere Annahme: zuerst Taufwasserweise, dann Abrenuntiation. Seine Gründe (S. 87) überzeugen nicht. Vor allem vermißt man einen Beweis dafür, daß »nach Ambrosius' eigener Darstellung ... auf die Abrenuntiation unmittelbar der Taufakt« (S. 87) gefolgt ist.

Feststeht, daß in M 2,5 nach der Öffnung des Baptisteriums für die Taufkandidaten zuerst die Abrenuntiation erwähnt wird. Während der Autor von S 1,5 den Text dieser Absage an den Teufel wörtlich zitiert (vgl. Schmitz S. 116), heißt es in M umschreibend: »Renuntiasti diabolo et operibus eius ...«. Den genauen Wortlaut der Mailänder Formel zi-

---

[27] So nicht im Missale Gothicum, wo der Taufritus unter der Überschrift »Ad christianum faciendum« vor der »Missa in uigiliis sanctae paschae« eingefügt ist (ed. Mohlberg 252–265), sowie im Missale Gallicanum Vetus (ed. Mohlberg 163–177). Das Bobbio-Missale (ed. Lowe 228–254) zeigt dagegen bereits einen jüngeren Ritus. Hier ist in Formel 242 von einer Salbung vor der Abrenuntiatio die Rede, bedingt durch das Vordringen des römischen Ritus in Oberitalien seit dem 6./7. Jahrhundert.

[28] Umso eigenartiger ist es, daß diese Unterschiede im Taufritus zwischen M und S bis jetzt so wenig beachtet worden sind, auch nicht von V. Monachino, La cura pastorale a Milano, Cartagine e Roma nel sec. V (Roma 1947) oder L. L. Mitchell, Ambrosian Baptismal Rites, in: Studia Liturgica 1 (1962) 241–253 (letztere Arbeit wird von Schmitz nicht angeführt).

tiert Ambrosius in Exam. 1, 4, 14. Dieser lautet ganz ähnlich wie in der Traditio apostolica aus dem Anfang des 3. Jh.[29] und bei Cyrill von Jerusalem[30]: »Abrenuntio tibi diabole et operibus tuis et imperiis tuis«. Im Gegensatz zu S, wo der Täufling auf die Frage, ob er dem Teufel abschwört, ähnlich wie im römischen Ritus, einfach mit »Abrenuntio« antwortet[31], liegt in der Formel bei Ambrosius eine direkte Aussage vor: »Ich widersage dir, Teufel ...«. Vergleicht man diese Formel mit dem umschreibenden Text in M, so ergibt sich kein Widerspruch. Daß hier statt »imperiis tuis« von »mundo et luxuriae eius ac voluptatibus« (2,5) geredet wird, bedeutet keine Schwierigkeit, da Ambrosius in M offensichtlich eine freie Wiedergabe des liturgischen Textes gibt und das »imperiis tuis« näher erklären will.

Den sich deutlich zeigenden Unterschied in der Abrenuntiationsformel zwischen M und S und die Schwierigkeit, die sich daraus für die Autorschaft von S durch Ambrosius ergibt, versucht Schmitz S. 118 mit dem Hinweis zu entkräftigen, Ambrosius habe gar nicht eine liturgische Formel seiner Bischofstadt, sondern die einer anderen, vielleicht die von Aquileja, zitiert. Auch sei es damals noch verboten gewesen, in einer für die Öffentlichkeit bestimmten Schrift eine liturgische Formel wörtlich zu zitieren. Letztere Behauptung muß Schmitz erst beweisen; ein allgemeiner Hinweis auf die Arkandisziplin genügt hier nicht. Diese war, wie Kretschmar mit Recht betont, wenigstens was die Zeit nach Konstantin betrifft »weitgehend Fiktion«[32].

Auf die Abrenuntiation folgt in M 3,8 die Weihe des Taufwassers: »Quid vidisti? aquas utique, sed non solas: levitas illic ministrantes, summum sacerdotem interrogantem et consecrantem.« Über die Taufwasserweihe spricht Schmitz S. 85–104 ausführlich, wobei er, wie auch

---

[29] »Ich widersage dir, Satan, und aller deiner Dienerschaft und allen deinen Werken«; vgl. Trad. apost. 21 (ed. Botte 46).
[30] Von Schmitz nicht angeführt. Die Formel lautet hier: »Ich widersage dir, Satan, und allen deinen Werken und allem deinem Pomp«; vgl. Cat. myst. 1, 4–6.
[31] Vgl. Sacramentarium Gregorianum (287 ed. Gamber).
[32] Vgl. G. Kretschmar, Die Geschichte des Taufgottesdienstes in der alten Kirche, in: Leiturgia. Handbuch des evangelischen Gottesdienstes V (Kassel 1970) 163, Anm. 59: »Rufin von Aquileja hat seine explanatio symboli am Anfang des 5. Jh. auf Wunsch seines Bischofs als literarisches Werk verfaßt, auch ein Hinweis darauf, daß die Arkandisziplin weitgehend Fiktion war«; vgl. auch hier S. 171 f. Andererseits warnt Ambrosius, De Cain I, 9 (PL 14, 335 A): »Cave ne incaute symboli vel dominicae orationis divulges mysteria«; ähnlich De inst. virg. 2, 10 (PL 16, 308 A).

sonst in seiner Abhandlung, die Angaben in M und S in gleicher Weise für die Mailänder Liturgie in Anspruch nimmt. Während jedoch der Autor von S auf die Gliederung des Weihegebets (Exorzismus, »invocatio« = Epiklese, »prex« = Weihegebet)[33] eingeht (1,18)[34], vermissen wir in M einen solchen näheren Hinweis. Es wird hier 5,27 lediglich erwähnt, »adesse dominum Iesum precibus sacerdotum«.

In der Schrift des Ambrosius in Luc 10,48 findet sich ein längerer Text, der zum Teil im Taufwasserweihegebet in den späteren Mailänder Liturgiebüchern wiederkehrt. Schmitz hat sich S. 94–98 eingehend mit diesem Text befaßt. Er sieht in ihm ein Loblied auf das Wasser (»laudes aquae«) und kommt zu dem Schluß, daß »Ambrosius bei der Kommentierung des Lukasevangeliums sich mit einem selbstverfaßten Hymnus den damals üblichen Gepflogenheiten angeschlossen hat, und daß der Hymnus dann in späterer Zeit von irgendeinem Autor bei der Abfassung des Taufwasserweihegebets der mailändischen Liturgie als Vorlage benutzt worden ist« (S. 98).

Forscher wie Probst, De Puniet und Magistretti sehen jedoch darin ein Zitat aus der in Mailand bei der Weihe des Taufwassers üblichen Formel durch Ambrosius[35], andere halten dies, wie Kretschmar, wenigstens für möglich[36]. Letzterer verweist auf eine Parallele bei Cyrill, Procat. 16, wo sich der Bischof von Jerusalem »erstaunlich weitgehend mit einzelnen Abschnitten des späteren westsyrischen Wasserweihegebets« berührt[37]. Ähnlich liegt der Fall bei Petrus Chrysologus, der Sätze aus der ravennatischen bzw. römischen Formel zitiert und aus diesem Grund als der Autor dieses Gebetes angesehen wurde, sicher zu Unrecht[38].

[33] Die Bezeichnung »prex« für das Weihe- bzw. Eucharistiegebet ist typisch für die afrikanisch-römische Liturgie; vgl. Gamber, Missa Romensis (1970) 56–58; sie findet sich in Mailand nicht.
[34] Vielleicht handelt es sich ganz konkret um die Formeln aus dem Gelasianum (ed. Mohlberg): 607 (Exorcismus), 444 (Epiklese) mit der Anrufung »adesto« und 445 (großes Weihegebet). Auf die darin vorkommende Stelle: »Descendat in hanc plenitudinem fontis uirtus spiritus sancti« könnte in S, 2,14 (»Vultis scire quia descendit spiritus?«) angespielt sein.
[35] Vgl. F. Probst, Die ältesten römischen Sacramentarien und Ordines (Münster 1892) 222–225; P. de Puniet, Bénédictions de l'eau, in: DACL 2, 1 708–711; M. Magistretti, La Liturgia della Chiesa Milanese nel sec. IV (Milano 1899) 17 f.
[36] Kretschmar (vgl. oben Fußnote 32) 231, Anm. 295.
[37] Kretschmar 202, Anm. 193.
[38] Vgl. A. Olivar, San Piedro Crisológo autor del texto de la bendicción de las fuentas bautismales?, in: Ephem. liturg. 71 (1975) 280–292; ders., Vom Ursprung der römischen Taufwasserweihe, in: Archiv für Liturgiew. VI, 1 (1959) 62–78.

Schmitz bringt auch hier wieder (S. 97) den Hinweis auf die Arkandisziplin, jedoch genauso wenig begründet wie im vorigen Fall. Er hat aber nicht erwähnt, daß die gleiche liturgische Formel, aus der nach Meinung bedeutender Liturgiewissenschaftler Ambrosius frei zitiert, auch in einem spanischen (mozarabischen) Liturgiebuch vorkommt[39]. Nun ist in diesem Zusammenhang interessant, daß hier nicht genau der Wortlaut der Mailänder Formel vorliegt und daß ferner an einer Stelle der spanische Text länger ist als der mailändische. Auch zu diesem längeren Text findet sich eine Parallele in der zitierten Stelle bei Ambrosius.

Wegen der geringen Wahrscheinlichkeit, daß man sowohl in Spanien als auch in Mailand genau den gleichen Ambrosiustext bei der Abfassung des Weihegebets benützt hat, ist die Schlußfolgerung zu ziehen: beide Texte gehen auf eine gemeinsame Quelle zurück. Diese müssen wir entweder im »Liber mysteriorum« des Hilarius von Poitiers († 376), dem ältesten bezeugten gallikanischen Sakramentar[40], oder in einem anderen frühen gallischen oder mailändischen Liturgiebuch suchen. Es läßt sich, wie wir im 1. Kapitel sahen, die Existenz solcher Bücher in Oberitalien schon um 400, in Spanien erst seit dem Konzil von Toledo v. J. 633 nachweisen[41].

Ein ähnlicher Fall wie in unserem Taufwasserweihegebet liegt in der bereits oben S. 17 in anderem Zusammenhang zitierten Formel »Habentes igitur ante oculos« vor, einem Gebet nach dem Einsetzungsbericht (»Oratio post secreta«). Diese Formel findet sich sowohl in einem gallikanischen (südgallischen) Sakramentar als auch im mozarabischen Meßbuch[42]; auf sie wird außerdem, was für uns hier wichtig ist, ganz deutlich von Gaudentius von Brescia († 410) angespielt. Es muß demnach, wie anderenorts ausführlich dargelegt, schon um 400 in Oberitalien ein gallisches (gallikanisches) Liturgiebuch in Gebrauch gewesen sein[43]. In diesem könnte sowohl die Formel für die Taufwasserweihe,

---

[39] Vgl. J. Krinke, Der spanische Taufritus im frühen Mittelalter, in: Gesammelte Aufsätze zur Kulturgeschichte Spaniens (= Spanische Forschungen der Görresgesellschaft I, 9 Münster 1954) 33–116, hier 89 f.

[40] Vgl. K. Gamber, Der Liber mysteriorum des Hilarius von Poitiers, in: Studia patristica V (= Texte und Untersuchungen 80, Berlin 1962) 40–49 und oben »Zu den ältesten lateinischen Liturgiebüchern«.

[41] Vgl. K. Gamber, Ordo antiquus Gallicanus (= Textus patristici et liturgici 3, Regensburg 1965) 9.

[42] Vgl. B. Fischer – J. Wagner, Paschatis Sollemnia (Basel 1959) 171.

[43] Vgl. Gamber, Die Autorschaft von De sacramentis 57 f.

aus der Ambrosius fast wörtlich zitiert und sie zu »laudes aquae« erweitert, enthalten gewesen sein als auch die Formel »Habentes igitur ante oculos«, auf die Gaudentius anspielt.

Die Taufspendung mit den dabei gebrauchten Formeln wird in S 2,20 eingehend beschrieben. Diese entsprechen weithin dem altrömischen Ritus, wie er am frühesten im Sacramentarium Gelasianum (449 ed. Mohlberg) vorliegt. Die Taufspendung ist mit einer dreifachen Frage verbunden, wobei der Täufling jeweils nach seiner Antwort: »Credo« ins Wasser getaucht wird. Die später (zusätzlich) angewandte Taufformel »Ego te baptizo . . .«, die noch im Gelasianum fehlt, ist in S nicht bezeugt.

Welche Formel in Mailand bei der Taufspendung gebraucht worden ist, wird aus den Angaben in M 5,28 nicht deutlich. Es ist nicht auszuschließen, daß die Formel anders gelautet hat als in S. Der allgemein gehaltene Text in M läßt jedenfalls mehrere Möglichkeiten offen[44]. So finden wir z. B. im Missale Gallicanum Vetus eine von S stark abweichende Taufformel[45].

Sowohl in M 3,12 als auch in S 1,12 ist ferner von einem Durchzug der Neophyten durch das Wasser des Taufbrunnens als einer Nachbildung des Durchzugs der Juden durch das Rote Meer die Rede, wobei das Wort »Pascha« im Anschluß an Philo beidemal mit »transitus« (διάβασις) wiedergegeben wird.

Unterschiedlich ist in M und S die symbolische Deutung dieses »transitus«. Während es in S heißt: »Qui per hunc fontem transit, non moritur sed resurgit«, betont Bischof Ambrosius in M ebenso wie Philo mehr die ethische Seite: »Culpa demergitur et error aboletur, pietas autem et innocentia tota pertransit«. Ähnlich sagt er in psalm. 118,3,14:

[44] In M 5,28 heißt es: »Recordare quid responderis, quod credas in patrem, credas in filium, credas in spiritum sanctum . . . quod in crucem solius domini Iesu fateris tibi esse credendum.« Da das »in crucem« auch in der Formel in S 2,20 vorkommt, wurde dies als ein Argument für den ambrosianischen Ursprung von S angesehen; vgl. B. Botte, L'authenticité du De sacrements, in: Sources Chrétiennes Nr. 25 bis (Paris 1961) 12–13, doch fällt dieses bei den zahlreichen Gegengründen nicht ins Gewicht, zumal Ambrosius hier nicht wörtlich zitiert (vgl. Fußnote 45).

[45] »Credis patrem et filium et spiritum sanctum unius esse uirtutis? – Credo. Credis patrem et filium et spiritum sanctum eiusdem esse potestatis? – Credo. Credis patrem et filium et spiritum sanctum trinae ueritatis una manente substantia deum esse perfectum? – Credo« (172 ed. Mohlberg); vgl. damit M 5,28: »Non habes hic: Credo in maiorem et minorem et ultimum, sed eadem vocis tuae cautione constringeris ut similiter credas in spiritum sicut credis in filium.«

»... transivimus ... per aquam ut abluantur peccata«. An anderen Stellen, so in Cain et Abel 1,8,31 spricht er von einem »transitus ... a passionibus ad exercitia virtutis« und Exam. 1,4,14 ähnlich von einem solchen »a vitiis ad virtutem«. Von dem S 1,12 genannten »transitus a peccato ad vitam, a culpa ad gratiam« findet sich nichts in den zitierten Stellen bei Ambrosius. Dies alles hat Schmitz S. 159 f. auch gesehen, ohne jedoch eine Schlußfolgerung daraus zu ziehen. Im Anschluß an die Taufe werden nach M (6,29) und S (3,1) die Neophyten gesalbt. Während Ambrosius in M diese Salbung »unguentum« nennt, wird sie vom Verfasser von S »myrum (hoc est unguentum)« genannt. Der griechische Ausdruck (μῦρον) ist im Abendland sonst nicht üblich gewesen.

In S wird der Wortlaut der Salbungsformel vollständig wiedergegeben (2,24):

> Deus pater omnipotens qui te regeneravit ex aqua et spiritu sancto[46] concessitque tibi peccata tua: ipse te unguet in vitam aeternam.

Es entspricht nicht den Tatsachen, wenn Schmitz S. 163 mit Verweis auf Borella sagt[47], daß diese Formel »von geringfügigen Änderungen abgesehen, in der mailändischen Liturgie erhalten geblieben« sei. Hier lautet sie vielmehr fast völlig gleich mit der entsprechenden Formel im Gelasianum (Nr. 450 ed. Mohlberg) und im späteren Rituale Romanum:

> Deus omnipotens pater domini nostri Iesu Christi, qui te regeneravit ex aqua et spiritu sancto. quicque dedit tibi remissionem omnium peccatorum: ipse te linit chrismate salutis in Christo Iesu domini nostro.

Die zitierte Formel konnte sich nie aus der in S entwickeln. Die vorhandenen Übereinstimmungen sind Gemeingut der abendländischen Kirche, wie u. a. ein Vergleich mit dem in den Arianischen Fragmenten mitgeteilten Text zeigt[48].

Nach der Salbung wurde nach M (6,31) und S (3,4) im Baptisterium

---

[46] Dieses »Sancto« findet sich nur in einer, wenn auch sehr wichtigen Gruppe von Handschriften.
[47] P. Borella, Il rito ambrosiano (= Biblioteca di scienze religiose 3,10 Brescia 1964) 287 f.
[48] Text u. a. bei L. C. Mohlberg – L. Eizenhöfer – P. Siffrin, Sacramentarium Veronense (Roma 1956) Nr. 1542 S. 202; vgl. auch unten S. 148.

die Lesung von der Fußwaschung Jesu (Joh 13,1–15) vorgetragen. In beiden Schriften werden einige Sätze aus dieser Perikope wörtlich angeführt. Die Zitate stimmen nicht überein. Dies bedeutet, daß der Verfasser von M und der von S einen anderen Bibeltext benützt haben. Während M in Vers 13,10 z. B. fast genau mit der späteren Fassung in der Vulgata übereinstimmt, lautet der Text in S: »Qui lavit non necesse habet iterum lavare, nisi ut solos pedes lavet«.

An die Lesung schloß sich die Fußwaschung der Neophyten durch den Bischof an (M 6,33; S 3,7). Eine solche Fußwaschung nach der Taufe ist kein Sondergut des gallikanisch-oberitalienischen Ritus, wie man lesen kann, sie blieb in diesem Liturgiebereich nur länger erhalten als in den übrigen abendländischen Kirchen[49]. In Rom scheint sie nie üblich gewesen zu sein, weshalb der Verfasser von S, der wie er selbst betont, dem Brauch der römischen Kirche folgte, den diesbezüglichen Brauch seiner Kirche verteidigen zu müssen glaubte (3,5).

Während es in M (7,34) heißt: »Accepisti post haec vestimenta candida«, wird in S die Überreichung der weißen Taufkleider mit keinem Wort erwähnt. Dies muß freilich nicht heißen, daß eine solche in der betreffenden Kirche nicht stattgefunden hat, wenn auch nicht als feierlicher liturgischer Akt durch den Taufenden selbst, wie es die ältesten gallikanischen Liturgiebücher, so das Missale Gothicum, kundtun. Hier wird dabei die folgende Formel gesprochen (Nr. 263 ed. Mohlberg):

Accipe vestem candidam quam inmaculatam perferas ante tribunal domini nostri Iesu Christi[50].

Fast gleich lautet diese Formel im Bobbio-Missale (Nr. 250 ed. Lowe) sowie im Sakramentar von Monza (Nr. 1117 ed. Dold–Gamber). Nach dem Ordo Romanus VII werden die Neugetauften von den Paten formlos mit den weißen Kleidern bekleidet[51], was auch für den Ritus

---

[49] So verbietet z. B. Canon 48 der um 309 zu Elvira in Spanien abgehaltenen Synode diese Fußwaschung; vgl. Th. Schäfer, Die Fußwaschung im monastischen Brauchtum und in der lateinischen Liturgie (= Texte und Arbeiten 47, Beuron 1956) 1 f.

[50] Auf diese Formel wird auch in einer vielleicht aus Grado (bei Aquileja) stammenden Osterhomilie (vgl. Gamber, in: Sacris erudiri 12, 1961, 407–410) angespielt: »... ut vestem quam acceperint in baptismo, inmaculatam perferant ante tribunal Christi« (bei Dold, in: Texte und Arbeiten 44, Beuron 1954, 31).

[51] Ordo Rom. XI, 98 (Andrieu, Ordines Romani II, 446): »Et sunt parati qui eos suscepturi sunt cum linteis in manibus eorum et accipiunt ipsos a pontifice vel diaconibus qui eos baptizant.«

der Kirche des Verfassers von S zutreffen dürfte. Ebenso wird in den ältesten Sakramentaren, soweit sie den römischen Taufordo aufweisen, so im Gelasianum und im Gregorianum von Modena[52], die Übergabe mit keinem Wort erwähnt.

Die Taufe schloß nach M (7,42) und S (3,8) mit der Firmung (»spiritale signaculum«). Wenn es hier 3,10 ferner heißt: »Istae sunt septem virtutes quando consignaris«, dann erinnert dies an die Überschrift und den Wortlaut der Formel 68 (ed. Gamber) im Sacramentarium Gregorianum (»ad infantes consignandos«, »... et consigna eos ...«). Schmitz meint S. 193: »Auf die Formel der geistigen Besiegelung spielt Ambrosius in Sacr. an. Daraus geht hervor, daß der Bischof eine Epiklese sprach.« Eine solche findet sich tatsächlich in der eben zitierten Formel, wenn es darin heißt: »emitte in eos septiformem spiritum«. Über den Wortlaut der Firmungs-Formel in Mailand läßt sich aus M nichts Sicheres schließen[53].

Nach der Firmung begann die Taufmeßfeier. Ambrosius sagt in M (8,43), daß die »abluta plebs« auf dem Weg zur Basilika den Psalmvers 42,4 gesungen hat: »Et introibo ad altare dei, ad deum qui laetificat iuventutem meam«. In S wird dagegen dieser Gesang der Neophyten nicht bezeugt; der Verfasser sagt lediglich, die Vorlage M benützend: »Dicat (bzw. dicit)[54] anima tua: Introibo ad altare dei mei ...« (auch hier wieder eine andere Fassung des Bibeltextes!)[55].

Auf diesem Zug wurde nach den Angaben in M außerdem der Psalm 22, ganz oder teilweise, gesungen; dieses Lied wird dagegen in S 5,13 als Kommuniongesang genannt. Wenn Schmitz S. 210 zur Erklärung des in M nicht ganz klaren Textes[56] auf S verweist, dann ist dies methodisch nur dann richtig, wenn M und S mit Sicherheit auf den gleichen Verfasser zurückgehen, was aber nicht der Fall ist.

[52] Zum Taufordo von Modena vgl. K. Gamber, in Texte und Arbeiten 52 (Beuron 1962) 114.
[53] Die Stelle M 7,42: »Significavit te deus pater, confirmavit te Christus dominus ...« könnte auf eine Formel wie im Gelasianum (Nr. 616 ed. Mohlberg) hinweisen: »Signum Christi in vitam aeternam«, wobei jedoch hier die Trinität nicht genannt wird.
[54] Der Text ist in den einzelnen Handschriften verschieden.
[55] In M finden wir zu Beginn ein zusätzliches »et«, während S »altare dei mei« liest.
[56] M 8,43: »Venit igitur et videns sacrosanctum altare conpositum exclamans ait: Parasti in conspectu meo mensam.« Es ist hier nur von dem zur Opferfeier vorbereiteten Altar und nicht von den eucharistischen Gaben darauf die Rede.

Zu den mystagogischen Katechesen in der Osterwoche, wovon S. 224 ff. gesprochen wird, sei bemerkt, daß es durchaus möglich, ja wahrscheinlich ist, daß Ambrosius seine Ansprache an die Neugetauften, so wie sie in M vorliegt, an einem einzigen Tag vorgetragen hat und zwar weitgehend so, wie der Text von ihm später veröffentlicht wurde. Wir werden darauf nochmals zurückkommen.

Die umfangreicheren Sermonen in S sind dagegen deutlich an sechs verschiedenen Tagen in der Osterwoche gehalten worden und zwar von Montag bis einschließlich Samstag. Die diesbezügliche Stelle ist in allen Handschriften schlecht überliefert; vermutlich liegt ein error archetypi vor. Gegen Faller und Schmitz S. 218 ff. möchte ich im Anschluß an F. Petit[57] und B. Botte[58] wie folgt lesen bzw. ergänzen:

crastina die et sabbato et dominica de ⟨oratione et de⟩ orationis ordine dicemus,

was zu übersetzen ist: »Am morgigen Tag und am Samstag werden wir sowohl[59] über das Herrengebet als auch über die (rechte) Ordnung des Gebetes sprechen.« Diese beiden Themen werden später in den Sermonen ausdrücklich genannt (5,18 bzw. 6,11). Der Rettungsversuch der Textfassung bei Faller durch Schmitz überzeugt nicht. Schmitz hat sich S. 223 und 335 auch mit den in Mailand während der Osterwoche im Gottesdienst vorgetragenen Perikopen befaßt. In M werden als eine Lesung aus dem Alten Testament der Abschnitt 2 Reg 5,1–19 (vgl. M 3,16), als eine Epistel vielleicht Eph 1,3–14 oder, weniger wahrscheinlich, 2 Cor 1,21–22 (vgl. M 7,42) sowie als eine evangelische Lesung Joh 5,1–15 (vgl. M 4,22) genannt. Außerdem wird die Perikope Gen 14 erwähnt, wobei der Redner darauf hinweist, daß dieser Abschnitt bereits vor einiger Zeit vorgetragen worden sei (»antiquiora docet lectio de Genesi quae decursa est« M 8,45). Außer der genannten Genesis-Perikope haben wir demnach in M drei Lesungen bezeugt. Mindestens zwei davon, nämlich die erste und dritte, finden wir auch im späteren Mailänder Ritus, und zwar am Dienstag in der Osterwoche (vgl. Schmitz S. 233). Die zweite Lesung, die Epistel,

---

[57] F. Petit, Sur les catéchèses baptismales de saint Ambroise. A propos du De Sacramentis IV, 29, in: Rev. bénéd. 68 (1958) 256–265.

[58] B. Botte (siehe oben Anm. 3) 210.

[59] In diesem Sinn könnte das »et« vor »dominica«, das verschiedentlich Verwirrung hervorgerufen hat, das aber alle Handschriften bezeugen, jedoch von Petit und Botte getilgt wird, zu recht bestehen.

wird in M nicht deutlich genug angesprochen. Genauso möglich wäre auch der Abschnitt Rom 3,1–14 (wie später üblich). Die Liturgie von Mailand kennt bekanntlich, nach gallikanischem Brauch, bis zum heutigen Tag nicht zwei, sondern drei Lesungen in der Meßfeier. Wenn also mindestens zwei dieser in M bezeugten Perikopen noch jetzt in Mailand am Dienstag in der Osterwoche ihren Platz haben, verstärkt dies unsere Vermutung, daß Ambrosius seine mystagogische Katechese, wie sie in M vorliegt, an einem einzigen Tag, näherhin an diesem Dienstag, vorgetragen hat. Ähnlich hat Augustinus die Neugetauften am Ostersonntag in einer einzigen Katechese in die christlichen Mysterien eingeweiht[60]. Jedenfalls läßt M, im Gegensatz zu S, keine Aufteilung auf einzelne Tage erkennen.

In S sind folgende Perikopen bezeugt; sie gehen teilweise mit denen bei Cyrill in seinen mystagogischen Katechesen zusammen:

Ostermontag:	1 Cor 10,1–11 (vgl. S 1,20)
	Joh 5,1–10 (vgl. S 2,3) = M 4,22
Osterdienstag:	Rom 6,3–14 (vgl. S 2,23) = Cyrill, C. M. 2
Ostermittwoch:	1 Cor 12,2–11 (vgl. S 6,9)
Osterdonnerstag:	1 Cor 11,23–32? (vgl. S 4,28) = Cyrill, C. M. 4
Osterfreitag:	keine Lesung erwähnt
Ostersamstag:	1 Tim 2,1–10? (vgl. S 6,11.22)

Also auch hier wieder auffällige Unterschiede zwischen M und S! Allein das Evangelium Joh 5,1–10 ist in M und S in gleicher Weise bezeugt, wenn auch in S ganz deutlich für den Montag und nicht für den Dienstag in der Osterwoche (»Quid lectum est heri?«).

2. Zum altmailändischen Eucharistiegebet

Hinsichtlich der Heimat des Canonstückes in S setzt sich Schmitz erstmals eingehender mit meinen Untersuchungen auseinander (S. 393 ff.) freilich auch hier nur mit einem einzigen, älteren Aufsatz, wo ich auf den mutmaßlichen afrikanischen Ursprung dieser Formel hingewiesen

[60] Vgl. H. Lang, S. Aurelii Augustini ... Textus Eucharistici Selecti (= Florilegium Patristicum 35, Bonn 1933) 12–24 (5 ähnliche Sermonen aus verschiedenen Jahren).

habe[61], ohne zugleich andere diesbezügliche Arbeiten von mir, vor allem meine Studie »Die Autorschaft von De sacramentis« zu berücksichtigen[62]. In diesen weiteren Arbeiten wird deutlich gemacht, daß um 400 in Oberitalien ein gallikanisches Meßbuch in Gebrauch war, allem Anschein nach der oben eingehend besprochene Liber mysteriorum des Hilarius von Poitiers.

Die Anspielung des Ambrosius auf den Canontext – sie ist schon von O. Casel beachtet worden[63] –, die sich deutlich auf den Einsetzungsbefehl sowie die nachfolgende Oration im späteren Mailänder Meßbuch bezieht (»Mandans quoque ...«) und wovon Schmitz S. 393 ff. allein spricht, wurde von mir in den Gesamtzusammenhang der oberitalienischen Liturgie des 4./5. Jh. gestellt, ohne den die untersuchte Ambrosius-Stelle weniger aussagekräftig wäre. Warum aber hat Schmitz die Gesamtheit meiner Argumente verschwiegen?

Das Eucharistiegebet der gallikanischen Sakramentare unterscheidet sich in wesentlichen Punkten vom afrikanisch-römischen, wie es in S vorliegt. Im gallikanischen Ritus ist lediglich der Einsetzungsbericht mit dem darauf folgenden erweiterten Einsetzungsbefehl konstant, alle übrigen Texte des Eucharistie- und Opfergebets sind variabel. Im afrikanisch-römischen Ritus war dagegen der gesamte Canon, die »canonica prex«, immer gleichlautend[64]. Es änderte sich nur der erste Teil, die Präfation mit dem abschließenden Sanctus. Daß das Canon-Stück in S zu letzterem Typus gehört, ist unbestritten[65].

Die Gründe, die für eine Entstehung des Canontextes in S in der frühen nordafrikanischen Kirche sprechen, sind nicht so stark, daß sie andere Möglichkeiten vollständig ausschlössen. Wir dürfen jedoch nicht vergessen, daß Nordafrika – und nicht Rom oder Mailand – die Heimat des lateinischen Christentums und der lateinischen Liturgie[66] in einer Zeit

[61] Das Eucharistiegebet in der frühen nordafrikanischen Liturgie, in: Liturgica 3 (= Scripta et Documenta 17, Montserrat 1966) 51–65.

[62] Ist der Canon-Text von De sacramentis in Mailand gebraucht worden?, in: Ephem. liturg. 79 (1965) 109–116; Die Autorschaft von De sacramentis 56–66.

[63] O. Casel, Das Mysteriumgedächtnis der Meßliturgie im Lichte der Tradition, in: Jahrbuch für Liturgiew. VI (1926) 113–204, hier 159.

[64] Vgl. K. Gamber, Missa Romensis (= Studia patristica et liturgica 3, Regensburg 1970) 56–88, vor allem auch 84 ff.

[65] Vgl. u. a. C. Coebergh, Il Canone della messa ambrosiana, una riforma romana a Milano, in: Ambrosius 31 (1955) 138–150.

[66] Vgl. G. Kunze, Die gottesdienstliche Schriftlesung I (Göttingen 1947) 103.

war, als in Rom im Gottesdienst noch weitgehend die griechische Sprache verwendet worden ist[67]. Erst im 4. Jh. hat sich Hilarius von Poitiers († 376) in Gallien in liturgischer Hinsicht schöpferisch betätigt[68]. Auf ihn geht, wie oben gezeigt, allem Anschein nach ein Jahressakramentar in lateinischer Sprache zurück.

Wenn sich daher zudem noch Hinweise in Schriften afrikanischer Väter finden lassen, die für eine Entstehung des Canonstückes in S in Nordafrika sprechen, dann gewinnt unsere obige These in starkem Maße an Wahrscheinlichkeit. Zu einer letzten Sicherheit wird man in dieser Frage wegen des Fehlens spezifischer Quellen – wie so oft was die Frühzeit betrifft – wohl nie kommen können.

Während Schmitz die These vom afrikanischen Ursprung des Canonstückes in S als unbegründet zurückweist, ist er jedoch hinsichtlich einer Verwendung desselben zur Zeit des Ambrosius in Mailand der Ansicht, daß C. Coebergh »mit überzeugenden Argumenten dargelegt« habe, »daß das Hochgebet (gemeint ist der Canon) der mailändischen Liturgie erst im 7. Jahrhundert entstanden ist, wobei unter anderem das Hochgebet in S als Grundlage diente« (S. 395). Wie es mit diesen »überzeugenden Argumenten« Coeberghs[69] bestellt ist, soll nun aufgezeigt werden.

Wir stellen dabei für ein wichtiges Teilstück des Canon, nämlich den Einsetzungsbericht, den entsprechenden Text in der ambrosianischen Liturgie Mailands (= Amb) und den in De sacramentis (= S) in Vergleich zu einem gallikanisch-irischen Sakramentar in München (= Mon)[70], das Coebergh seinerzeit noch nicht gekannt hat – an einer Stelle auch zum Text im Book of Kells[71] – und dem vorgregorianischen Canon der römischen Liturgie (= Rom), wie er im Regensburger Bonifatius-Sakramentar (s. o.) enthalten ist:

---

[67] Vgl. C. Mohrmann, Les origines de la latinité chrétienne à Rome, in: Études sur le latin des chrétiens III (= Storia e letteratura 103, Roma 1965) 67–126.

[68] Vgl. K. Gamber, Codices liturgici latini antiquiores (²Freiburg/Schweiz 1968) S. 57–64.

[69] Vgl. oben Anm. 65; Borella, Il rito ambrosiano 177.

[70] Herausgegeben von A. Dold – L. Eizenhöfer, Das irische Palimpsest sakramentar in Clm 14429 der Staatsbibliothek München (= Texte und Arbeiten 53/54, Beuron 1964) 15–18.

[71] Text bei Dold – Eizenhöfer a.a.O. 18.

[72] Text nach dem Book of Kells; die Handschrift Mon liest: »Accipite edite de hoc omnes: hoc est enim corpus meum quod confringetur pro saeculi uita«.

Mon Qui pridie quam pro nostra   omnium salute pateretur [. . .]
Amb   „   „   „   „   „   et   „   „   „
Rom   „   „   „   —   —   —   —   —   „   —
S   „   „   „   —   —   —   —   —   „   —

Mon accipiens panem in suis sanctis manibus
Amb   „   „   —   —   —
Rom accepit   „   „ sanctas et uenerabiles manus suas
S   —   —   „   — sanctis manibus suis accepit panem

Mon respexit   —   — in caelum ad te deum patr.   —   omn.
Amb eleuauit oculis   — ad caelos „   „   „   „ suum   „
Rom   „   „ suis ad caelum „   „   „   „   „   „
S   respexit   —   —   „   „   „   „ sancte pater o. aet. ds.

Mon   — gratias agens benedixit ac fregit tradiditque   —   —
Amb tibi „   „   „   — „ deditque   —   —
Rom   „   „ egit   „   — „ dedit   —   —
S   —   „ agens   „   — „ fractumque apostolis et

Mon discipulis suis   — dicens — — Accipite et edite
Amb   „   „   — „ ad eos   „   „ manducate
Rom   „   „   — „   — —   „   „   „
S   „   „ tradidit „   — —   „   „ edite

Mon ex hoc omnes hoc est enim corpus meum quod   —   —
Amb de „   „   „   „   „   „   „   —   —   —
Rom ex „   „   „   „   „   „   „   —   —   —
S   „   „   „   „   „   „   „   „   „ pro multis

Mon confringetur pro saeculi uita[72]. Similiter   —   —
Amb   —   —   —   — Simili modo   —   —
Rom   —   —   —   —   „   „   —   —
S   „   —   —   — Similiter   etiam calicem

Mon postquam cenatum est   —   —   —   —   —
Amb   „   „   „   —   —   — accipiens   —   —
Rom   „   „   „   —   —   — accepit et h. praecl.
S   „   „   „ pridie quam pateretur   „   —   —

Mon calicem manibus accipiens —   —   —   —   —
Amb   „   —   —   —   —   —   —
Rom   „   —   — in sanctas et uenerabiles manus s.
S   —   — accepit —   —   —   —

Mon respexit   — in caelum ad te d. patrem   — omnipotentem
Amb eleuauit oculos ad caelos „   „   „ suum   „
Rom   —   —   —   —   —   —   —   —
S   respexit   — ad caelum „   „ sancte pater omn. aet ds

Mon   —   — gratias agens benedixit et tradidit   —   —
Amb item tibi „   „   „   — „   —   —
Rom   „   „   „   „   „   — dedit   —   —
S   —   —   „   „   „   — „ apostolis et

138

```
Mon  apostolis suis dicens  –   –  Accipite  –  bibite  ex  hoc
Amb  discipulis   „     „   ad eos    „    et    „    „   eo
Rom      „        „     „    –   –     „     „    „    „   hoc
S        „        „     „    –   –     „     „    „    „    „

Mon  omnes Hic est enim calix sancti sanguinis mei [...]
Amb    „    „   „    „     „     „       –       „    „    „
Rom    „    „   „    „     „     „       –       „    „    „
S      „    „   „    „     „     –       –   sanguis meus.  –
```

Aus dieser Übersicht ergibt sich mit aller Deutlichkeit: Der Canontext in Amb steht in einigen typischen Fällen dem gallikanisch-irischen in Mon nahe (»pro nostra et omnium salute«, »accipiens«, »ad te deum patrem suum omnipotentem«, »tradidit«), er erscheint jedoch der römischen Fassung (näherhin der gregorianischen)[73] angeglichen. Mit dem Text in S hat er nicht die geringsten Berührungspunkte. Dieser geht vielmehr in zahlreichen Fällen gegen Amb und Rom mit Mon zusammen (»in suis sanctis manibus«, »respexit«, tradidit«, »edite«, »quod ... confringetur«, »similiter«, »respexit«).

Es läßt sich bezeichnenderweise keine einzige Variante aufzeigen, die für Amb und S gemeinsam allein typisch wäre. Nicht einmal das »donec iterum adveniam« (vgl. Joh 14,18), das immer wieder als Beispiel angeführt wird, ist für beide typisch. Hier stimmt Amb vielmehr fast genau mit der das Pauluswort 1 Cor 11,26 zugrundelegenden gallikanisch (-irischen) Fassung im Stowe-Missale überein (»donec iterum de caelis ueniam ad uos«)[74], während S auch hier mit Mon gleichlautend ist (»donec iterum adueniam«)[75].

Vor allem diese auffälligen Übereinstimmungen zwischen dem (wie ich vermute) afrikanischen S und dem gallikanisch-irischen Mon, aber auch die Beobachtung, daß Augustinus ebenfalls die Fassung von (S und)

---

[73] Hinsichtlich der verschiedenen Canon-Redaktionen siehe oben S. 73–77.
[74] Vgl. Dold – Eizenhöfer, Das irische Palimpsestsakramentar (oben Anm. 70) 17.
[75] Die Formel lautet hier: »Addens ad suum dictum dicens eis: Quotienscumque de hoc pane edeatis et ex hoc calice bibitis ad memoriam meam faciatis. passionem meam omnibus indicens. aduentum meum sperabitis donec (iterum) adueniam«. Der entsprechende Text lautet in der Mailänder Liturgie: »Mandans quoque et dicens ad eos: Haec quotiescumque feceritis in meam commemorationem facietis. mortem meam praedicabitis. resurrectionem meam adnuntiabitis. aduentum meum sperabitis donec iterum de caelis ueniam ad uos«, während wir in S lesen: »Quotienscumque hoc feceritis totiens commemorationem meam facietis donec iterum adueniam«. Ein Unterschied zwischen Amb und S besteht auch insofern, als in Amb zusätzlich das Pauluswort I Cor 11,26 verwendet wird, während in S nur das Wort Jesu bei Joh 14,18 zugrundeliegt.

Mon »Similiter postquam cenatum est« zitiert[76], läßt vermuten, daß wir
es in Mon um einen ursprünglich in Afrika beheimateten Text zu tun
haben, der entweder eine Weiterbildung des Textes in S oder einen nahen Verwandten dazu darstellt.

Doch dies mehr nebenbei! Für unsere Untersuchung ist allein die Tatsache von Bedeutung, daß der Canon-Text in S keinerlei Verwandtschaft mit der Fassung dieses Gebetes in der späteren Mailänder Liturgie zu erkennen gibt, daß also die Behauptung von (Coebergh und)
Schmitz nicht länger mehr haltbar ist, daß dem späteren Mailänder
Canon »das Hochgebet in S als Grundlage diente«[77].

Dem Einsetzungsbericht gingen, wie der Verfasser von S sagt, Lob- und
Bittgebete voraus. Wörtlich heißt es (4,14):

> Laus deo defertur oratione (*Faller liest*: oratio)[78]
> petitur pro populo, pro regibus, pro ceteris,

d. h. in einer »oratio« wird Gott zuerst ein Lobgebet vorgetragen – »oratio« stellt einen spezifischen Ausdruck für das Eucharistiegebet dar[79] –,
darauf folgen Bitten für die einzelnen Stände. Die Verbindung von Lob-
und Bittgebet vor dem Einsetzungsbericht ist typisch für den römisch
(-afrikanischen) Canon sowie die alexandrinische Anaphora[80]; sie findet sich nicht in der gallikanischen »Immolatio missae«[81].

In den gallikanischen Sakramentaren stehen die Bittgebete – falls überhaupt vorhanden – regelmäßig erst nach der »Secreta«, dem Einsetzungsbericht, und gehen diesem nicht wie in S voraus. So etwa im er-

---

[76] Vgl. Ep. 54, 5, 6 (CSEL 34, 2, 165): »An offerendum sit mane et rursus
post cenam propter illud quod dictum est: Similiter postquam cenatum est . . .?«
Daß hier ein liturgischer Text zitiert wird, ergibt sich aus dem Vergleich mit
Lc 22,20 und 1 Cor 11,25 (»Similiter et calicem postquam cenavit«).

[77] Der Hinweis von Schmitz S. 396 auf die Canon-Studie von Chr. Mohrmann ist nach dem Gesagten fehl am Platz.

[78] Unsere Lesart nur in einem Teil der Handschriften, jedoch in einer
Gruppe, die auch sonst den besseren Text bietet.

[79] Hinsichtlich des Ausdrucks »oratio« bzw. »oratio oblationis« vgl. K.
Gamber, in: Rev. bénéd. 85 (1975) 271 und oben S. 71.

[80] Vgl. K. Gamber, Das Papyrusfragment zur Markusliturgie und das Eu-
charistiegebet im Clemensbrief, in: Ostkirchl. Studien 8 (1959) 31–45; ders.,
Sacrificium laudis. Zur Geschichte des frühchristlichen Eucharistiegebets (=
Studia patristica et liturgica 5, Regensburg 1973) vor allem 75.

[81] Dieser Ausdruck kommt auch bei Theodor von Mopsuestia († 428) in seinen nur syrisch erhaltenen, aber ehedem in griechischer Sprache gehaltenen
mystagogischen Katechesen vor; vgl. K. Gamber, Missa Romensis 179.

sten (typischen) Meßformular des oben genannten Sakramentars Mon, wo die »Collectio« nach dem Einsetzungsbericht lautet:

Adsiduis et inremissis precibus, fratres dilectissimi, dei patris omni-potentis misericordiam deprecamur pro regibus et potestatibus huius saeculi ... pro fratribus ... pro exsulibus nauigantibus peregri-nis ... in carcere constitutis ...[82].

Ähnlich die »Collectio ad panis fractionem« im Missale Gothicum (Nr. 272 ed. Mohlberg)[83], vermutlich auch das nach den Einleitungsworten defekt endende Gebet 298 »Oremus deum nostrum ...« der Mone-Messen[84]. Ambrosius dürfte ein solches Gebet meinen, wenn er in Exam. 3, 17, 72 (PL 14, 188 A) sagt, daß »inter benedictiones[85] sacratissimas« gebetet wer-de, »ut tribuat nobis dominus a rore caeli vim vini olei atque frumenti« (mit anschließender Doxologie). Eine ähnliche Bitte um das Gelingen der Feldfrüchte findet sich in einem Gebet unmittelbar nach dem Ein-setzungsbericht in Mon, wo es in der fragmentarischen Formel 50 (ed. Dold–Eizenhöfer) heißt:

Iterata prece fratres dilectissimi domini maiestatis ... indulgeatque nobis aurae salubris et fertilis tempora bona tranquilla pacifica ...

Erst in späterer Zeit wird in den gallikanischen Meßbüchern unter dem Einfluß der römischen Liturgie eine Änderung in der Stellung der Für-bitten innerhalb des Eucharistiegebets vorgenommen, vor allem durch die Übernahme von römischen »Hanc igitur«-Gebeten[86].
Ein weiterer Hinweis auf das frühe mailändische Eucharistiegebet liegt in der Schrift des Ambrosius De Spir. Sancto III 16, 112 (PL 16, 803 B)

---

[82] Vgl. Dold – Eizenhöfer, Das irische Palimpsest-Sakramentar (siehe oben Anm. 70) Nr. 16 S. 19–20. Der Text ist nicht mehr vollständig zu lesen.

[83] Vgl. K. Gamber, Älteste Eucharistiegebete der lateinischen Osterliturgie, in: Fischer-Wagner, Paschatis Sollemnia (1959) 165 f.

[84] Vgl. L. Eizenhöfer, Die Mone-Messen, in: L. C. Mohlberg, Missale Galli-canum Vetus (Roma 1958) Nr. 298 S. 82.

[85] Unter »benedictio« ist hier, wie in M 8,11 (»benedictio consecravit«) das Eucharistiegebet gemeint (benedictio = εὐλογία = hebr. berakha). Schmitz ist S. 384 dagegen der Ansicht, »daß ›Segnung (benedictio)‹ und ›Konsekra-tionsworte‹ identisch sind«. Die obige Formulierung des Ambrosius, »inter benedictiones sacratissimas« werde für die Feldfrüchte gebetet, widerlegt je-doch diese Ansicht.

[86] So die Formel 342 (ed. Mohlberg) des Missale Gothicum, wo wir als Überschrift finden: »Post sanctus per totas tres missas (gemeint sind die Ro-gationstage) dicis«.

vor (vgl. Schmitz S. 403 f.). Hier spricht der Kirchenvater von einer Anrufung (Epiklese) des Heiligen Geistes innerhalb der Opfergebete (»qui cum patre et filio a sacerdotibus in baptismate nominatur et in oblationibus[87] invocatur«) Eine entsprechende Geist-Epiklese ist im Canon-Stück von S, wie in anderem Zusammenhang betont, nicht zu finden, auch nicht in den Eucharistiegebeten der späteren Mailänder Liturgiebücher[88]. In diesen kommt jedoch, wie gleich zu zeigen sein wird, ein Text vor, der eine Art Christus-Epiklese enthält.

Ein dritter Hinweis auf das »oblatio«-Gebet findet sich in der Schrift des Ambrosius De excessu fratris sui Satyri II 46 (PL 16, 1327 B). Es heißt hier: »Morte eius signamur, m o r t e m eius orantes a n n u n - t i a m u s, mortem eius offerentes praedicamus«. Wie oben kurz angedeutet, hat auf diese Stelle bereits O. Casel im Zusammenhang mit dem Eucharistiegebet hingewiesen[89]. Ähnlich die Stelle De fide IV 10, 124: »Nos autem q u o t i e s c u m q u e sacramenta sumimus ... m o r - t e m domini a n n u n t i a m u s.

Ambrosius ist hier in seinen Formulierungen deutlich vom erweiterten Einsetzungsbefehl der Mailänder Liturgie und dem darauf folgenden Gebet, wie es heute noch am Gründonnerstag hier üblich ist[90], abhängig:

Mandans quoque et dicens ad eos: Haec q u o t i e s c u m q u e feceritis in meam commemorationem facietis: mortem meam praedicabitis. resurrectionem meam annuntiabitis. aduentum meum sperabitis. donec iterum de caelis ueniam ad uos.

Haec facimus[91] haec celebramus tua domine praecepta seruantes. et

---

[87] Der Ausdruck »oblatio« für das Eucharistie (Opfer-)Gebet finden wir u. a. bei Ps-Augustinus, Quaest. 109 (CSEL 50, 2685; vgl. Gamber, in: Rev. bénéd. 85 (1975) 271 Anm. 4., doch kann darunter auch die Meßfeier in ihrer Gesamtheit gemeint sein, so bei Augustinus; vgl. W. Roetzer, Des heiligen Augustinus Schriften als liturgiegeschichtliche Quelle (München 1930) 95; weiterhin Schmitz S. 310 Anm. 32.

[88] Sie findet sich jedoch in gallikanischen Sakramentaren, so in der Formel 321 der Mone-Messen (ed. Eizenhöfer): »Recolentes igitur et seruantes praecepta unigeniti (tui) deprecamur pater omnipotens: ut his creaturis altario tuo superpositis spiritum sanctificationis infundas. ut per transfusionem caelestis atque inuisibilis sacramenti panis hic mutatur in carnem et calix translatus in sanguinem sit totius gratia. sit sumentibus medicina.« Weniger deutlich Formel 312.

[89] Vgl. oben Anm. 63.

[90] Vgl. u. a. den Text im Sakramentar von Biasca (ed. Heiming Nr. 450).

[91] Mit den gleichen Worten beginnen ähnliche Gebete in anderen gallikanischen Zeugen, so die Formeln 5 und 431 (ed. Mohlberg).

ad communionem inuiolabilem hoc ipsum quod corpus domini sumimus m o r t e m dominicam n u n t i a m u s. Tuum uero est
omnipotens pater mittere nunc nobis unigenitum filium tuum. quem
non quaerentibus sponte misisti. Qui cum sis ipse inmensus et
inaestimabilis deum quoque ex te inmensum et inaestimabilem ge-
nuisti: ut cuius passione redemptionem humani generis tribuisti. eius
nunc corpus tribuas ad salutem.

Diese erweiterte Form des Einsetzungsbefehls, die ein Charakteristikum
des gallikanischen Eucharistiegebets darstellt – es war oben schon kurz
davon die Rede – hat auch den Wortlaut der nachfolgenden Anamnese
bestimmt. Hier wird das vorausgehende »mortem meam praedicabitis,
resurrectionem meam annuntiabitis« aufgegriffen und nicht, wie im Gebet »Ergo memores« des Canon-Stücks von S das »commemorationem«
des Einsetzungsbefehls. Dabei kehren die Worte des Ambrosius »mortem
annuntiamus« im Text der Mailänder Liturgie genau wieder.
Ein eigentlicher Opferakt, wie er in S und im römischen Canon (»memores . . . offerimus«) vorhanden ist[92], fehlt in diesem Text. Wir finden
dafür eine Bitte an den Vater, seinen Sohn (zur versammelten Opferge-
meinschaft) zu senden. Es handelt sich hier um eine Art Epiklese, ähnlich der Christus-Epiklese, wie sie in gallikanischen Texten vorkommt
und wovon oben schon einmal die Rede war (vgl. S. 16).
Zum Canon-Stück in S – das dürfen wir abschließend sagen – findet
sich weder in den Schriften des Ambrosius noch im späteren Mailänder
Canon, irgend ein Hinweis. Ein solcher war auch gar nicht zu erwarten,
da der Canon in S deutlich der römisch(-afrikanischen) und nicht der
gallikanischen Liturgie entspricht, wie sie nachweisbar um 400 in Oberitalien in Gebrauch war.
Wie oben schon angedeutet, liegt der Unterschied darin, daß im gallikanischen Ritus lediglich der Einsetzungsbericht, die »Secreta«, stereo-
typ war, während im römischen Ritus auch die dieses Kernstück umge-
benden Formeln immer den gleichen Wortlaut aufweisen[93]. Diese deshalb »canonica prex« (das festgelegte Opfergebet) genannte Formel[94]
hat der Autor von S in seinen Katechesen zum großen Teil wörtlich zitiert.

---

[92] Vgl. K. Gamber, Brot und Wein – das Opfer der Kirche, in: Klerusblatt
55 (1975) 108 f. und oben S. 55 ff.
[93] Vgl. Gamber, Missa Romensis 84–88.
[94] Vgl. ebd. 56 ff.

Die Liturgiewissenschaftler haben schon immer betont, daß das Canon-stück in S eine Verfasserschaft durch Ambrosius ausschließt[95]. Es konnte in Mailand wegen des dort um 400 verwendeten gallikanischen Ritus nicht heimisch gewesen sein. Wir kommen demnach durch die Untersuchung der »canonica prex« in S zum gleichen Ergebnis, das auch der Vergleich zwischen den Taufriten in M und S gezeigt hat: Der Verfasser von S gehört ganz deutlich einer Kirche an, in der man den Brauch von Rom beobachtet hat. Wir werden darauf unten (S. 159) nochmals zurückkommen.

Auf keinen Fall darf man, wie Schmitz es tut, einfach die These einiger Patrologen hinsichtlich der Autorschaft von S durch Ambrosius übernehmen, ohne sie in einer so umfangreichen Arbeit in den zur Debatte stehenden Fragen immer wieder auf ihre Richtigkeit zu untersuchen.

---

[95] So Th. Schermann, in: Römische Quartalschrift 17 (1903) 36 ff.; A. M. Ceriani, Notitia Liturgiae Ambrosianae (Appendix Missalis Ambrosiani, ed. Ratti-Magistretti 1913); A. Baumstark, in: Oriens Christianus 35 (1939) 240 ff.; L. Duchesne, Origines du culte chrétien (Paris 1925) 187, u. a.

Zur Liturgie Illyriens

Die lateinischen Quellen vom 4. bis zum 6. Jahrhundert

Das Gebiet der alten Illyrer erstreckte sich vom Adriatischen Meer bis zum Morawafluß und von Epirus bis zur mittleren Donau. In der Spätzeit des römischen Reiches, seit Diokletian, gab es die Präfektur Illyricum mit der Diözese Illyricum occidentale – ihr unterstanden die Provinzen Noricum, Pannonia, Dalmatia, Savia und Valeria – und der Diözese Illyricum orientale – ihr unterstanden die Provinzen Moesia superior, Dacia, Dardania –, zur Präfektur Illyricum gehörte schließlich auch die Diözese Macedonia, die den größten Teil des heutigen Griechenlands umfaßt hat[1]. Wir beschränken uns im folgenden bei der Aufzählung der liturgischen Quellen Illyriens vom 4. bis zum 6. Jh. auf die Lateinisch sprechenden Provinzen, also auf das Gebiet der Diözesen Illyricum occidentale, und beschäftigen uns zuerst mit den Quellen der Liturgie Sirmiums.

1. Die »Fragmenta Ariana«

Die Stadt Sirmium hatte schon früh einen Bischof[2]. Seit Konstantin d. Gr. war sie Sitz des Präfekten von Illyricum und unter Konstantin II (337–340) längere Zeit Residenz des kaiserlichen Hofes. Im 4. Jahrhundert wurden hier fünf Synoden abgehalten, die erste 347, die letzte 359, auf denen in den damaligen arianischen Streitigkeiten verschiedene Glaubensformeln aufgestellt wurden. Das arianische Element war hier, wie im gesamten Donauraum im 4./5. Jh. sehr stark vertreten[3]. Die Hunnen haben Sirmium 441 (oder 442) eingenommen und zerstört.

[1] Vgl. Pauly-Wissowa, Realencyclopädie der classischen Altertumswissenschaft IX, (1914) 1085–1088.

[2] Unter Diocletian starb hier als Märtyrer der Bischof Irenäus (6. 4. 304). Sein Gedächtnis findet sich im syrischen Martyrologium und in dem des Hieronymus; vgl. H. Leclercq, Illyricum, in: Dictionnaire d'archéologie chrétienne et de liturgie VII, 1 89–180, hier 103.

[3] Vgl. J. Zeiller, Les origines chrétiennes dans les provinces danubiennes (Paris 1918).

Aus dieser Metropole stammt die »Altercatio Heracliani laici cum Germinio episcopo sirmiensi«, eine Streitschrift zwischen einem Laien mit Namen Heraclianus und dem Bischof Germinius von Sirmium[4]. Aufgrund verschiedener Überlegungen – wir werden gleich einige hören – wird weiterhin die Entstehung einer nur fragmentarisch erhaltenen arianischen Verteidigungsschrift aus dem Ende des 4. Jahrhunderts, die sog. Fragmenta Ariana, ebenfalls nach Sirmium verlegt, nicht zuletzt deshalb, weil in ihr ein Schreiben des Kaisers Konstantinus an eine der eben genannten Synoden angeführt wird.

Als Verfasser bieten sich an: in erster Linie der erwähnte Germinius, der arianische Bischof von Sirmium (um 366), ferner Auxentius, Bischof von Dorosturum, ein Schüler des Gotenbischofs Ulfila, sowie der Gotenbischof Maximus († nach 428)[5]. Doch könnte auch ein anderer als Autor in Frage kommen.

Der Verfasser der Fragmenta Ariana zitiert in seiner Schrift in der Hauptsache Stellen aus dem Neuen Testament, ferner aus Kaisererlassen, die für seine Anschauung zu sprechen scheinen; auch Stellen aus Hilarius († um 367) und Ambrosius († 397) führt er an, sowie – was für uns von Interesse ist – einige Stellen aus der Liturgie der Katholiken[6]. Dabei versucht er zu zeigen, daß auch diese in ihren Gebeten den Vater höher stellen als den Sohn.

Zuerst führt er die Anfänge zweier Gebete »bei der Handauflegung« (»in manupositionibus«) an:

> Deus maxime, mundi conditor et effector, deus et pater domini nostri Iesu Christi . . .
> Deus clarioribus clarior, celsis celsior, potentum viribus praepotentior, deus in praecipuis ⟨praecipuus⟩, in summis summus, in singulis singularis . . .

Es steht nicht sicher fest, um welche Gebete es sich dabei handelt, auch nicht, ob es sich um einen original lateinischen oder um einen aus dem Griechischen übersetzten Text handelt. Es könnten, wie meist ange-

---

[4] Herausgegeben von C. Caspari, Kirchenhistorische Anecdota I (Christiania 1883) 133–147.
[5] Vgl. Zeiller, Les origines chrétiennes dans les provinces danubiennes 490 f.; B. Capelle, in: Rev. bénéd. 34 (1922) 106; 40 (1928) 86 Anm. 1.
[6] Vgl. G. Mercati, Antiche reliquie liturgiche ambrosiane e romane (= Studi e Testi 7, Roma 1902) 47–71; auch Migne, PL 13, 611 f.

nommen wird, Formeln bei der Taufe oder bei der Priesterweihe vorliegen. Wahrscheinlicher scheint mir zu sein, daß es sog. Inklinationsge-
bete sind, wie sie spätestens seit dem 4. Jahrhundert im nicht-römischen
Ritus des Abendlands und in allen orientalischen Liturgien unmittelbar
nach dem Paternoster, vor der Kommunion, üblich waren bzw. noch
sind[7].

In den gallikanischen Liturgiebüchern Galliens und Oberitaliens sind
die betreffenden Formeln »Benedictio populi« (Segnung des Volkes)
überschrieben. Der Ausdruck »in manupositione« ist in den genannten
Gebieten unbekannt; er begegnet uns auch nicht in Nordafrika, wo
nach dem Zeugnis des Bischofs Augustinus († 430) ebenfalls eine »Benedictio super populum« vor der Kommunion stattfand, wobei der Bischof, wie er sagt, die Gläubigen »per manus impositionem« durch
Handauflegung) der barmherzigen Macht Gottes anempfohlen hat[8].

Vom Text her bestehen Beziehungen zum Segensgebet im 8. Buch der
Apostolischen Konstitutionen. Die darin wörtlich angeführten Texte
dürften der syrischen Liturgie in der 2. Hälfte des 4. Jh. weitgehend
entsprochen haben:

> Gott der große, dessen Namen hochgerühmt ist, groß im Ratschluß,
> mächtig in den Werken, Gott und Vater deines heiligen Sohnes
> Jesus, unseres Erlösers: sieh herab auf uns und auf diese deine Her-
> de . . .[9].

Dazu als Vergleich nochmals die Einleitungsworte des Gebetes in den
Fragmenta Ariana:

> Gott du größter, Schöpfer und Urheber der Welt, Gott und Vater
> unseres Herrn Jesus Christus . . .

Da die Bezeichnung »in manupositione« für das Inklinationsgebet, wie
gesagt, im Abendland nicht bezeugt ist – sie findet sich jedoch im Osten
in der griechischen Form χειροθεσία –, scheiden die eben genannten

---

[7] Vgl. J. A. Jungmann, Missarum Sollemnia II (²Wien 1949) 356–359.

[8] Vgl. Augustinus, Ep. 149,2,16 (CSEL 44,3 363): »Interpellationes autem . . .
fiunt, cum populus benedicitur. Tunc enim antistes velut advocati susceptos
suos p e r   m a n u s   i m p o s i t i o n e m misericordissimae offerunt potestati«;
vgl. K. Gamber, Liturgie und Kirchenbau. Studien zur Geschichte der Meßfeier und des Gotteshauses in der Frühzeit (= Studia patristica et liturgica 6,
Regensburg 1976) 43.

[9] Griechischer Text bei Fr. X. Funk, Didascalia et Constitutiones Apostolorum I (Paderborn 1905) 516.

Gebiete, in denen eine Segnung des Volkes vor der Kommunion üblich war, als Heimat der Fragmenta Ariana mit einiger Sicherheit aus. Es muß sich um einen für uns nicht mehr greifbaren Ritus handeln. Vermutlich wurde dieser ursprünglich sogar in griechischer Sprache gehalten und erst später ins Lateinische übersetzt[10].

Weiterhin zitiert der Verfasser der Fragmenta die Tauffragen, dann ein höchst altertümliches Gebet bei der Salbung nach der Taufe:

> Deus et pater domini nostri Iesu Christi, qui te regeneravit ex aqua, ipse te linet spiritu sancto . . .[11]

sowie die Anfänge zweier Opfergebete. Letztere tragen bei ihm die Bezeichnung »oblatio« (Opfer), was dem griechischen Ausdruck ἀναφορά für das Eucharistiegebet entspricht. In gallikanischen Sakramentaren begegnet uns der entsprechende Ausdruck »immolatio«.

Die Überschrift »oblatio« findet sich in keinem bekannten abendländischen Liturgiebuch[12], sie kommt als Bezeichnung für das Eucharistiegebet nur einmal in einer Schrift des Ambrosiaster vor, eines in Rom gegen Ende des 4. Jh. schreibenden Theologen[13]. Meist wird hier von einer »oratio oblationis« (Opfergebet) gesprochen[14]. In Meßbüchern kommt jedoch auch diese Überschrift nicht vor.

Der Typus der in den Fragmenta teilweise zitierten »oblatio«-Gebete hat eine gewisse Ähnlichkeit mit dem Eucharistiegebet in der Apostoli-

---

[10] Dies kann man sowohl aus der Ähnlichkeit mit dem zitierten griechischen Text als auch aus der lateinischen Ausdrucksweise selbst schließen, die ganz von der abweicht, wie sie in den erhaltenen Liturgiebüchern zu finden ist. Ein Katalog der einzelnen Handschriften von K. Gamber, Codices liturgici latini antiquiores (= Spicilegii Friburgensis Subsidia 1, ²Freiburg/Schweiz 1968), im folgenden »CLLA« abgekürzt.

[11] Das darauf folgende »et reliqua« zeigt, daß das Gebet noch weitergegangen ist.

[12] In gallikanischen Liturgiebüchern finden wir dafür die Bezeichnung »immolatio (missae)«; dazu K. Gamber, Missa Romensis. Beiträge zur frühen römischen Liturgie und zu den Anfängen des Missale Romanum (= Studia patristica et liturgica 3, Regensburg 1970) 178 f.

[13] Vgl. Ps.-Augustinus, Quaest. 109 (CSEL 50, 268): ». . . sicut nostri in oblatione praesumunt«; dazu Gamber, Missa Romensis 19.

[14] Vgl. Marius Victorinus, Adv. Arium 8 (PL 8, 1094 D): »oratio oblationis«; dazu Gamber, Missa Romensis 13–18; Gregor, Ep. IX, 12 (PL 77, 950): ». . . ad ipsam solummodo orationem oblationis«; auch nur »oratio« oder »prex«; vgl. De sacr. 4,14: »laus deo defertur oratione«; Innocentius, Ad Decent. (PL 20, 252): »antequam precem sacerdos faciat«; vgl. Gamber, Missa Romensis 56–58.

schen Überlieferung des Hippolyt[15], er unterscheidet sich jedoch von diesem durch die starke Hervorhebung des Opfercharakters gleich nach einem kurzen Danksagungsteil. Hierin entspricht unser Text der ältesten bekannten alexandrinischen Anaphora[16].

Besonders altertümlich scheint die zweite zitierte Formel zu sein:

Billig und recht ist es, daß wir dir für alles danken, Herr, heiliger Vater, allmächtiger ewiger Gott. Du hast aus deiner unvergleichlichen Milde und Güte heraus ein Licht in der Finsternis aufleuchten lassen, indem du uns Jesus Christus, den Erretter unserer Seelen, gesandt hast. Um unseres Heiles willen hat er sich in Demut dem Tod unterworfen, damit er uns jene Unsterblichkeit, die Adam verloren hat, wiedergebe und uns zu seinen Erben und Söhne mache. Für deine so große Gnade können wir nicht genügend Dank sagen. Wir erbitten (deshalb) von deiner großen und zur Versöhnung neigenden Milde, dieses Opfer anzunehmen, das wir, vor dem Angesicht deiner göttlichen Güte stehend, durch Jesus Christus, unsern Herrn und Gott, dir darbringen. Durch ihn bitten und beten wir . . . (vermutlich Überleitung zu einem längeren Bittgebet)

In diesem Text finden wir den Dank für die Erleuchtung aus der Finsternis sowie für das Geschenk der Unsterblichkeit und Sohnschaft, das als das beherrschende Thema des urchristlichen Eucharistiegebets zu bezeichnen ist[17]. Auch hier wieder die Nähe zur Liturgie des Ostens!

Aus dem Gesagten ergibt sich, daß die Fragmenta Ariana sich auf den Gottesdienst einer Kirche berufen, über den wir sonst nichts wissen, der aber deutlich griechischen Einflüssen offen gestanden hat. Dies könnte für die Metropole Sirmium zutreffen, die im 4. Jh., wie erwähnt, zeitweise Kaiserresidenz war, die aber nach ihrer Zerstörung durch die Hunnen nie mehr ihre einstige Bedeutung zurückgewonnen hat. Sie war lange Zeit das Zentrum des Arianismus im Abendland, weshalb man gerade hier die Abfassung einer arianischen Streitschrift vermuten darf. Eine letzte Sicherheit wird uns in dieser Frage freilich wohl versagt bleiben.

---

[15] Vgl. B. Botte, La tradition apostolique de saint Hippolyte (= Liturgiewissenschaftliche Quellen und Forschungen 39, Münster 1966) 12–16; K. Gamber, Sacrificium laudis. Zur Geschichte des frühchristlichen Eucharistiegebets (= Studia patristica et liturgica 5, Regensburg 1973) 60–63.
[16] Vgl. Gamber, Sacrificium laudis 63–66.
[17] Vgl. Gamber, ebd. 71–73.

2. Das Corbinian-Evangeliar

Um ein liturgisches Dokument aus der (weiteren) Umgebung von Sirmium handelt es sich mit großer Wahrscheinlichkeit bei dem sog. Corbinian-Evangeliar[18]. Dieser Codex – »Liber sancti evangelii«, wie er sich selbst nennt – bietet eine für die Textgeschichte des Neuen Testaments bedeutungsvolle lateinische Fassung der vier Evangelien, die noch vor der des Hieronymus (der Vulgata) liegt. Es handelt sich um den sog. europäischen Text, wie er in den lateinischen Handschriften in Vercelli (4. Jh.) und Verona (5. Jh.) vorliegt[19].

Die Reihenfolge der Evangelisten ist bei uns, wie in den älteren griechischen Handschriften, ferner in der gotischen Ulfila-Bibel und in den frühen Codices aus Oberitalien: Matthäus, Johannes, Lucas, Marcus. Dies entspricht der Häufigkeit der Verwendung der betreffenden Evangelisten in der Liturgie. Vermutlich im 10. Jahrhundert wurde das Corbinian-Evangeliar neu gebunden und dabei die Reihenfolge der Vulgata (Matthäus, Marcus, Lucas, Johannes) hergestellt[20].

Der ohne besonderen Prunk, jedoch in gepflegter Unziale zweispaltig geschriebene Codex weist fast quadratische Blätter auf. Er ist im 6. oder an der Wende zum 7. Jh. entstanden. Seit dem 8. Jh. befand er sich in der Dombibliothek von Freising, bis er in der Säkularisation nach München gebracht wurde (heute: B. Staatsbibliothek, Clm 6224).

Das Evangeliar weist zahlreiche Perikopenangaben auf, die jedoch zu verschiedenen Zeiten und von verschiedenen Händen nachgetragen sind. Nur ganz wenige gehen auf den Schreiber der Handschrift selbst zurück[21]. Für unsere Frage nach der Heimat des Codex ist vor allem die Randnotiz zum Abschnitt Mt 16,21 ff. auf fol. 43 interessant, wo es heißt: »In thimothei et vii (virginum)«. Bezüglich dieser Heiligen lesen wir im Martyrologium Hieronymianum am 15. Mai: »Sirmio timothei

---

[18] Vgl. H. J. White, Old-Latin Biblical Texts III (Oxford 1888); Gamber, CLLA Nr. 247 S. 173.

[19] Vgl. G. Leidinger, Das sog. Evangeliarium des heiligen Korbinian, in: Wissenschaftl. Festgabe zum 1200-jährigen Jubiläum des hl. Korbinian (München 1924) 79–102, hier 84.

[20] Vgl. Leidinger, Das sog. Evangeliarium 82 f.; St. Beißel, Geschichte der Evangelienbücher in der ersten Hälfte des Mittelalters (= Ergänzungshefte zu den Stimmen aus Maria Laach 92/93, Freiburg 1906) 93 f.

[21] Vgl. G. Morin, Un nouveau type liturgique d'après le livre des évangiles Clm 6224, in: Rev. bénéd. 10 (1893) 246–256.

et septem virginum«[22]. Es handelt sich demnach deutlich um Heilige aus Sirmium. Diese wurden, soviel wir wissen, nur hier liturgisch verehrt. Die für das Märtyrerfest angegebene Perikope Mt 16,21–27 (Leidensvorhersage) findet sich in dieser Abgrenzung in keinem abendländischen Lektionar. Sie erscheint nur in einem syrischen Evangelienverzeichnis, wenn auch hier nicht für ein Märtyrerfest, sondern für den 2. Sonntag nach Pfingsten[23]. Bemerkenswert ist abermals die Beziehung zum Osten. Auch andere Perikopenangaben weisen in dieselbe Richtung. So wenn, wie in alten Lektionsverzeichnissen der griechischen und syrischen Kirche, an Weihnachten (»in nativitate domini«) das Evangelium Mt 2,1–12 von der Ankunft der Magier anstatt Lc 2,1–20 von der Geburt in Bethlehem vorgesehen ist. Entsprechend finden wir an Epiphanie nicht die Perikope von den Magiern, sondern nach orientalischer Gepflogenheit den Abschnitt von der Taufe Jesu (Mt 3,13–17)[24]. Der Name des Festes lautet bei uns »Apparitio domini« (Erscheinung des Herrn) – er kommt nur noch im spanischen Liber commicus vor –, statt »epiphania« (oder »theophania«), also auch hier, wie in den Fragmenta Ariana, eine eigenständige Übersetzung aus dem Griechischen (ἐπιφάνεια τοῦ κυρίου).

Ein Spezifikum der Perikopenangaben im Corbinian-Evangeliar sind die drei Lesungen an der Ostervigil (»in uigilia pasce«), wie sie bei der Taufe (»ad fontes«) verlesen worden sind, nämlich Joh 3,5 ff.; Joh 4,13–14; Mt 28,16–20. Mit der 3. Lesung wird ähnlich in den orientalischen Riten die Taufzeremonie beschlossen[25].
Auch die im Abendland nicht gebräuchliche Perikope Mt 7,13 ff. zu Beginn der Fastenzeit (»In caput quadragesimae«): »Intrate per angustam portam ...« dürfte auf östliche Einflüsse zurückgehen. Dieses Evangelium von den zwei Wegen (vgl. die Didache!) steht in Beziehung zum Taufunterricht der Katechumenen, der zu diesem Termin begonnen hat.
Die Feier »In medio pentecosten«, die in unseren Perikopennotizen erscheint, wurde in der Mitte der 50-tägigen Osterzeit begangen. Sie entspricht der τετάρτη τῆς μεσοπεντηκοστῆς bei den Griechen und Sy-

[22] Vgl. Leidinger, Das sog. Evangeliarium 94.
[23] Vgl. St. Beißel, Entstehung der Perikopen des römischen Meßbuches (= Ergänzungshefte zu den Stimmen aus Maria Laach 96, Freiburg 1907) 37.
[24] Vgl. Beißel, Entstehung der Perikopen 30, 35.
[25] Vgl. J. Corblet, Histoire du sacrement de baptême II (Genève 1882) 444; G. Morin, in: Rev. bénéd. 10 (1893) 251 f.

rern[26]. Sie kommt im Abendland nur in oberitalienischen Quellen vor, vor allem in solchen aus Aquileja und Ravenna, zwei Zentren, die bekanntlich ebenfalls Einflüssen aus dem Osten offen gestanden haben[27]. Zum Schmuck unseres Evangelienbuches[28] ist folgendes zu sagen: Das am Anfang stehende Matthäus-Evangelium beginnt ohne besondere Verzierung. Lediglich die ersten Zeilen sind, wie auch sonst zu Beginn der einzelnen Kapitel in diesem Codex, in farbigen Tinten und in etwas größerer Schrift geschrieben. Am Ende des Matthäus-Evangeliums ist ein lateinisches Kreuz gemalt, auf dessen Seitenarmen rechts und links ein Vogel (wohl eine Taube) sitzt. Danach folgen die Worte:

EUANGELIUM SECUNDUM MATTHAEUM EXPLIKIT.
INCIPIT EUANGELIUM SECUNDUM IOHANNEM.

Darunter abermals zwei Vögel (Strauße?) neben einer Vase. Am Ende des Johannes-Evangeliums ist ein Adler mit ausgebreiteten Flügeln gemalt (fol. 81 v). Das entsprechende Evangelisten-Symbol des unmittelbar folgenden Lucas-Evangeliums, ein Stier, finden wir ebenfalls nicht zu Beginn, sondern am Schluß des Textes[29].

Auffällig ist die verzierte letzte Seite unseres Codex (fol. 202 v) im Anschluß an das Marcus-Evangelium. Ein Evangelisten-Symbol fehlt hier wie beim Matthäus-Evangelium zu Beginn. Mit dieser Schlußseite – da die Handschrift im Mittelalter anders gebunden worden ist, hat sie diese Funktion jetzt nicht mehr – müssen wir uns nun näher beschäftigen.

Der Brauch die letzte statt die erste Seite eines Codex bzw. eines »liber« (wenn dieser aus mehreren »libri« bestand) zu schmücken, war spätantike griechische Sitte und im Abendland, soweit wir sehen, kaum bekannt. Swarzensky weist in diesem Zusammenhang auf einen griechischen Codex in Straßburg hin, »wo am Ende eines jeden Evangeliums, am Schlusse der betreffenden Seite, das Symbol des Verfassers ... dargestellt ist, offenbar Zeuge einer vergessenen altchristlichen Tradi-

---

[26] Vgl. G. Morin, L'antique solennité du Mediante di festo au XXVe jour après Paques, in: Rev. bénéd. 6 (1889) 199–202; Migne, PG 97, 1427.

[27] Vgl. K. Gamber, Die älteste abendländische Evangelien-Perikopenliste, vermutlich von Bischof Fortunatianus von Aquileja, in: Münchner Theol. Zeitschrift 13 (1962) 180–201, hier 191.

[28] Vgl. E. H. Zimmermann, Vorkarolingische Miniaturen (Berlin 1916) Tafeln 4–10.

[29] Vgl. Beißel, Geschichte der Evangelienbücher 94; Leidinger, Das sog. Evangeliar 82.

tion«[30]. Diese hängt wohl mit der ursprünglichen Rollenform der einzelnen Evangelien zusammen, wo der Titel regelmäßig am Schluß angebracht war. Am Anfang des Rotulus brauchte der Titel deshalb nicht geschrieben werden, weil ein äußerlich angebrachter Zettel ihn bereits nannte[31].

Im Corbinian-Evangeliar ist die Schlußseite mit verschiedenen Kolophonen versehen[32] und mit einem Gemmenkreuz geschmückt. Dieses ist fast ähnlich dem Handkreuz, das im Mosaik von San Vitale in Ravenna Bischof Maximianus in Händen hält[33]. Auf den Seitenarmen des Kreuzes sitzen zwei Vögel (Tauben?), vom Ende des rechten Seitenarmes hängt der griechische Buchstabe Alpha, vom Ende des linken das Omega herab. Die beiden Buchstaben sind also spiegelverkehrt angebracht.

In der berühmten Handschrift des Sacramentarium Gelasianum in Rom (Cod. Vat. Regin. lat. 316) finden wir zu Beginn des Liber I (fol. 3 v), des Liber II (fol. 131 v) und des Liber III (fol. 172 v) fast die gleichen Kreuz-Darstellungen wie im Corbinian-Evangeliar, wenn auch in diesem Fall ohne die erwähnten Vögel. Diese begegnen uns jedoch in der gleichen Handschrift auf den Kreuzbalken der Initialen auf fol. 4 r und 132 r. Die beiden griechischen Buchstaben befinden sich hier an der richtigen Stelle, sie sind also nicht spiegelverkehrt angebracht[34].

Über dem Kreuz ist im Corbinian-Evangeliar Christus als Brustbild dargestellt. Ein Bogen wölbt sich darüber. Jesus segnet mit der linken, statt mit der rechten Hand[35]. Auch hier also wieder eine spiegelbild-

[30] G. Swarzensky, Die Regensburger Buchmalerei des 10. und 11. Jh. (Leipzig 1901) 17 Anm. 24.
[31] Vgl. Beißel, Geschichte der Evangelienbücher 12.
[32] »Finit liber sancti euangelii. dicta atque facta domini nostri Iesu Christi. Amen. – Qui legis intellige quia domini sunt uerba ista sancta et ora pro scriptore. sic mereas coronam a saluatore et uitam cum sanctis eius. – Cultores et legentes mementote mei peccatori. quia tribus digitis scribitur et totus membrus laborat. labor quidem modicum. Gratia autem magna a creatori. Pax legentibus. pax audientibus. et caritas et gaudium spiritu sancto uientibus (!) in Christo. Amen«; vgl. Leidinger 86.
[33] Vgl. die Abbildung in: W. F. Volbach, Frühchristliche Kunst (München 1958) Abb. 166.
[34] Vgl. die Abbildungen in: L. C. Mohlberg, Liber Sacramentorum (= Rerum Ecclesiasticarum Documenta IV, Roma 1960) Tafeln am Schluß des Buches; A. Ebner, Quellen und Forschungen. Iter Italicum 1896) 241; zur Handschrift vgl. CLLA Nr. 610.
[35] Farbige Darstellung in: Cimelia Monacensia. Wertvolle Handschriften und frühe Drucke der Bayerischen Staatsbibliothek München (1970) 87.

artige Darstellung! Damit soll wohl gesagt sein, daß Christus das (Spiegel-)Bild (εἰκών) des Vaters ist (vgl. Col 1,15: qui est imago dei invisibilis). Ob hier letztlich eine arianische Tendenz zugrundeliegt? Diese Frage wäre noch näher zu untersuchen, obwohl damit noch nicht geklärt ist. warum auch die beiden griechischen Buchstaben vertauscht sind. In der Vierung des Kreuzes finden wir eine Inschrift; sie wird wie folgt wiedergegeben:

EGO VALERIANUS SCRIPSI (Ich Valerianus habe geschrieben).

Bei einem Besuch in Regensburg vor einigen Jahren hat Dr. Popović, der den Codex in der Münchener Staatsbibliothek eingehend untersucht hat, die Meinung geäußert, daß sehr wahrscheinlich zu lesen ist:

EGO VALERIANIS SCRIPSI (Ich habe den Valerianern geschrieben).

In diesem Fall ist es der oben auf dem Gemmenkreuz dargestellte Christus, der redet und der sein Evangelium den Bewohnern der Provinz Valeria widmet. Ähnlich hält Christus auf anderen frühen Darstellungen ein Buch in Händen, auf dem meist ein ebenfalls mit »Ego ...« beginnender Text steht, z. B. »Ego sum rex gloriae«, wie in S. Apollinare nuovo in Ravenna[36], oder »Ego sum lux mundi«, wie vielerorts.

Die Lesart »Ego Valerianis scripsi« scheint mir die wahrscheinlichere zu sein, nicht zuletzt aus folgendem Grund: Es ist wenig sinnvoll, wenn der Schreiber, der in einem der Kolophone von der Mühsal des Schreibens spricht und um ein Gebet bittet, nicht bei diesen sich ihm bietenden Gelegenheiten seinen Namen mitgeteilt hat (wenn er ihn überhaupt hat nennen wollen – bekanntlich ein Brauch, der relativ spät üblich geworden ist). Daß er seinen Namen ganz zentral in die Vierung des Kreuzes eingeschrieben hätte, wäre ungewöhnlich. So ist z. B. bei der ähnlichen Darstellung im erwähnten Gelasianum (fol. 3 v) hier das Lamm Gottes, umgeben von den Symbolen der vier Evangelisten, angebracht.

Aber auch in dem wenig wahrscheinlichen Fall, daß diese Vermutung nicht zutrifft und doch »Valerianus« zu lesen ist – vielleicht hat der Schreiber seine Vorlage nur falsch abgeschrieben –, würde der Eigen-

---

[36] Vgl. K. Gamber, Liturgie und Kirchenbau. Studien zur Geschichte der Meßfeier und des Gotteshauses in der Frühzeit (= Studia patristica et liturgica 6, Regensburg 1976) 81.

name doch auf die Provinz Valeria, das Land zwischen Raab, Donau und Drau, in deren Nähe Sirmium liegt, hinweisen.

In diesem Zusamenhang ist zu erwähnen, daß der kostbare Codex, wie gesagt, während des Mittelalters in der Dombibliothek zu Freising gelegen hat und daß der heilige Corbinian, Bischof dieser Stadt († 730), mit dem die Handschrift stets in Verbindung gebracht wurde, eine Reise in die Provinz Valeria gemacht und hier längere Zeit geweilt hat. Dies wissen wir aus der Vita des Arbeo[37]. Es liegt nahe anzunehmen, daß ihm als Abschiedsgeschenk unser Evangeliar mitgegeben worden und daß es auf diese Weise nach Freising gekommen ist.

Vielleicht stammt ein Teil der jüngeren Perikopennotizen sogar direkt von seiner Hand; jedenfalls dürften diese in Freising (und nicht in Oberitalien, wie verschiedentlich angenommen) nachgetragen worden sein. Sie stimmen inhaltlich weitgehend überein mit einem »Capitulare evangelii«, das in Aquileja ausgebildet wurde[38], zu welchem Patriarchat bekanntlich Freising bis Ende des 8. Jh. gehört hat. Dabei gehen bezeichnenderweise die Eintragungen, die sicher noch auf den Schreiber des Codex selbst zurückgehen (Weihnachten und Epiphanie betreffend), nicht mit den später angebrachten Notizen zusammen.

Welche Perikopenangaben in der Provinz Valeria und welche in Freising entstanden sind, läßt sich wohl im Einzelfall nicht mehr mit Sicherheit ausmachen. Die älteren von ihnen, so die für den Gedenktag des heiligen Timotheus und seiner Gefährtinnen, gehen jedenfalls auf die Liturgie Sirmiums zurück.

3. Die Vita des heiligen Severin

Wie eingangs erwähnt, gehörten zur Reichsdiözese Illyricum occidentale in spätrömischer Zeit auch die beiden Provinzen Noricum ripense (Ufernorikum) und Noricum mediterraneum (Binnennorikum). In Ufernorikum wirkte in der 2. Hälfte des 5. Jh. der Mönch Severin als Seelsorger und warmherziger Retter in den Nöten der Völkerwanderung[39].

[37] Vgl. Leidinger, Das sog. Evangeliar des hl. Korbinian 101.
[38] Vgl. Gamber, Die älteste abendländische Evangelien-Perikopenliste (oben Anm. 27) 180.
[39] Vgl. R. Noll, Eugippius. Das Leben des heiligen Severin (Berlin 1963).

Vielleicht hängt seine Ankunft gegen das Jahr 450 »de partibus orientis« (aus den östlichen Reichsgebieten) zusammen mit dem Einfall der Hunnen in Illyricum und der Einnahme von Sirmium in den Jahren 441/442.

Es ist durchaus möglich, daß Severin damals aus Pannonien nach Norikum geflüchtet ist. Wie wir aus der Vita des Eugippius wissen, hat dieser nie etwas aus seinem früheren Leben erzählt, doch spricht einiges dafür, daß er ein höheres Staatsamt innegehabt hat, bevor er Mönch wurde – vielleicht direkt in Sirmium[40].

Aus den Angaben der genannten Vita erfahren wir Einzelheiten über die kirchlichen und liturgischen Verhältnisse in der Provinz Noricum. Diese war in der 2. Hälfte des 5. Jh. fast vollständig christianisiert, jede größere Stadt hatte einen Bischof und mehrere Priester und Diakone. Auch kleine Klöster (»monasteria«) waren vielerorts zu finden. Ich habe darüber an anderer Stelle ausführlich gesprochen[41].

Vielleicht lassen die Erkenntnisse, die uns die Vita des Eugippius vermittelt, Rückschlüsse auf die Liturgie Sirmiums und der angrenzenden Provinzen zu, worüber wir im Grunde doch wenig Sicheres wissen. Eigenartig ist z. B. die Feier der Messe regelmäßig am Abend, wie in der Frühkirche – sie wird in der Vita »sacrificii vespertini sollemnitas« genannt – und nicht, wie damals meist üblich, am Morgen. Nur für einige Gebiete Ägyptens läßt sich im 5. Jahrhundert eine solche Feier am Abend für die Samstage nachweisen, in Rom und anderswo war sie auf die Fasttage beschränkt[42].

Auch die aus dem 4. und 5. Jahrhundert stammenden, wenn auch nur in den Fundamenten erhaltenen Kirchenbauten Norikums erlauben interessante Rückschlüsse. So finden wir in der Doppelkirche in Lavant, unweit der römischen Stadt Aguntum (heute Lienz) in der Mitte des Schiffs ein sog. Bema, d. i. ein umschranktes Lesepult für den Wortgottesdienst mit einem Sitz für den Bischof, wie es für die frühen syrischen Kirchenbauten typisch ist[43]. Also auch hier wieder deutliche Beziehungen zum Osten!

[40] Vgl. Noll, Eugippius 17 f.
[41] Vgl. Gamber, Liturgie und Kirchenbau 55–71: Die Liturgie in Norikum zur Zeit des hl. Severin.
[42] Vgl. Gamber, Liturgie und Kirchenbau 62–65.
[43] Vgl. G. C. Menis, La basilica paleocristiana nelle diocesi settentrionali della metropoli d'Aquileia (= Studi di antichità cristiana XXIV, Roma 1958) 79 ff.; 69 sowie Tav. IV.

Damit sind die Quellen für unsere Kenntnis der Liturgie im westlichen Teil der römischen Diözese Illyricum aufgeführt. Sie sind, mit Ausnahme vielleicht von Norikum, zugegebenermaßen spärlich und lassen nur geringe Rückschlüsse zu. Außerdem sind sie nicht alle – man denke nur an die Fragmenta Ariana – mit letzter Sicherheit für dieses Gebiet in Anspruch zu nehmen.

Auffallend ist die starke östliche Tradition, die uns dabei entgegentritt. Wodurch diese bedingt ist, können wir nur erahnen. Möglicherweise waren es Glaubensboten aus Kleinasien oder Syrien, die hier schon früh das Christentum gepredigt und ihre heimatlichen liturgischen Bräuche eingeführt haben. Wie so oft zu beobachten, haben sich diese »in der Provinz« länger in ihrer ursprünglichen Form erhalten als im Zentrum, von dem sie ausgingen.

4. Die Schriften des Niceta von Remesiana

Nun zu den Quellen für unsere Kenntnis der Liturgie in Illyricum orientale, soweit hier die lateinische Sprache vorherrschend war! Die Sprachgrenze verlief östlich von Niš, etwa auf halbem Weg nach Serdica (Sofia)[44]. Aus diesem Teil des römischen Reiches besitzen wir nur eine einzige, jedoch relativ ergiebige Quelle. Sie stammt aus der Provinz Dacia mediterranea und liegt in den Schriften des Bischofs Niceta von Remesiana († um 420) vor[45].

Sein bekanntestes und für uns bedeutungsvollstes Werk ist die »Instructio ad competentes« (Anweisung für die Taufschüler). Es ist leider als Ganzes nicht auf uns gekommen, da es mit dem Aufhören des Erwachsenen-Katechumenats seine Bedeutung verloren hatte. Bischof Arn von Salzburg hat es um das Jahr 800 noch gekannt und in seiner Schrift über die Taufe benützt[46].

[44] Vgl. F. van der Meer, Bildatlas der frühchristlichen Welt (Gütersloh 1959) 30, Karte 35; A. Randa, Der Balkan. Schlüsselraum der Weltgeschichte (Graz 1949) 183.

[45] Vgl. K. Gamber, Die Autorschaft von De sacramentis. Zugleich ein Beitrag zur Liturgiegeschichte der römischen Provinz Dacia mediterranea (= Studia patristica et liturgica 1, Regensburg 1967).

[46] Vgl. K. Gamber, Niceta von Remesiana. Instructio ad competentes. Frühchristliche Katechesen aus Dacien (= Textus patristici et liturgici 1, Regensburg 1964).

Die »Instructio ad competentes« war in sechs Bücher eingeteilt. Wir besitzen Teile der Einführungskatechese des Liber I, die Niceta bei Gelegenheit des »nomen dare« (der Einschreibung in die Liste der Taufbewerber) gehalten hat[47], ferner Teile des Liber III (De fide) und große Stücke des Liber V mit der Erklärung des Apostolischen Symbolums und fast den ganzen Liber VI mit den mystagogischen Katechesen, die in der Osterwoche den Neugetauften gehalten worden sind, die berühmten Sermonen »De sacramentis«[48].

Wir besitzen ferner von Niceta eine kleine Schrift »Ad lapsam virginem« mit interessanten Angaben über den Stand der geweihten Jungfrauen zu damaliger Zeit[49], ferner eine längere Ansprache über die Feier der Vigilien – diese fanden in Remesiana zweimal in der Woche statt und zwar in der Nacht zum Samstag und zum Sonntag – und eine solche über den Hymnengesang[50].

Wie wir durch Paulinus von Nola († 431) wissen, hat Niceta selbst Hymnen gedichtet. Sehr wahrscheinlich geht auf ihn die überlieferte Fassung des bekannten Lobgesangs »Te Deum« zurück[51]. Der von ihm stammende zweite Teil ist ähnlich den im Orient üblichen Anfügungen zum Gloria (ὕμνος ἑωθινός), wie sie bereits im Codex Alexandrinus zu finden sind[52].

Zwei weitere Hymnen stammen vermutlich von ihm, »Ad cenam agni providi« und »Mediae noctis tempus est«[53]. Doch wurden in Remesiana, wie wir aus den Schriften des Niceta schließen dürfen, auch die Hymnen des Ambrosius von Mailand gesungen, die schon zu Zeiten des Augustinus in Hippo (Nordafrika) eingeführt waren[54].

---

[47] Vgl. K. Gamber, Der Sermo »Homo ille«. Probleme des Textes und Frage nach der Autorschaft, in: Rev. bénéd. 80 (1970) 293–300.

[48] Vgl. Gamber, Die Autorschaft 139–144.

[49] Vgl. K. Gamber, Niceta von Remesiana. De lapsu Susannae (= Textus patristici et liturgici 7, Regensburg 1969), vor allem 20.

[50] Vgl. Gamber, Niceta. Instructio ad competentes 85–100.

[51] Vgl. Gamber, Das »Te Deum« und sein Autor, in: Rev. bénéd. 74 (1964) 318–321.

[52] Vgl. A. Rahlfs, Septuaginta (Stuttgart o. J.) II, 181–183.

[53] Vgl. A. Mayer, Laudes Dei. Ausgewählte lateinische Dichtungen der Kirche (Bamberg 1933) 13–16.

[54] Vgl. Augustinus, Sermo 372,3. Der Bischof von Hippo erinnert hier seine Zuhörer an das Lied, das sie soeben gesungen haben: »Intende qui regis Israel«. In den Schriften des Niceta finden wir Anspielungen an den gleichen Hymnus sowie an einen anderen (»Splendor paternae gloriae«); vgl. Gamber, Die Autorschaft 152.

In den genannten Schriften, vor allem aber in der »Instructio ad competentes« finden wir zahlreiche Angaben, die sich auf die Liturgie beziehen, nebst wörtlichen Zitaten liturgischer Texte[55]. Dadurch gewinnen wir ein recht anschauliches Bild vom gottesdienstlichen Leben in Dacien zu Beginn des 5. Jh.

In seinen Katechesen glaubt Niceta seine Zuhörer vor abweichenden Gewohnheiten der »graeci in oriente« (der Griechen im Osten) warnen zu müssen – Remesiana lag in der Nähe des Einflußgebiets von Konstantinopel –, so hinsichtlich einiger Hinzufügungen zum Apostolischen Symbolum, vor der Ablehnung der Apokalypse als kanonische Schrift, der Geringschätzung des Hymnengesangs und bezüglich des nur einmaligen Empfangs der Kommunion im Jahr (in Remesiana war der tägliche Kommunionempfang üblich). Vor allem aber galt sein Kampf dem Arianismus, der damals, wie wir sahen, in den Donauprovinzen sehr viele Anhänger hatte.

Remesiana, die Bischofstadt des Niceta, gehörte zu Beginn des 5. Jahrhunderts zum Patriarchat vom Rom. In seinen Schriften betont dieser mehrmals diese Abhängigkeit, vor allem in liturgischen Dingen. Er wehrt sich aber auch gegen Uniformierungsbestrebungen, wie sie unter Papst Innocenz I (402–417) bestanden haben und verteidigt scharf den abweichenden Brauch seiner Kirche hinsichtlich der Fußwaschung im Anschluß an die Taufe. Eine solche war in Rom bekanntlich nicht üblich[56].

Was das Meßbuch betrifft, das Niceta benützt hat, so sind wir hier auf Vermutungen angewiesen. Der Bischof von Remesiana hat zweimal die weite und beschwerliche Reise von Dacien nach Italien, wohl seine Heimat, gemacht und dabei auch seinen Freund Paulinus von Nola besucht. Niceta könnte von dort das von diesem verfaßte Sakramentar in seine Bischofstadt mitgebracht haben. Wenn nicht alles täuscht, spielt er sogar verschiedentlich an Orationen aus diesem Meßbuch des Paulinus an[57]. Er hat offensichtlich auch die damals neue Psalmenübersetzung des Hieronymus, das sog. Psalterium Romanum, von seiner Reise nach Rom bzw. Kampanien mitgebracht, da er in seinen Spätschriften die Psalmen nach dieser Ausgabe zitiert[58].

[55] Vgl. Gamber, Die Autorschaft 145–152.
[56] Vgl. Gamber, Die Autorschaft 39–42.
[57] Vgl. K. Gamber, Das Meßbuch des hl. Paulinus von Nola, in: Heiliger Dienst 20 (1966) 17–25, vor allem 25.
[58] Vgl. Gamber, Die Autorschaft 119 f.

Am aufschlußreichsten sind die zahlreichen Hinweise auf die Taufliturgie in seiner Bischofskirche Remesiana. Es war darüber oben im Zusammenhang mit der Taufliturgie von Mailand mehrmals die Rede. Am Sonntag vor Ostern fand die »Traditio symboli«, die feierliche Übergabe des Symbolums, statt. Die Erklärung des Glaubensbekenntnisses wurde an den folgenden Tagen fortgesetzt. Die Taufschüler mußten den Text auswendig lernen, durften ihn aber aus Gründen der Arkandisziplin nicht aufschreiben.

Am Morgen des Karsamstag war der Ritus der »Apertio aurium«, der Öffnung der Ohren. Der Bischof berührte die Ohren der Kandidaten und sprach in Anlehnung an das Heilungswort Jesu bei Mc 7,34 »Effeta« (Öffne dich!). Die eigentliche Tauffeier wurde in der darauffolgenden Nacht begangen. Zuerst wurden die Täuflinge gesalbt, dann mußten sie dem Teufel abschwören. Bevor sie in das Taufbecken hinabstiegen, wurde das Wasser feierlich geweiht.

Daran schloß sich die Taufspendung an. Die Kandidaten wurden einzeln gefragt, ob sie an Gott den Vater, an den Herrn Jesus Christus und an den Heiligen Geist glauben, worauf als Antwort jeweils »Credo« (Ich glaube) folgte. Nach jeder der drei Fragen wurde der Täufling ins Wasser getaucht, ohne daß dabei eine eigene Formel gebraucht wurde.

Danach fand eine abermalige Salbung jedes einzelnen statt, sowie die Verlesung des Evangeliums von der Fußwaschung Jesu. Im Anschluß daran wusch der Bischof selbst den Neugetauften die Füße, um die Folgen der Erbsünde, wie Niceta sagt, abzuwaschen. Als nächster Akt erfolgte das »spiritale signaculum«, das geistige Siegel (σφραγίς). Der Bischof ruft in einer feierlichen »invocatio« die sieben Gaben des Heiligen Geistes auf die Neugetauften herab und konsigniert dann jeden einzelnen mit dem »myrum« (μῦρον). Es handelt sich, wie bereits bemerkt, um einen typischen Ausdruck für das Salböl in der griechischen Kirche, der im Abendland nie gebräuchlich war[59].

Die Getauften zogen nun von der Taufkapelle in das Gotteshaus und begaben sich vor den Altar, wo sie innerhalb des Meßopfers (»sacrificium«) die Eucharistie empfingen. Damit endeten die »sacramenta caelestia«, »die himmlischen Mysterien« der Osternacht.

Die sog. mystagogischen Katechesen fanden jeden Tag in der Oster-

---

[59] Er findet sich bei Cyrill von Jerusalem, Cat. myst. 3,2, Im Abendland kennt man dagegen die Bezeichnung »Chrisma«; vgl. Gamber, Die Autorschaft 94.

woche statt. In ihnen wurden die einzelnen Zeremonien eingehend erklärt, an den letzten beiden Tagen auch das Gebet des Herrn. Soviel in Kürze zur Taufliturgie in Remesiana, wie sie sich aus den Schriften des Niceta darstellt[60].

Wichtig scheint noch der Hinweis zu sein, daß unser Bischof von der großen Zahl der Neugetauften spricht. Der Anfang des 5. Jh. war die Zeit des Zustroms größerer Mengen in die Kirche, vor allem in den westlichen Provinzen des Reiches. Diese hatten gegenüber dem Osten und Nordafrika bis dahin noch relativ wenige Christen aufzuweisen. Auch unter den in Dacien angesiedelten Goten hat Niceta missionarisch gewirkt.

Daß sich in Illyricum orientale der römische Einfluß so stark bemerkbar machte, mag damit zusammenhängen, daß diese Gebiete später dem christlichen Glauben zugeführt wurden als die Metropole Sirmium und daß es hauptsächliche Bischöfe aus Italien waren, die hier gewirkt und die römische Liturgie eingeführt haben. In Sirmium selbst, das schon relativ früh christianisiert worden war, scheint dagegen, wie wir sahen, von Anfang an der griechisch-syrische Einfluß vorherrschend gewesen zu sein. Soviel wenigstens dürften die spärlichen Quellen aussagen.

---

[60] Vgl. Gamber, Liturgie und Kirchenbau (oben Anm. 8) 49–54.

Zur Liturgie Aquilejas

Es sind noch keine 15 Jahre her, da wußte man so gut wie nichts von der frühen Liturgie des Patriarchats Aquileja. Bekannt war lediglich, vor allem durch die Arbeiten von De Rubeis, daß es im Mittelalter einen eigenen »Ritus Patriarchinus« gegeben hat[1]. Dieser ist in den Jahren 1594/95 abgeschafft worden. Vom römischen Ritus hatte er sich nur unwesentlich unterschieden, weit weniger als der »Ritus Ambrosianus« der Nachbar-Metropole Mailand[2].
Der Grund, warum wir so wenig von der frühen Liturgie des Patriarchats wissen, ist darin zu suchen, daß aus Aquileja selbst oder der Umgebung der Stadt so gut wie keine liturgischen Handschriften bekannt sind, die vor dem Jahr 800 liegen[3] – ein unglücklicher Umstand, der aber für die übrigen Gebiete Italiens ebenso zutrifft, nur daß hier die liturgischen Denkmäler meist noch später einsetzen, so in Benevent erst an der Wende des 10. zum 11. Jh.

1. Das Meßbuch Aquilejas im 8. Jahrhundert
im Raum der bayerischen Diözesen[*]

Besser liegen in dieser Hinsicht die Verhältnisse im altbayerischen Raum. Hier sind aus der Zeit vor bzw. um 800 relativ viele liturgische Handschriften – teils vollständig teils nur in Fragmenten – erhalten geblieben. Diese Meßbuch-Fragmente blieben deshalb erhalten, weil man in den bayerischen Klöstern des Spätmittelalters nicht mehr ge-

---

[*] Erstmals erschienen in: Heiliger Dienst 30 (1976) 66–71.
[1] M. B. De Rubeis, Monumenta Ecclesiae Aquileiensis (Venetiis 1740); ders., De antiquis Foroiuliensibus ritibus (Venetiis 1754); weitere Literatur bei K. Gamber, Codices liturgici latini antiquiores (= Spicilegii Friburgensis Subsidia 1, 2. Aufl. Freiburg/Schweiz 1968) 287–291. Das Werk wird im folgenden »CLLA« abgekürzt.
[2] Vgl. A. A. King, Liturgies of the Past (London 1959) 1–52.
[3] Es sind jedoch in den letzten Jahrzehnten Fragmente von Liturgiebüchern

brauchte Codices nicht einfach vernichtet, sondern zu Buchbindezwecken benützt hat, vor allem als Vor- und Nachsatzblätter oder als Überzug über die Holzdeckel.

Diese so erhalten gebliebenen liturgischen Zeugnisse bilden nicht nur eine wichtige Quelle für die Erforschung der frühen Liturgiebücher, sie bilden zugleich eine nicht zu übersehende Quelle für die an Quellen arme bayerische Kirchengeschichte des 8./9. Jh. Sie sind noch lange nicht genügend ausgewertet, gerade auch im Hinblick auf die Beziehungen Bayerns zu Aquileja.

Der altbayerische Raum gehörte bis zum Reichstag von Aachen i. J. 810 zum Einflußbereich des Patriarchats Aquileja. So hat Bonifatius, als er i. J. 739 die bayerischen Diözesen neu ordnete, keine Metropoliten für dieses Gebiet ernannt, einfach deshalb, weil von altersher der Patriarch von Aquileja der Metropolit für dieses Gebiet war.

Während literarische Zeugnisse spärlich sind[4], bezeugen die ehemalige Zugehörigkeit der genannten Diözesen zu Aquileja neben Ausgrabungen ältester Kirchen[5] vor allem die im altbayerischen Raum vor bzw. um 800 geschriebenen Liturgiebücher. Sie sind erst in den letzten Jahrzehnten bekannt geworden.

Bevor wir auf diese im einzelnen eingehen, ist zuerst eine Vollhandschrift zu nennen, die aus dem Kerngebiet des Patriarchats stammt. Es handelt sich um ein Sakramentar, das um die Mitte des 9. Jh. in der kaiserlichen Schreibschule Lothars als Prachthandschrift für die Domkirche von Verona geschrieben wurde. Auftraggeber war allem Anschein nach der Bischof Ratold von Verona (799–840). Der Codex bildete vielleicht das Abschiedsgeschenk für seine Kathedrale, als er sich i. J. 840 an den Bodensee (Radolfszell) zurückzog. Heute wird das Meß-

---

bekannt geworden, die mit großer Wahrscheinlichkeit aus dem engeren Gebiet des Patriarchats stammen, so Palimpsestblätter eines Sakramentars (vgl. CLLA Nr. 201), eines Evangelistars (CLLA Nr. 261) sowie ein vollständiges Lektionar (CLLA Nr. 265/6). Schon länger bekannt war ein Capitulare Evangelii; vgl. K. Gamber, Die älteste abendländische Evangelien-Perikopenliste, vermutlich von Bischof Fortunatianus von Aquileja, in: Münchener Theol. Zeitschrift 13 (1962) 181–201; dazu: CLLA Nr. 245–247.

[4] Gern zitiert wird das Schreiben, das die Bischöfe Istriens und Oberitaliens an den oströmischen Kaiser Mauritius (582–602) gerichtet haben (M. G., Epist. I, 16 a); vgl. K. Gamber, Zur mittelalterlichen Geschichte Regensburgs und der Oberpfalz (Kallmünz 1968) 9–11.

[5] Vgl. G. C. Menis, La basilica paleocristiana nelle diocesi settentrionali della metropoli d'Aquileia (= Studi di antichità cristiana XXIV, Roma 1958).

buch in der Kapitelsbibliothek von Padua aufbewahrt und trägt daher den Namen »Sacramentarium Paduanum«[6].

Der verdiente Sakramentarforscher K. Mohlberg hat den Codex i. J. 1927 unter dem irreführenden Titel »Die älteste erreichbare Gestalt des Liber Sacramentorum ... der römischen Kirche« herausgegeben[7]. Mohlberg verlegte die Redaktion der Vorlage in die Zeit des Papstes Gregor, näherhin ins Jahr 595. Daher der Titel.

Vor Jahren habe ich in einer kleinen Arbeit, »Wege zum Urgregorianum« betitelt[8], nachgewiesen, daß Mohlbergs These falsch ist, daß also im Paduanum keineswegs »die älteste erreichbare Gestalt« des gregorianischen Meßbuchs vorliegt, ja daß es sich gar nicht um ein römisches Liturgiebuch im strengen Sinn handelt. Im Paduanum liegt vielmehr das Sakramentar vor, wie es im 8./9. Jh. im Patriarchat Aquileja in Gebrauch war.

Zu dieser Erkenntnis kam ich erstmals bei einem Besuch der ehrwürdigen Kapitelsbibliothek von Verona, wo ich in zwei dort aufbewahrten Sakramentaren aus der 1. Hälfte des 9. Jh.[9] Verwandte des durch das Paduanum vertretenen Meßbuchtypus feststellen konnte. Meine damaligen Untersuchungen habe ich in einem Aufsatz »Sakramentare aus dem Patriarchat Aquileja« niedergelegt[10].

Das Ergebnis dieser Untersuchung war mit kurzen Worten wie folgt: Bis in die Mitte des 9. Jh. – in entlegenen Gebieten auch noch darüber hinaus – wurde im Gebiet des Patriarchats ein Sakramentar benützt, das dem stadtrömischen Sacramentarium Gregorianum, das von Papst Gregor d. Gr. vermutlich i. J. 592 zusammengestellt worden war, ähnlich, aber nicht mit diesem identisch war.

Wichtigste Unterschiede sind die Einfügung der Sonntagsmessen »per annum« zwischen die Heiligenfeste, wobei ein Ostertermin vom 27. März (Karfreitag 25. März) zugrundegelegt erscheint[11]; ferner eine Reihe zusätzlicher Präfationen, die z. T. typisch sind, d. h. sich nur in Liturgiebüchern des Patriarchats nachweisen lassen. Auch die Werktags-

---

[6] Vgl. CLLA Nr. 880 S. 398 mit weiterer Literatur.

[7] Liturgiegeschichtliche Quellen und Forschungen, Heft 11/12 (Münster 1927), mit Untersuchungen von A. Baumstark.

[8] Texte und Arbeiten, Heft 46 (Beuron 1956) in Verbindung mit A. Dold.

[9] Vgl. CLLA Nr. 725/726 bzw. 810/811.

[10] Münchener Theologische Zeitschrift 7 (1956) 281–288.

[11] Vgl. A. Dold – K. Gamber, Das Sakramentar von Salzburg (= Texte und Arbeiten, Beiheft 4, Beuron 1960) 40.

und Commune-Messen des Paduanum sind in dieser Form in andern Meßbüchern nicht zu finden.

Desweiteren konnte gezeigt werden, daß das Paduanum die Endstufe einer längeren Entwicklung darstellt. Dem Typus nach unmittelbar voraus geht das sog. Salzburger Sakramentar, dessen umfangreiche Reste von A. Dold in den Bibliotheken von Salzburg, München und Wien gefunden und von ihm zusammen mit mir ediert worden sind[12]. Die ehemalige Handschrift ist bald nach 800 im österreichisch-bayerischen Alpengebiet entstanden und zwar allem Anschein nach in einem Ort mit dem Patrozinium der hl. Justina von Padua[13]. Die Bibliotheksheimat war zuletzt Salzburg. Wir werden auf die Handschrift gleich näher eingehen.

Nach dem immer wieder zu beobachtenden Gesetz, daß sich in abgelegenen Gegenden ältere Meßbuch-Typen länger erhalten als im Zentrum – konkret also in Aquileja –, muß das bald nach 800 niedergeschriebene Salzburger Sakramentar als Typus bereits um 700 ausgebildet worden sein. Wir müssen nämlich, was die Zeit des Frühmittelalters betrifft, mindestens 100 Jahre als Zeitraum zwischen der Ausbildung eines Typus in einem kirchlichen Zentrum und der Niederschrift in einem von diesem weit abgelegenen Ort ansetzen.

Im Jahre 700 fand bekanntlich in Aquileja ein Regionalkonzil statt, auf dem das seit dem Dreikapitelstreit andauernde Schisma einiger oberitalienischer Bischöfe, zu denen auch der Patriarch von Aquileja gehörte, mit Rom beigelegt werden konnte. Die Folge dieser Aussöhnung mit dem Papst dürfte eine stärkere Beeinflußung vonseiten der stadtrömischen Liturgie gewesen sein.

Für das Jahr 700 als Zeitpunkt der Redaktion des im Salzburger Sakramentar vorliegenden Typus spricht aber vor allem der Umstand, daß das Gregorianum, das damals zur Redaktion des neuen Meßbuchs von Aquileja verwendet worden war, aufgrund bestimmter Kriterien aus der Zeit kurz vor dem Jahr 700 stammt. Dies hat A. Chavasse deutlich erkannt, wenn er auch andere Schlußfolgerungen aus dieser Beobachtung zieht als ich[14].

[12] Dold – Gamber, Das Sakramentar von Salzburg a.a.O.; vgl. CLLA Nr. 883.
[13] Vielleicht St. Justina bei Eppan (s. u.).
[14] Vgl. A. Chavasse, Le sacramentaire gélasien (Bibliothèque de théologie, Ser. IV, vol. 1, Paris–Tournai 1958) 526–604; dazu: K. Gamber, Missa Romensis (= Studia patristica et liturgica 3, Regensburg 1970) 137 ff., bes. 141 f.

Etwa aus der gleichen Zeit wie das Salzburger Sakramentar – es ist sogar noch etwas älter als dieses – stammt ein Fragment eines weiteren bayerischen Meßbuchs, das vermutlich in Regensburg geschrieben ist (um 800). Dieses Fragment ist deshalb besonders interessant, weil es nicht dem älteren Typus des Salzburger Sakramentars, sondern dem jüngeren des Paduanum angehört[15]. Letzterer Typus war bis jetzt vollständig nur in einer einzigen Handschrift aus der Mitte des 9. Jh. bekannt gewesen.

Daß dieses vermutlich in Regensburg geschriebene Meßbuch dem Typus des Paduanum angehört, zeigt nicht nur die gleiche Folge der einzelnen Gebete sondern vor allem auch die Numerierung der Formulare, die in beiden Codices völlig übereinstimmt. Es ist dies ein seltener Fall in der Sakramentargeschichte[16]. Dies bedeutet aber, daß unser bayerisches Meßbuch von dem gleichen Urexemplar abstammt wie das Paduanum. Regensburg war in der Zeit um 800 als ehemaliger Sitz der Agilolfinger-Herzöge und zeitweise Residenz des Frankenkönigs Karl (in den Jahren 792/3) die bedeutendste Stadt in Bayern, ja im ganzen ostfränkischen Reich. Es müssen direkte Beziehungen zu Aquileja gewesen sein, die eine so frühe Überbringung eines Sakramentars aus der Adria-Metropole nach Regensburg veranlaßt haben; vor allem wenn man bedenkt, daß unser Sakramentar-Typus in Verona, das räumlich gesehen dem Zentrum näher lag, erst in der Mitte des 9. Jh. nachweisbar ist. Bis dahin war, wie wir wissen, in Verona ein anderer Typus in Gebrauch[17].

Etwa aus der gleichen Zeit, also um 800, stammen Fragmente eines Pontifikal-Sakramentars, das ebenfalls in Regensburg geschrieben sein könnte. Die Blätter liegen heute in den Bibliotheken von Gießen und Marburg[18]. Das ehemalige Liturgiebuch gehörte dem gleichen Typus an wie das Paduanum. Es stellt freilich insofern eine Kürzung dar, als darin nur Formulare für diejenigen Tage zu finden sind, an denen der Bi-

---

[15] Vgl. K. Gamber, Fragmenta Liturgica IV, in: Sacris erudiri 19 (1969/70) Nr. 25.

[16] So ist z. B. noch in einigen Hadriana-Handschriften eine solche übereinstimmende Numerierung zu erkennen; vgl. W. H. Frere, The Carolingian Gregorianum: its sections and their numbering, in: The Journal of Theol. Studies 18 (1916) 47–55.

[17] Es sind die Veroneser Handschriften CLLA Nr. 725 und 726 und das Fragment CLLA Nr. 812.

[18] Vgl. CLLA Nr. 882 S. 399 mit weiterer Literatur.

schof selbst den Gottesdienst zu halten pflegte. Die Handschrift ist in schöner Unziale geschrieben, ähnlich der im berühmten Codex Millenarius von Kremsmünster[19].

Die bisher genannten Meßbücher zeigen die engen Verbindungen an, die in liturgischer Hinsicht um 800 zwischen Aquileja und den bayerischen Diözesen bestanden haben. Dabei muß eigens betont werden, daß sich Meßbücher unseres Typus nur innerhalb der Grenzen des Patriarchats nachweisen lassen. Der späteste bekannte Zeuge ist ein Meßbuch im Typus des Paduanum, das in der 1. Hälfte des 10. Jh. in der Gegend von Trient geschrieben ist[20]. Wir werden auch darauf noch eingehen.

Es gibt aber weitere Sakramentare, die etwas älter sind als die eben genannten und ebenfalls im altbayerischen Raum entstanden sind. Diese in der 2. Hälfte oder gegen Ende des 8. Jh. geschriebenen Meßbücher gehören weder dem Typus der Salzburger Fragmente noch dem des Paduanum an. Sie repräsentieren vielmehr einen älteren Meßbuch-Typus. Dieser ist schon im 6. Jh. ausgebildet worden, näherhin in Ravenna[21], von wo er schon früh nach Aquileja gelangt sein dürfte.

Wir besitzen aus Bayern noch eine Vollhandschrift dieses Typus. Sie wird jetzt in Prag aufbewahrt und deshalb Prager Sakramentar genannt[22]. Sie ist kurz vor 788, also noch zu Lebzeiten Herzogs Tassilos, in Regensburg entstanden und wird daher auch Tassilo-Sakramentar genannt[23].

Erhalten sind ferner Fragmente von weiteren fünf Handschriften, die dem gleichen Typus angehören wie das Prager Sakramentar. Sie stammen alle etwa aus der gleichen Zeit und sind teils in Regensburg, teils in Freising oder in einem anderen bayerischen Zentrum geschrieben[24]. Wie ich in einer eigenen Studie nachweisen konnte, ist in all diesen Zeu-

[19] Vgl. W. Neumüller – K. Holter, Der Codex Millenarius (Linz 1959). Ich habe eine Entstehung der Prachthandschrift in Regensburg vermutet; vgl. Stammt der Codex Millenarius in Kremsmünster aus der Pfalzkapelle des Herzogs Tassilo III?, in: Alt-Bayerische Heimat Nr. 4/1977.
[20] Vgl. CLLA Nr. 890 S. 403 mit Angabe der Edition.
[21] Vgl. Gamber, Missa Romensis 107–115.
[22] Vgl. CLLA Nr. 630; herausgegeben von A. Dold – L. Eizenhöfer, Das Prager Sakramentar, Bd. I Lichtbildausgabe (Beuron 1944); Bd. II Prolegomena und Textausgabe (= Texte und Arbeiten, Heft 38/42, Beuron 1949).
[23] Vgl. K. Gamber, Das Tassilo-Sakramentar. Das älteste erhaltene Regensburger Meßbuch, in: Münchener Theol. Zeitschrift 12 (1961) 205–209.
[24] Es sind dies die Nrr. CLLA 631, 632, 633 und 635; dazu als neues Fragment: K. Gamber, Eine ältere Schwesterhandschrift des Tassilosakramentars in Prag, in: Rev. bénéd. 80 (1970) 156–162.

gen bereits der Einfluß des eingangs genannten Sakramentars im Typus des Paduanum bzw. des Salzburger Meßbuchs zu erkennen[25]. So schon in einer Schwester-Handschrift des Prager Sakramentars, die 10 oder 20 Jahre älter ist als dieses[26]. Daraus ergibt sich aber, daß spätestens seit der 2. Hälfte des 8. Jh. das Meßbuch von Aquileja in Bayern Eingang gefunden hat, wo es einem anderen älteren Typus, der in Ravenna beheimatet war, begegnet ist und diesen allmählich verdrängt hat.

In einer weiteren Studie habe ich gezeigt[27], daß das Prager Sakramentar als Patrozinium für die herzogliche Kapelle den hl. Johannes d. T. voraussetzt und daß in der Nähe der Pfalz eine Georgs-, Martin- und Zenokirche gestanden haben müssen. Sowohl die Martins- als auch die Zenomesse, z. T. auch die Georgsmesse, zeigen gallikanischen Gebetstil[28]. Die Martinsmesse findet sich im gallischen Missale Gothicum wieder und könnte durch fränkische Missionare vielleicht den hl. Rupert, nach Regensburg gebracht worden sein.

Nach Prag kam unser Codex mit anderen Regensburger Handschriften im Zug der kirchlichen Organisation Böhmens, das bekanntlich bis z. J. 973 dem Bistum Regensburg unterstand[29]. Unser Sakramentar galt in Regensburg in der Zeit nach 800 als veraltet. Das Latein darin ist zudem fehlerhaft. Wohl weil es veraltet war, hat man es den Missionaren, die nach Böhmen gingen, mitgegeben. Hier hat es vielleicht noch lange bei der Feier der hl. Messe Verwendung gefunden; sonst wäre es wahrscheinlich gar nicht erhalten geblieben.

Wie die Regensburger Kirche ihren nach Böhmen ausgesandten Missionaren ein veraltetes, in der Heimat nicht mehr gebrauchtes Meßbuch mitgegeben hat, so könnte dies auch für die von Aquileja nach Pannonien entsandten Priester zutreffen. Bekanntlich gehörte Pannonien seit dem Fall der Metropole Sirmium zum Einflußgebiet des Patriarchats. Konstantin und Method haben sich auch zuerst nach Aquileja begeben, bevor sie nach Rom weitergezogen sind.

[25] Das Sakramentar von Salzburg als Quelle für das Pragense, in: Studia patristica VIII (= Texte und Untersuchungen 93, Berlin 1966) 109–213.

[26] Vgl. Gamber, Eine ältere Schwesterhandschrift (oben Anm. 24) 161.

[27] Das Prager Sakramentar als Quelle für die Regensburger Stadtgeschichte in der Zeit der Agilolfinger, in: Verhandlungen des Historischen Vereins für Oberpfalz und Regensburg 115 (1973) 203–230.

[28] Vgl. K. Gamber, Der Zeno-Kult in Regensburg, in: Beiträge zur Geschichte des Bistums Regensburg 11 (1977) 7–24.

[29] Vgl. B. Bischoff, in: Dold–Eizenhöfer, Das Prager Sakramentar 37.

Jedenfalls muß in den zu Aquileja gehörenden Ostgebieten ein Meßbuch im Typus des Salzburger Sakramentars in Gebrauch gewesen sein,
also des älteren Typus und nicht des jüngeren, des Paduanum. Wie
nämlich die Kiewer Blätter eines glagolitischen Meßbuches zeigen, haben die Slavenlehrer bei ihrer Übersetzung ein Meßbuch im Typus des
Salzburger Sakramentars benutzt. Dies habe ich an anderer Stelle eingehend gezeigt[30].

In diesem Beitrag sollte mehr über die Verbreitung, die das Meßbuch
von Aquileja im gesamten Gebiet des Patriarchats vom 8. Jh. an gefunden hat, gesagt werden. Besonders zahlreich sind dabei, wie wir sahen, diejenigen Zeugen, die aus dem Gebiet der bayerischen Diözesen
stammen. Ohne diese Handschriften und Fragmente wüßten wir nur
sehr wenig von der Liturgie Aquilejas im 8./9. Jh.

2. Die Heimat des sog. Salzburger Sakramentars*

Das Sakramentar, von dem bereits oben kurz die Rede war und um das
es im folgenden geht, genauer gesagt die 19 Blätter, die von der ehemaligen Pergamenthandschrift übrig sind, kennt man schon längere Zeit.
Die einzelnen Stücke wurden in den Jahren nach dem ersten Weltkrieg
von Alban Dold in den Bibliotheken von Salzburg, Wien und München
gefunden und später zusammen mit dem Unterzeichneten liturgiegeschichtlich untersucht und herausgegeben[1].

Nach seiner letzten Bibliotheksheimat Salzburg wird das ehemalige
Meßbuch heute »Sakramentar von Salzburg« genannt. Im 15. Jh. war
der damals wohl schon nicht mehr vollständige Codex auseinander-
genommen und als Buchbindematerial verwendet worden. Die einzelnen
Stücke sind von A. Dold aus Salzburger Büchern, wo sie als Vor- bzw.
Nachsatzblätter gedient hatten, abgelöst worden.

Es steht nicht sicher fest, in welcher Salzburger Bibliothek das Meßbuch vordem aufbewahrt worden war. Vielleicht lag es in der Hof-
bibliothek. Von hier aus dürften die Bücher mit dem kostbaren Ein-

---

[30] Vgl. Gamber, Missa Romensis 150–156.

* Erstmals erschienen in: Der Schlern 52 (1978) 91–95.

[1] A. Dold – K. Gamber, Das Sakramentar von Salzburg (= Texte und Arbeiten, Beiheft 4, Beuron 1960).

bandmaterial in die Salzburger Studienbibliothek (jetzt Universitätsbibliothek) sowie in die Bibliotheken von Wien und München gekommen sein. Sie zeigen alle den gleichen typischen Einband[2].

Bevor wir der Frage nachgehen, wo die ehemalige Handschrift liturgisch verwendet wurde, sei ein kurzer Blick auf das Sakramentar selbst
geworfen. Es muß sich um eine schöne Handschrift gehandelt haben.
Die gepflegte Minuskel gehört nach Meinung von B. Bischoff in den
Anfang des 9. Jh.[3]. Der Schriftcharakter ermöglicht keine genaue Lokalisierung, da sowohl die Form der Buchstaben als auch die Ausstattung,
vor allem die schlichten mit Rot ausgemalten Initialen, für das ganze
Gebiet des damaligen Herzogtums Bayern, das bekanntlich auch das
jetzige Südtirol einschloß, kennzeichnend sind.

Bei unserm Meßbuch handelt es sich, wie im vorausgegangenen Teil gezeigt, um einen Sakramentar-Typus, wie er in der Zeit Tassilos III., der
788 von König Karl abgesetzt wurde, im gesamten Gebiet des Herzogtums in Gebrauch war[4]. Hier war dieser Typus jedoch nicht ausgebildet
worden, sondern im Langobardenreich, das mit dem bayerischen Her-
zogtum damals eng verbunden war, mit dem kirchlichen Zentrum Aquileja, zu dem der ganze Raum bis an die Donau damals gehört hat[5]. Erst
auf dem Reichstag zu Aachen wurde 810 der nördliche Teil des Patriarchats Aquileja, nämlich das gesamte Gebiet links der Drau, der von
Kaiser Karl geschaffenen neuen Metropole Salzburg unterstellt, so die
Bistümer Säben, Regensburg, Freising, Passau und Neuburg im Staffel-
see. Trient blieb bei Aquileja.

Auch in der damaligen Hauptstadt des Herzogtums, in Regensburg,
ist unser Sakramentar-Typus nachweisbar Ende des 8. Jh. verwendet
worden[6], ebenso in Freising. Auf seine nur für den Fachmann interessanten typischen Kennzeichen braucht hier nicht im einzelnen eingegangen
zu werden, da in der Edition von Dold – Gamber darüber ausführlich

[2] Vgl. Dold–Gamber p. XV.
[3] Vgl. K. Forstner, Die karolingischen Handschriften in den Salzburger
Bibliotheken (Salzburg 1962) 60 Nr. 53; K. Gamber, Codices liturgici latini
antiquiores ([2]Freiburg/Schweiz 1968) 400 Nr. 883.
[4] Vgl. K. Gamber, Das Meßbuch Aquilejas im Raum der bayerischen Diözesen um 800, in: Annales Instituti Slavici VIII (Wien–Köln–Graz 1974) 111–
118.
[5] Vgl. Dold–Gamber 10–17.
[6] Vgl. K. Gamber, Das Sakramentar von Salzburg als Quelle für das Pragense, in: Studia Patristica VIII (= Texte und Untersuchungen 93, Berlin
1966) 209–213.

gesprochen wurde. Hier werden auch weitere Zeugnisse dieses Meßbuch-typus genannt[7].

Das Salzburger Sakramentar beginnt eigenartigerweise nicht, wie die damaligen Liturgiebücher, mit der Vigil von Weihnachten, auch nicht mit dem 1. Adventsonntag, wie das spätere Missale Romanum, son-dern mit dem Sonntag Septuagesima, also mit der Vorfastenzeit. Ein ähnlicher Meßbuchbeginn läßt sich in einem etwa aus der gleichen Zeit stammenden voralpenländischen Sakramentar nachweisen, das mit dem 1. Fastensonntag, der Vorbereitungszeit auf Ostern, beginnt[8]. Ostern galt, wie wir aus Predigten Zenos von Verona († 380) wissen, in der Frühzeit vielerorts als Jahresanfang[9]. Ein mit diesem Termin beginnendes Litur-giebuch, ein Lektionar aus dem 5./6. Jh., ist erhalten geblieben[10].

Eine weitere Eigenart unseres Sakramentars ist die Tatsache, daß in der Fastenzeit nicht, wie in den meisten übrigen Meßbüchern, für je-den Tag ein eigenes Meßformular verzeichnet ist, sondern jeweils nur für den Montag, Mittwoch und Freitag. Diese Praxis geht auf einen al-ten Brauch zurück, wonach man außerhalb Roms in der Fastenzeit vie-lerorts nur an drei Tagen in der Woche Stationsgottesdienste gehalten hat, was auch aus dem Beschluß der bayerischen Provinzialsynode zu Salzburg vom Jahr 800 hervorgeht[11]. Weiter fehlen bei uns Formulare für die Quatembertage.

In unserm Meßbuch vermissen wir ferner die kleineren Heiligenfeste. Wir finden, außer für die Sonntage und den großen Bittag am 25. April, Formulare nur für die als allgemeine Feiertage begangenen Herrenfeste Weihnachten, Epiphanie und Christi Himmelfahrt, ferner die vier Mut-tergottesfeste Mariä Lichtmeß (2. Febr.), M. Verkündigung (25. März), M. Himmelfahrt (15. Aug.) und M. Geburt (8. Sept.); außerdem die be-kannten Begleitfeste von Weihnachten – die Tage zwischen Christi Ge-burt und Dreikönig galten als Feiertage – sowie die Feste Philippus und Jakobus (1. Mai), Johannes d. T. (24. Juni und 29. Aug.), Laurentius (10. Aug.) und Michael (29. Sept.).

[7] Vgl. Dold–Gamber 9.
[8] Vgl. A. Dold, Palimpsest-Studien II (= Texte und Arbeiten 48, Beuron 1957).
[9] Vgl. Dold–Gamber 27 f.
[10] Vgl. A. Dold, Das älteste Liturgiebuch der lateinischen Kirche (= Texte und Arbeiten 26–28, Beuron 1936) sowie oben S. 34.
[11] Vgl. R. Hierzegger, Collecta und Statio, in: Zeitschrift für kathol. Theo-logie 60 (1936) 548.

Umsomehr fällt auf, daß plötzlich zwei »kleinere« Heiligen erscheinen, Justina von Padua (7. Okt.) und Martin von Tours (11. Nov.). Die beiden müssen am Ort der Verwendung unseres Sakramentars besondere Verehrung genossen haben. Dazu kommt noch, daß Justina durch eine Eigenmesse und Martin durch eine Eigenpräfation ausgezeichnet sind, die sich sonst nicht nachweisen lassen. In der Hervorhebung dieser beiden Heiligen liegt für uns die Möglichkeit, die Heimat des sog. Salzburger Sakramentars festzustellen.

Es gilt einen Ort ausfindig zu machen, in dem spätestens im 8. Jh. die Heiligen Justina und Martin verehrt worden sind. Die Tatsache, daß es sich bei Justina von Padua um ein seltenes Patrozinium handelt – es kommt fast nur in der Diözese Trient vor[12] – erleichtert die Sache wesentlich; doch ist insofern Vorsicht geboten, als es verschiedene Heilige mit diesem Namen gibt[13]. Daß es sich bei uns um Justina von Padua handelt, geht aus der Datumsangabe (Non. Oct., d. i. der 7. Okt.) einwandfrei hervor.

In dem Teil der Diözese Trient, der um 800 zu Bayern gehörte, gibt es noch heute zwei Justina-Kirchen, von denen die folgende mit Sicherheit die Heilige von Padua zur Patronin hat. Sie liegt in der alten Pfarrei Eppan (Dek. Kaltern) und zwar in Berg, oberhalb St. Pauls, heute einsam mitten in den Weinbergen. Sie weist noch eine romanische Apsis auf[14].

Eine weitere Justina-Kirche befindet sich in Brazöll bei Rentsch (Dek. Bozen); sie ist ebenfalls im Weinberggelände gelegen und wird 1215 erstmals erwähnt. Sie hat die heilige Justina von Antiochien, die Gefährtin des heiligen Cyprian, zur Patronin (Fest am 26. Sept.). Wegen der Zugehörigkeit zum Bistum Trient könnte sie jedoch ursprünglich der Märtyrerin von Padua geweiht gewesen sein[15]. Brazöll hat aber nie Bedeutung gehabt und dürfte deshalb hier ausscheiden, weil unser Liturgiebuch seiner ganzen Anlage nach für eine größere Pfarrei bestimmt war.

Eine dritte Justina-Kirche begegnet uns im gleichnamigen Ort bei Assling (Dek. Lienz) in Osttirol. Das Heiligtum wird 117 erstmals urkundlich

[12] Vgl. H. Fink, Die Kirchenpatrozinien Tirols (Passau 1928) 89.
[13] Vgl. Fr. Doyé, Heilige und Selige I (Leipzig 1929) 648 f., wo 7 Heilige mit diesem Namen aufgezählt sind.
[14] Vgl. J. Weingartner, Die Kunstdenkmäler Südtirols II (²Innsbruck–Wien 1951) 283.
[15] Vgl. Fink, Kirchenpatrozinien 89.

erwähnt[16]. Das es sich auch hier um einen kleinen unbedeutenden Ort handelt und zudem nicht sicher feststeht, welche Justina hier ursprünglich verehrt wurde, kommt auch diese Kirche als Verwendungsort des Salzburger Sakramentars wohl nicht in Frage.

Wie wir durch Venantius Fortunatus wissen, wurde in der Grabeskirche der Heiligen zu Padua bereits im 6. Jh. auch Martin von Tours verehrt. Die Wände des Gotteshauses waren damals mit Darstellungen geschmückt, die sein Leben verherrlicht haben[17]. Da aber in unserm Meßbuch gerade Justina und Martin hervorgehoben sind, hat Dold an eine Paduanische Vorlage gedacht[18]. Diese Vermutung ist jedoch nicht zwingend. Mehr Wahrscheinlichkeit dürfte die Annahme besitzen, daß das Vorhandensein der Formulare beider Heiligen durch zwei entsprechende Patrozinien am Ort der Bestimmung unseres Meßbuches bedingt ist.

Die beiden Formulare sind dem Typus nach älter als das Sakramentar selbst. Sie stammen noch aus einer Zeit, als im gesamten oberitalienisch-bayerischen Raum gallikanische Liturgiebücher in Gebrauch waren[19], da sie (wenigstens z. T.) deren Orationsstil aufweisen. Dieser ist langatmiger als der mehr klassische Stil der römischen Orationen. So beginnt z. B. die Sekret am Fest der heiligen Justina mit einer für die damalige Zeit im Ritus von Rom ungewöhnliche Anrufung der Dreifaltigkeit:

> Deus individua trinitas et unica maiestas, deus qui in altis habitas et humilia respiciendo sanctificas: suscipe quaesumus hanc oblationem ...

Die gallikanischen Sakramentare kamen spätestens im 8. Jh. in den genannten Gebieten außer Gebrauch. Die ursprünglichen Formulare für die Patrozinien wurden jedoch auch später in den betreffenden Kirchen weiterverwendet und in die neuen Meßbücher übernommen[20]. Da die genannten Formulare für Justina und Martin bei uns keine Nachträge in der Handschrift bilden, sondern mitten im Text stehen, müssen sie bereits in der Vorlage vorhanden gewesen bzw. hier nachgetragen worden sein.

[16] Vgl. Fink 90.
[17] Vgl. Dold–Gamber 3.
[18] ebd.
[19] Vgl. K. Gamber, Der Zeno-Kult in Regensburg. Ein Beitrag zur Geschichte des frühen Christentums in Bayern, in: Beiträge zur Geschichte des Bistums Regensburg 11 (1977) 7–24, vor allem 15.
[20] Vgl. Gamber, Zeno-Kult 15 Anm. 34.

Für uns ist wichtig, daß im Gebiet der Pfarrei Eppan nicht nur eine
Justina, sondern auch eine Martinskirche gelegen ist und zwar in Gir-
lan, einer ehemaligen Filiale von Eppan (jetzt selbständig). Sie wird
1237 erstmals erwähnt[21]; wobei hier daran erinnert sei, daß die älteste
urkundliche Bezeugung eines Gotteshauses in der Regel nicht zusammenfällt mit dessen tatsächlichem Alter. Die meisten der im 12./13. Jh.
genannten Tiroler Kirchen gehen mindestens in die karolingische Zeit zurück, nicht wenige sogar noch in die Zeit der Missionierung im 4./5. Jh.

In der Pfarrei Eppan gibt es zwei weitere alte Kultstätten, die eine ist
dem Apostel Paulus geweiht (jetzt Mariä Himmelfahrt) und wird 1147
erstmals erwähnt – es ist die Pfarrkirche –, die andere hat den Erz-
engel Michael, der von den Langobarden verehrt wurde, zum Patron
und ist seit 1237 bezeugt[22]. Für beide Patrozinien (30. Juni bzw. 29.
Sept.) finden wir ebenfalls Meßformumare in unserm Sakramentar.

Vorausgesetzt es gab um 800 im damals bayerischen Teil der Diözese
Trient nicht noch eine weitere Justina-Kirche, von der wir heute nichts
mehr wissen, kommt aus all den genannten Gründen mit einiger Sicherheit nur Eppan als Ort der Verwendung des sog. Salzburger Sakramentars in Frage.

Das Kastell Eppan (Apianum)[23] geht auf römische Zeit zurück. Eine
genaue Lokalisierung ist nicht mehr möglich. Apianum lag an der Via
Claudia Augusta, jener Hauptverkehrsstraße durch die Alpen, die von
Aquileja bzw. Verona über den Reschenpaß nach Bayern führte. Wie
Paulus Diaconus in seiner Langobardengeschichte berichtet (III, 31),
wurde Apianum mit anderen Kastellen im Etschtal 590 von den Fran-
ken eingenommen und zerstört.

Eppan (früher auch Epen oder Hepen genannt) dürfte jedoch als Ort-
schaft nicht aufgehört haben zu bestehen. Eine »alte Burg Eppan« wird
noch 1189 und 1193 erwähnt[24]. Damals bestand freilich bereits die
neue Burg Hocheppan, deren Kapelle am 29. Juni 1131 Bischof Alt-
mann von Trient geweiht hat[25].

[21] Vgl. Weingartner II, 83; Catalogus Cleri Diocesis Tridentinae 1912 p. 215.
[22] Vgl. Catalogus Cleri p. 212, 214.
[23] Vgl. Paulys Realencyclopädie III, 215. Hier mit 2 »p« geschrieben. Wichtige Handschriften haben nur ein einfaches »p«, also »Apianum«.
[24] Vgl. Kleiner Laurin-Kunstführer Nr. 4: Hocheppan S. 3.
[25] Zum Kirchen-Typus vgl. K. Gamber, Churrätische Saalkirchen mit Dreiapsiden-Chor, in: Römische Quartalschrift 65 (1970) 98–126, hier 111 f.; ferner N. Rasmo, Hocheppan (Bozen 1968).

Für das Land um den Kalterer See als Heimat des Salzburger Sakramentars spricht weiterhin der Vergleich mit einem Meßbuch vom Anfang des 10. Jh., das aus Trient oder Sanzeno am Nonsberg stammt[26]. Von diesem sind nur 2 Doppelblätter erhalten, doch lassen die Fragmente deutlich erkennen, daß es sich um den gleichen Typus wie bei unserm Sakramentar handelt, wenn auch in einer etwas jüngeren Rezension. Obwohl die Schrift weniger gepflegt ist, sind dennoch in der graphischen Gestaltung der Seiten Gemeinsamkeiten mit dem Salzburger Sakramentar, vor allem in den Initialen, nicht zu übersehen.

Das Meßbuch enthält als Eigenmesse das Formular für das Fest der Heiligen Sisinnius, Martyrius und Alexander. Diese Märtyrer waren vom Bischof Vigilius von Trient als Missionare in das genannte Seitental der Etsch gesandt worden. Die heidnischen Bewohner haben sie jedoch in Sanzeno[27] am 29. Mai 397 erschlagen. Wie Augustinus berichtet (Ep. 139,2), setzte schon bald ihre Verehrung ein. Bischof Vigilius ließ daraufhin ihre Leiber nach Trient überführen.

Ob nun Trient oder Sanzeno die Heimat der ehemaligen Handschrift ist – gegen Trient und für Sanzeno spricht die wenig gepflegte Schrift –, sie zeigt jedenfalls, daß im weiteren Raum um Eppan unser Meßbuchtypus beheimatet war. Dies macht auch ein Sakramentar deutlich, das gegen 825 entweder für die Bischofskirche in Säben (oder für Trient) geschrieben wurde. Obwohl dieses Liturgiebuch bereits einen neuen Typus, das Sacramentarium Gregorianum, beinhaltet, ist doch der Einfluß unseres Sakramentartypus in mehreren Formularen, so für die Muttergottesfeste und die Sonntage nach Pfingsten, deutlich zu erkennen. Auch vom Schriftbild her besteht eine gewisse Ähnlichkeit[28].

Das Salzburger Sakramentar paßt demnach durchaus in den Südtiroler Raum, vor allem in das Gebiet, das zum Bistum Trient gehört hat (heute zur Diözese Bozen–Brixen gehörig). Das Justina-Patrozinium weist in die gleiche Richtung und läßt in der Verbindung mit der Martins-Verehrung mit großer Sicherheit den in die Römerzeit zurückreichenden Ort Eppan als Heimat erscheinen.

Die Frage ist nur noch, auf welchem Weg das Liturgiebuch von Eppan

[26] Vgl. Dold–Gamber 72*–77*.

[27] Der Ortsname Sanzeno leitet sich bekanntlich von S. Sisinnius (Sesennio) ab, der mit Martyrius und Alexander der Patron der Pfarrkirche ist.

[28] Vgl. Missa Romensis 137–150; Frz. Unterkircher, Das karolingische Sakramentar von Trient für Säben geschrieben?, in: Der Schlern 51 (1977) 54–60 (und Abbildungen).

nach Salzburg gekommen ist. Sie muß hier leider offen bleiben. Genauso wie die andere Frage, wo der Codex, der eine gute kalligraphische Arbeit darstellt, geschrieben wurde. Verwendungsort und Skriptorium einer Handschrift fallen bekanntlich nicht immer zusammen. Hier gibt es zwei Möglichkeiten: entweder in einer größeren Schreibschule im Alpengebiet – vielleicht im 769 von Tassilo gegründeten Kloster Innichen – oder von einem bayerischen Schreiber direkt im Verwendungsort des Meßbuches.

Zur Liturgie Süditaliens

*Die griechisch-lateinischen Meß-Libelli**

Im frühen Mittelalter finden wir in Süditalien nach Ausweis der erhaltenen Bibelhandschriften, die für den Gottesdienst bestimmt waren, eine Doppelsprachigkeit in der Liturgie. Der älteste derartige Zeuge ist der berühmte »Codex Claromontanus« (jetzt Paris, B. N., ms. gr. 107), eine Apostolus-Handschrift, die auf der linken Blattseite (Verso-Seite) den griechischen, auf der rechten (Recto-Seite) den lateinischen Text bietet. Der Codex stammt noch aus dem 5. Jh.[1].

Vermutlich etwas jünger ist der »Codex Cantabrigiensis«, auch »Codex Bezae« genannt (Cambridge, Universitätsbibl., MS Nn 2.41). Die Handschrift dürfte wie die vorausgenannte in Süditalien geschrieben sein. Sie enthält die vier Evangelien und die Apostelgeschichte, ebenfalls griechisch und lateinisch[2].

Um 200 Jahre jünger ist ein griechisch-lateinisches Psalterium (jetzt Paris, B. N., ms. Coslin 186). Da Lowe als Entstehungsort des Codex »an important Western centre where Greek calligraphy was still practised« vermutet, dürfen wir diesen ebenfalls als ein Dokument der Liturgie Süditaliens betrachten. Der lateinische Text steht im Gegensatz zum Codex Claromontanus auf der Verso-Seite; er nimmt also den Ehrenplatz ein[3].

Ob auch das lateinisch-griechische »Psalterium Veronense« aus dem 6./7. Jh. (Verona, Bibl. Capit., Cod. I) hierher gehört, wäre noch zu untersuchen[4]. Seine Zweisprachigkeit ist jedenfalls auffällig und sicher nicht in der Liturgie von Verona, wo der Codex möglicherweise geschrieben worden ist, begründet.

---

* Erstmals erschienen in: Italia sacra 20–22 (Padova 1973) 1299–1306.

[1] Vgl. E. A. Lowe, Codices latini antiquiores V (Oxford 1957) Nr. 521; K. Gamber, Codices liturgici latini antiquiores (Spicilegii Friburgensis Subsidia 1, Freiburg/Schweiz 1968, 2. Aufl.) Nr. 679. Das Werk wird im folgenden »CLLA« abgekürzt.

[2] Vgl. Lowe, Codices II Nr. 140; CLLA Nr. 079 b (jeweils mit weiterer Literatur).

[3] Vgl. Lowe, Codices V, Nr. 520; CLLA, Nr. 080.

[4] Vgl. Lowe, Codices IV Nr. 472; CLLA Nr. 007.

Zu diesen frühmittelalterlichen Bibel-Handschriften, die für den Gebrauch im Gottesdienst geschrieben und hier benützt worden sind, treten nun zwei Meß-Libelli mit griechischem und lateinischem Text, deren Niederschrift im 10. Jh. liegt. Sie sind beide nur unvollständig auf uns gekommen. Der eine befindet sich bzw. befand sich in Chalki, jetzt vermutlich in der Patriarchalbibliothek in Istanbul (ms. 33 [62], foll. 122, 123, 180), der andere in Mailand (Bibl. Ambrosiana, Cod. F 93 sup.). Sie sind beide ediert, zuletzt von H. W. Codrington[5].

Die genaue Heimat dieser Libelli ist nicht bekannt. Ihr Weiterleben in der süditalienischen griechischen Petrus-Liturgie bis in die Neuzeit, worauf am Schluß noch kurz hinzuweisen sein wird, spricht für eine Entstehung in Süditalien. Dazu kommt noch, daß die Libelli wie die oben genannten Bibel-Handschriften doppelsprachig sind. Sie müssen also aus einer Gegend stammen, in der sich griechische und lateinische Sprache begegnen, was ebenfalls für Süditalien zutrifft.

Der lateinische Text dieser Meß-Libelli ist nicht mit lateinischen, sondern mit griechischen Buchstaben wiedergegeben. Aus den zahlreichen Fehlern ist zu erkennen, daß der Abschreiber kein Latein verstanden hat. Es liegt hier der umgekehrte Fall vor wie in den griechischen Partien einiger mittelitalienischer Plenarmissalien, wo ebenfalls bilingue Texte vorhanden sind, neben dem Symbolum bei der »Traditio symboli« vor allem Gesangstexte aus der byzantinischen Liturgie. Die Abschreiber haben offensichtlich kein Griechisch verstanden und die mit lateinischen Buchstaben wiedergegebenen griechischen Stücke vielfach fehlerhaft niedergeschrieben[6].

Der Meß-Libellus in Chalki ist bis zu den Worten »ab aeterna damnatione« im »Hanc igitur«-Gebet erhalten. Er trägt die Überschrift:

Ἡ λατινικὴ λειτουργία τοῦ ἁγίου Γρηγορίου τοῦ Διαλόγου, ἑρμηνευθεῖσα ἐκ τῆς ῥωμαίας ἀρτίως εἰς τὴν ἑλληνικήν.

---

[5] H. W. Codrington, The Liturgy of Saint Peter (= Liturgiegeschichtl. Quellen und Forschungen 30, Münster 1936) 117–129; vgl. CLLA, Nr. 606 und 607.

[6] Vgl. K. Gamber, La liturgia delle diocesi dell'Italia centro-meridionale dal IX all' XI secolo (= Vescovi e diocesi in Italia nel medioevo. Atti del II Convegno di storia della Chiesa in Italia, Padova 1964) 145–156, bes. 153–154; zu vgl. ist auch A. Baumstark, Der Orient und die Gesänge der Adoratio crucis, in: Jahrbuch für Liturgiew. II (1922) 1–17; L. Brou, Les chants en langue grecque dans les liturgies latines, in: Sacris eruditi 1 (1948) 165–180; 4 (1952) 226–238.

Daß hier die lateinische Fassung dem Papst Gregor I (590–604) zugewiesen wird, ist ungewöhnlich, da in den jüngeren Zeugen durchweg
von einer λειτουργία τοῦ ἁγίου ἀποστόλου Πέτρου die Rede ist[7]. Im
Libellus in der Ambrosiana fehlt leider der Beginn und damit der Titel.
Nun zur Beschreibung im einzelnen. Der Libellus in Chalki beginnt mit
»Dominus vobiscum« und der Oration »Praetende domine fidelibus«,
die im Gregorianum (ed. Lietzmann 58,4) als »Super populum«-Formel
für den Samstag vor dem 4. Fastensonntag erscheint. Darauf folgt unmittelbar ein »Super oblata«-Gebet (griech. Ἐπάνω προσφορᾶς). Es
lautet:

> Sacrificia domine tibi dicata sanctifica. et per eadem nos placatus
> intende. per

und ist in dieser Form sonst nicht nachweisbar. Nach der Oration stehen die Einleitungs-Rufe zur Präfation, dann die Praefatio communis
(Ὄντως ἄξιον καὶ δίκαιον) mit abschließendem Trishagion, wobei im
Libellus ausdrücklich vermerkt wird, daß dieses ὁ λαὸς σὺν τῷ ἱερῷ
sprechen soll. Diese Rubrik steht in Beziehung zum Liber Pontificalis
der römischen Päpste, wo von Sixtus I – gemeint ist jedoch wohl Sixtus III (432–440) – ausgesagt wird, er habe bestimmt, »ut intra actionem, sacerdos incipiens, populus hymnum decantaret: Sanctus« (ed.
Duchesne I, 128)[8]. Nach dem Trishagion folgt in unserem Text der römische Meß-Canon, der wie gesagt im »Hanc igitur« defekt abbricht.
Der Libellus in der Ambrosiana ist ebenfalls unvollständig und dazu
noch schlecht erhalten. Er beginnt im Memento vivorum des Canon
bei den Worten »qui (tibi offerunt)« und zeigt im Gegensatz zum Libellus in Chalki eine wenig getreue Fassung des lateinischen Textes.
Es handelt sich dabei nicht, wie man zuerst meinen könnte, um interessante Varianten des Canon[9], sondern um Rückübersetzungen aus dem
Griechischen durch einen späteren Bearbeiter.
So finden wir im Memento vivorum statt »tibi reddunt vota sua« die

[7] Vgl. die Einleitung von P. de Meester in: Codrington, The Liturgy of
Saint Peter 1; ferner 130, 137, 145, 156, 164.
[8] Vgl. K. Gamber, Die Einführung des Sanctus in die hl. Messe, in: Heiliger
Dienst 14 (1960) 132–136; weiterhin L. Chavoutier, Un Libellus pseudo-am-
brosien, in: Sacris erudiri 11 (1960), 136–192; G. Kretschmar, Die Einführung
des Sanctus in die lateinische Liturgie, in: Jahrbuch für Liturgik und Hymno-
logie 7 (1962) 79–85.
[9] Zu den Canon-Varianten anhand des griechischen Textes in den einzelnen
Vertretern der Petrus-Liturgie vgl. Codrington a.a.O. 108–110.

Fassung »(tibi reddunt) orationes eor(um)«, was deutlich eine Übersetzung aus dem griech. ἀποδιδόασι τὰς εὐχὰς αὐτῶν darstellt. Dabei
sei ausdrücklich vermerkt, daß die griechische Fassung soweit es sich
erkennen läßt, in beiden Libelli gleich ist. Lediglich der lateinische Text
zeigt Unterschiede, wobei der Libellus in Chalki die bekannte Fassung
bietet, so auch hier τίβι ρέδουντ αβότα σουα. Ein ähnlicher Fall liegt
im »Communicantes« vor, wo statt »precibusque« im Libellus in der
Ambrosiana »intercessione« (ιντερτζετζιονα) steht, während beide im
griechischen Text τῇ πρεσβείᾳ lesen, oder im »Hanc igitur«, wo wir
zum griech. διοίκησον statt »disponas« ein »guberna« (κουπερνα) finden.
Alle derartigen Varianten aufzuführen, hat hier wenig Zweck, da hinsichtlich des weiteren Textes keine Vergleichsmöglichkeiten zum erstgenannten Zeugen mehr bestehen und zudem, wie gesagt, der Erhal-
tungszustand unseres Libellus schlecht ist. Es genügt, wenn als letztes
Beispiel die Wandlungsworte über den Kelch angeführt werden, wo
es statt »novi et aeterni testamenti, mysterium fidei« heißt »novi et
se(mpiterni testamenti) secreti[10] fidei« (σε[μπιτέρνι τεσταμέντι] σεκρέτι
φίδει).
Nach dem Canon steht als Überleitung zum Paternoster die vorgregorianische Formel »Divino magisterio edocti«[11] – hier freilich in Rückübersetzung aus dem Griechischen: σαντα δισιπλινα δοκτι – und dann
nach dem Herrengebet das »Libera«, ebenfalls zum Teil in Rückübersetzung, schließlich das »Pax domini« und das »Agnus dei« (zu lesen
ist nur noch: μισερέρε νοββις). Darauf unmittelbar ein »Dominus vobiscum« (erhalten ist nur die Antwort des Volkes) und als Postcommunio (ἡ κοινωνία) die Formel »Haec nos communio purget a crimine . . .«,
die im Gregorianum (ed. Lietzmann 2,10) in der Bischofsweihe-Messe
vorkommt. Danach der folgende Schluß; wir geben ihn wegen der notwendigen Ergänzungen zeilengetreu nach der Handschrift:

13		[ὁ κύριος]
14		[δομινους]
15	μεθ᾽ ὑμῶν.	ὁ λαὸς [καὶ μετὰ τοῦ πνεύματός σου]

---

[10] Zur Übersetzung »secretum« bzw. »secreta« für griech. μυστήριον vgl.
K. Gamber, Missa Romensis (= Studia patristica et liturgica 3, Regensburg
1970) 204–206.
[11] Sie findet sich u. a. im Bobbio-Missale (vgl. CLLA, Nr. 220) und zwar
in der zu Beginn stehenden »Missa Romensis cottidiana« (ed. Lowe 21) sowie
im oben besprochenen neuen angelsächsischen Sakramentar-Doppelblatt.

```
16  κουμ νόστρι.        ποπουλ(ος) [εθ κουμ σπιριτου τουο]
17  ἡ λειτουργία.        εὐλογήσω[μεν τῷ κυρίῳ . . . . .]
18      μίσσα.            μπενεδι[καμους δομινο . . . . . .]
19  διὰ παντός.
20  περ ομνια.
```

Abgesehen von der eigenwilligen Fassung des Priestergrußes »Dominus
cum nostri«, der nach dem griech. ὁ κύριος μεθ᾽ὑμῶν gestaltet ist, verdient vor allem der Entlassungruf »Missa« Beachtung[12], dem (als ein
weiterer Ruf) »Benedi(camus domino)« beigefügt ist. Zu Zeile 19/20 ist
keine Lösung gelungen.

Auf »missa«, dem hier ein griech. λειτουργία entspricht, muß ehedem
etwas gefolgt sein. Wir dürfen annehmen, daß wie in den irischen Meß-
libelli ein »acta est« (τελειοῦται) gestanden hat: Die Messe (Liturgie)
ist zu Ende[13]. Wenn dies richtig ist, dann ist hier die ältere Form des
Entlassungsrufes der römischen Liturgie erhalten, dessen spätere Fassung,
wie noch heute, »Ite missa est« lautet.

Da unsere beiden Meß-Libelli bereits ediert sind, genügt hier ein Eingehen auf ihre Stellung innerhalb der Sakramentargeschichte. Wie die
Forschungen gezeigt haben, kannte der altrömische Meßritus bis in die
Zeit Gregors d. Gr. kein offizielles Jahres-Sakramentar (Sacramentarium anni circuli). Man benützte in Rom Meß-Libelli, wie sie im sog.
Leonianum einen Niederschlag gefunden haben[14], vor allem aber einen
Libellus mit der »canonica prex«, also eine Art »missa canonica«, wie
wir sie ähnlich zu Beginn des alten Mailänder Sakramentars des 6./7. Jh.
vorfinden[15].

Nachkommen einer stadtrömischen »missa canonica« des beginnenden
5. Jh. sind, wie in einer eigenen Untersuchung gezeigt werden konnte,
die aus dem 8. Jh. erhaltenen irischen Meß-Libelli[16], von denen oben
bereits im Zusammenhang mit der Entlassungsformel »Missa acta est«

---

[12] Vgl. K. Gamber, Missa. Von der dreifachen Bedeutung des Wortes, in:
Römische Quartalschrift 63 (1968) 170–184; Missa Romensis 170–186.
[13] Vgl. K. Gamber, Nochmals zur Bedeutung »Missa« als Opfer, in: Ephem.
lit. 81 (1967) 70–73; Missa Romensis 181.
[14] Vgl. A. Stuiber, Libelli Sacramentorum Romani (= Theophaneia. Beiträge zur Religions- und Kirchengeschichte des Altertums 6, Bonn 1950).
[15] Vgl. A. Dold, Le texte de la »Missa catechumenorum« du Cod. Sangal-
lensis 968, in: Rev. bénéd. 36 (1924) 307–316; dazu CLLA Nr. 501.
[16] Vgl. K. Gamber, Die irischen Meßlibelli als Zeugnis für die frühe römische Liturgie, in: Römische Quartalschrift 62 (1967) 214–221; Missa Romensis
22–30.

kurz die Rede war. Aus früherer Zeit sind leider keine Exemplare auf uns gekommen, weder direkt aus Rom noch aus Irland[17].

Über die Zusendung eines stadtrömischen Meß-Libellus an Bischof Profuturus von Braga (Nordportugal) sind wir durch einen Brief des Papstes Vigilius (538–555) an den genannten Metropoliten unterrichtet[18]. Darin heißt es (PL 84, 832):

> Ordinem quoque precum in celebritate missarum nullo nos tempore, nulla festivitate significamus habere diversum, sed semper eodem tenore oblata deo munera consecrare ... Quapropter et ipsius canonicae precis textum direximus subter adiectum, quem deo propitio ex apostolica traditione suscepimus.

Vigilius spricht hier von der »canonica prex«, womit der Canon gemeint ist[19], der auch in unsern beiden süditalienischen Zeugen den größten Teil des Meß-Libellus ausmacht. Der Papst führt den Text auf apostolische Tradition zurück, was mit der Bezeichnung »Petrus-Messe« (λειτουργία τοῦ ἁγίου ἀπ. Πέτρου), welche die süditalienischen Misch-Liturgien tragen, in Verbindung zu bringen ist.

Wir dürfen vermuten, daß die lateinische Vorlage unserer beiden Meß-Libelli spätestens zur Zeit des Papstes Vigilius nach Unteritalien gelangt ist. Trotz des Titels im Exemplar von Chalki kann nämlich Papst Gregor d. Gr. nicht der Redaktor sein, da der sich darin findende Canon bei aller Angleichung an den späteren Text, wozu auch das »Agnus dei« gehört[20], vorgregorianische Elemente aufweist, vor allem die Einleitung zum Paternoster. Diese älteren Elemente sind bei der späteren Überarbeitung erhalten geblieben.

Die Übersendung eines stadtrömischen Meß-Libellus nach Süditalien muß aber nach Ausweis der erhaltenen Zeugen später als die 1. Hälfte des 5. Jh. liegen, da in diesen bereits wesentliche Unterschiede zu den

---

[17] Stadtrömische Liturgiebücher im strengen Sinn setzen erst spät ein, nämlich im 10. Jh.; vgl. die Sakramentare CLLA Nr. 792 und 793. Dieser Mangel an Quellen ist die Ursache für den weithin hypothetischen Charakter der frühen römischen Liturgie.

[18] Vgl. J. O. Bragança, A liturgia de Braga, in: Hispania sacra 17 (1964) 259 ff., vor allem 261; weiterhin CLLA Nr. 605.

[19] Vgl. K. Gamber, Canonica prex, in: Heiliger Dienst 17 (1963) 57 ff.; Missa Romensis 56 ff.

[20] Das »Agnus Dei« wurde erst unter Papst Sergius (687–701) in die römische Liturgie eingeführt; vgl. J. A. Jungmann, Missarum Sollemnia (5. Aufl. 1962) II, 414.

irischen Meß-Libelli bestehen. Vor allem gilt dies für die Orationen, die dem Canon beigefügt sind, besonders für die Postcommunio, die in den irischen Libelli noch eine frühe Fassung zeigt[21].

Ende des 5. oder im Verlauf des 6. Jh. muß demnach die lateinische Vorlage der beiden bilinguen süditalienischen Meß-Libelli nach Unteritalien gekommen sein, wo sie vermutlich schon bald für den Gebrauch in den Griechisch sprechenden Gebieten mit einer griechischen Übersetzung versehen worden ist. Diese Übersetzung stimmt, wie bereits angedeutet, in beiden erhaltenen Exemplaren, soweit ihr defekter Zustand einen Vergleich erlaubt, genau überein, während der lateinische Text im Libellus in der Ambrosiana teilweise eine Rückübersetzung aus dem Griechischen darstellt.

Die weitere Entwicklung im einzelnen zu beschreiben, kann nicht mehr unsere Aufgabe sein. Es genügt der Hinweis, daß der eingeführte stadtrömische Meß-Libellus des 5./6. Jh. in Süditalien teils weniger teils mehr mit den Elementen der byzantinischen Liturgie vermischt worden und daß diese sog. Petrus-Liturgie unter Angleichung an den jeweiligen Ritus auch ins Slavische, Arabische, Syrische, Armenische, Georgische und Äthiopische übertragen worden ist[22].

Es ist hier jedoch die verbreitete Meinung zu berichtigen, daß die altslavischen Meß-Text bietenden Kiewer Blätter, die auf die Übersetzung eines lateinischen Sakramentars durch die Slavenlehrer Cyrill und Method zurückgehen, etwas mit dieser Petrus-Liturgie zu tun haben, wie C. Mohlberg angenommen hat[23]. Es konnte in einer eigenen Studie gezeigt werden, daß die lateinische Vorlage der Kiewer Blätter ein Meßbuch war, wie es von Priestern aus Aquileja und Salzburg bereits vor der Ankunft der beiden Brüder im pannonisch-mährischen Raum verwendet wurde[24].

In Süditalien haben die Petrus-Liturgie nach dem Zeugnis der Konsti-

---

[21] Vgl. Gamber, Missa Romensis 41–46.

[22] Vgl. Codrington, The Liturgy of Saint Peter 5–14, 130 ff.

[23] C. Mohlberg, Il Messale Glagolitico di Kiew (sec. IX) ed il suo prototipo romano del sec. VI–VII, in: Atti della Pont. Accademia Romana di Archeologia, Ser. III, Memorie Vol. II (Roma 1928) 207–320, bes. 286 f., 407; A. Baumstark, in: K. Mohlberg, Die älteste erreichbare Gestalt des Liber Sacramentorum (= Liturgiegeschichtl. Quellen 11/12, Münster 1927) 33* f.

[24] K. Gamber, Das glagolitische Sakramentar der Slavenapostel Cyrill und Method und seine lateinische Vorlage, in: Ostkirchl. Studien 6 (1957) 165–173; ders., Die Kiewer Blätter in sakramentargeschichtlicher Sicht, in: Cyrillo-Methodiana (Köln–Graz 1964) 362–371; vgl. ferner CLLA Nr. 895.

tution »Romana ecclesia« des Papstes Benedikt XIV vom 18. März 1743 die »Graecolatini presbyteri« von S. Maria del Grafeo in Messina weitergepflegt und zwar, wie es scheint, nicht in der bekannten byzantinischen Gestalt, sondern als eine Übersetzung des römischen Ritus (»Graeca quidem lingua, sed Latino Romano ritu«), was jedoch, wie der Cod. Ottobon. gr. 384 zeigt, einzelne Elemente aus dem griechischen Ritus nicht ausschließt[25].

[25] Vgl. Codrington, The Liturgy of Saint Peter 94 (Konstitution), 164-175 (zitierte Handschrift).

Verzeichnis der Orte, Personen und Sachen

von Sieghild Rehle

Autorenregister

TEXTUS PATRISTICI ET LITURGICI

quos edidit Institutum Liturgicum Ratisbonense

Bisher sind erschienen:

Fasc. 1

Niceta von Remesiana, Instructio ad Competentes. Frühchristliche Katechesen aus Dacien. Herausgegeben von KLAUS GAMBER.

VIII + 182 Seiten. 1964.   Ganzleinen DM 24.–

Fasc. 2

Weitere Sermonen ad Competentes. Teil I.
Herausgegeben von KLAUS GAMBER.

136 Seiten. 1965.   Ganzleinen DM 20.–

Fasc. 3

Ordo antiquus Gallicanus. Der gallikanische Meßritus des 6. Jahrhunderts. Herausgegeben von KLAUS GAMBER.

64 Seiten. 1965.   Ganzleinen DM 10.–

Fasc. 4

Sacramentarium Gregorianum I. Das Stationsmeßbuch des Papstes Gregor. Herausgegeben von KLAUS GAMBER.

160 Seiten. 1966.   Ganzleinen DM 22.–

Fasc. 5

Weitere Sermonen ad Competentes. Teil II.
Herausgegeben von KLAUS GAMBER.

120 Seiten. 1966.   Ganzleinen DM 20.–

Fasc. 6

Sacramentarium Gregorianum II. Appendix, Sonntags- und Votivmessen. Herausgegeben von KLAUS GAMBER.

80 Seiten. 1967.   Ganzleinen DM 16.–

Fasc. 7

Niceta von Remesiana, De lapsu Susannae. Herausgegeben von KLAUS GAMBER. Mit einer Wortkonkordanz zu den Schriften des Niceta von SIEGHILD REHLE.

139 Seiten. 1969.   Ganzleinen DM 24.–

Fasc. 8

Sacramentarium Arnonis. Die Fragmente des Salzburger Exemplars. Appendix: Fragmente eines verwandten Sakramentars aus Oberitalien. In beratender Verbindung mit KLAUS GAMBER untersucht und herausgegeben von SIEGHILD REHLE.

114 Seiten. 1970.   Ganzleinen DM 22.–

Fasc. 9

Missale Beneventanum von Canosa. Herausgegeben von SIEGHILD REHLE.

194 Seiten. 1972.   Ganzleinen DM 28.–

Fasc. 10

Sacramentarium Gelasianum mixtum von Saint-Amand. Herausgegeben von SIEGHILD REHLE. Mit einer sakramentargeschichtlichen Einführung von KLAUS GAMBER.

142 Seiten. 1973.   Ganzleinen DM 30.–

Fasc. 11

Die Briefe Pachoms. Griechischer Text der Handschrift W. 145 der Chester Beatty Library. Eingeleitet und herausgegeben von HANS QUECKE. Anhang: Die koptischen Fragmente und Zitate der Pachombriefe.

118 Seiten. 1975.   Ganzleinen DM 60.–

Fasc. 12

Das Bonifatius-Sakramentar und weitere frühe Liturgiebücher aus Regensburg. Mit vollständigem Facsimile der erhaltenen Blätter herausgegeben von KLAUS GAMBER.

122 Seiten. 1975.   Ganzleinen DM 46.–

STUDIA PATRISTICA ET LITURGICA

quae edidit Institutum Liturgicum Ratisbonense

Fasc. 1

Die Autorschaft von De sacramentis. Zugleich ein Beitrag zur Liturgiegeschichte der römischen Provinz Dacia mediterranea von KLAUS GAMBER.

152 Seiten. 1967.   Ganzleinen DM 24.–

Fasc. 2

Domus ecclesiae. Die ältesten Kirchenbauten Aquilejas sowie im Alpen- und Donaugebiet untersucht von KLAUS GAMBER.

103 Seiten. 1968.   Ganzleinen DM 21.–

Fasc. 3

Missa Romensis. Beiträge zur frühen römischen Liturgie und zu den Anfängen des Missale Romanum von KLAUS GAMBER.

209 Seiten. 1970.   Ganzleinen DM 32.–

Fasc. 4

Ritus modernus. Gesammelte Aufsätze zur Liturgiereform von KLAUS GAMBER.

73 Seiten. 1972.   brosch. DM 6.–   Ganzleinen DM 12.–

Fasc. 5

Sacrificium laudis. Zur Geschichte des frühchristlichen Eucharistiegebets. Herausgegeben von KLAUS GAMBER.

80 Seiten. 1973.   Ganzleinen DM 18.–

Fasc. 6

Liturgie und Kirchenbau. Von KLAUS GAMBER.

158 Seiten. 1976.   Ganzleinen DM 36.–

Bei Subskription der ganzen Reihe 20% Rabatt. Subskriptionsbestellungen nur beim Liturgiewissenschaftlichen Institut, Postfach 240, 8400 Regensburg 1; sonst direkt beim

VERLAG FRIEDRICH PUSTET REGENSBURG